光與灰燼

林連宗和他的時代

1904-1947

黃惠君 著

二二八事件77週年增訂版

有一個豐盈的生命，如光照耀，熱情真摯，投向他的時代。他以法律為劍，奪回正義，再怎麼弱苦之民，都有他的人權必須尊重、不容踐踏。他以法律幫人、助人。

而時代更替，當有一刻政治凌駕法律，行政權無視司法權時，他在議壇上發聲，希望力挽狂瀾。他說唯有聽從民意的政府，才不會是與人民對立的政府，他已然聽見衝突的腳步聲，而人民的憤怒，如浪決堤。

為更理想的臺灣戮力奔走，他沒想過危險，毫無遲疑地前進著，他說這是臺灣最好的時刻，因為人民緊緊團結，現在就是改變的契機。

而槍聲響起，子彈穿過胸膛，極權統治者不放，一點權力都不放，留下自己的惡影，卻留下受難者清亮的身影，一直在歷史中照耀著。即便歷史已如灰，但每當暗夜出現，那歷史中曾有的光，將帶我們度過。

目次

作者序　書信解密二二八

緣起

二〇一七年當我完成《激越與死滅：二二八世代民主路》一書時，我主動打電話給受難家屬，邀請他們參加我的新書演講會，我只有一個念頭，我希望受難家屬能釋放白色恐怖加諸在他們身上的屈辱、恐懼或心靈創傷，因為為臺灣平等、民主、自由犧牲的人，是國家禮敬的對象，我希望家屬了解且引以為榮，慢慢釋放過往蔣家獨裁統治烙下的傷痕。雖然這並不容易，但我想試試看。

因為這樣而認識了林連宗先生的姪兒林祥雲先生，在後來幾次的會面中，他拜託我：可以寫一本林連宗先生的傳記嗎？

連宗先生一直是我研究的重點，因為他是第一個遭陳儀點名秘密逮捕之後暗殺的民意領袖，這引起我高度注意，我相信連宗先生身上藏有解開歷史迷霧的鑰匙。我的研究路徑也是透過他，揭露陳儀因恐懼民主的到來，而以暗殺方式對待臺灣司法改革、媒體及類反對黨的領袖。

但寫一部傳記的邀請讓我非常猶豫，我告訴他我沒有把握，因為資料實在太少了，推動一個特展應該比較容易做到，我說我來幫忙寫企劃書，你來推動看看吧。後來我看著他在許多的挫折中毫不放棄，終於獲得台北二二八紀念館蕭明治館長的同意，但館方認為應該先有一本書做為豐厚的基礎，於是我開始面臨自己不敢想像的挑戰，因為連宗先生的一生，我所了解的只是戰後那短短的兩年。

該怎麼辦？我得回到他出生、求學及擔任律師的日本時代，而且幾乎沒有資料。這時腦中浮現兩個問題，是我必須探究及回答的。第一，在他成長過程中，是什麼埋下他日後從政的選擇？他的民主因子是怎麼植入的？第二，任律師長達十五年，他的專業素養如何養成，他的視野潛入多深、觸及多廣？法律灌給他什麼樣的能量、什麼樣的價值、什麼樣的思維及行為模式？又對他日後從政產生什麼樣的影響？似乎有些頭緒了，但憂煩又來了，沒有愛情、沒有故事，這樣的傳記對讀者而言實在太費力了，該怎麼辦呢？

整個家屬動起來了，一一接受我的訪問，屋裡的氣味、親人的交談、友人的拜訪、生活的休閒嗜好……。我像要拍部電影一樣的，連他吃飯時，桌上擺什麼菜都想知道。而連宗先生的外孫廖英豪自美返國，帶來阿嬤林陳鳳對連宗先生珍貴的回憶，終於為這本傳記吹了一口氣，賦予鮮活的神韻。他說的故事是那般觸動人心，讓人對連宗先生更加了解，且低迴不已。

沒有這些美好的因緣，這本傳記難以成形。

日文家書中的密碼

歷史如礦藏般豐富，耐人發掘。此外更有一批珍貴史料靜靜躺在那，等待有心人，那就是連宗先生寫給女兒信貞的一批日文信函，及他在日本時代所撰寫的數千則法律專欄，揭露他為平民法律服務的先驅。

這批書信在林祥雲先生的努力下，交由他的三哥林俊雄翻譯，俊雄先生已八十多歲，幾乎是用生命最後的能量燃燒著，完成叔叔日文書信的翻譯，完稿沒多久後即過世。

而連宗先生什麼時候會寫信？就是當他離家前往臺北開會時，是他擔任省參議員的時候；也是他啟程前往南京，參與制憲會議的時刻。戰後初始的民主路，如何在荊棘中前進，信中留下歷歷足跡。而那種跨出歷史步伐的自覺，常讓連宗先生感受滿懷，不斷跟女兒談及所發生的種種：是媒體嚴厲監督的景況、是發言受民眾喝采的激勵，但也有著反擊「臺人奴化說」的挫折，信中亦浮現他因忙於國事而日漸消瘦……。

憲法，民主國家的根本大法，通過那一刻，怎無激動，臺灣面臨的暗局，終有突破契機，他在信中告訴女兒：「**憲法從大會通過到實施，真的是民主政治的實行，在臺灣省長、縣長、市長全部都民選。**」國大代表中有八十多位是女性，他也不禁鼓勵女兒：「**妳現在開始一心奮發來選女代表，女性如果有能力也可以做到大總統……。**」連宗先生七十餘年前信中的一句話，是今天臺灣的現況，我們於二〇一六年誕生了歷史上第一位女總統。

臺灣深陷長官公署制的專制統治中，人民與新臨統治者產生嚴重對立，政治危局怎可無解？連宗先生加入臺灣省政治建設協會（舊臺灣民眾黨），此一「沒有黨名的黨」已捲起爭普選運動，提出一九四七年六月普選縣市長的運動目標。在書信中，我們看到他如何帶著臺灣的民意，奔波於制憲會議的現場：「**憲法制定後，實施的日時尚未定，所以我們臺灣代表是要求在臺灣即時實行。為此要使各省選出代表理解的關係，吾們臺灣代表招待全國記者及各省代表，再三說明使其理解。**」要求臺灣於一九四七年六月行憲、還政於民的訴求，也由連宗先生聯合各省代表共同提案，就記錄在國民大會實錄中，是為第六十一號提案。

在灰燼中看見光

此一爭普選運動終必與當權者交鋒於二二八，而要求依憲法還政於民，無異要專制統治者交出手上的權力，其反撲往往比想像中的更為血腥、更為凌厲。連宗先生最後的身影，穿梭在與高等法院院長楊鵬交涉各項司法改革，其中最重要的就是人事的部分。今天由全體檢察官票選檢察總長，將前三名交總統遴選參考的方式，出現於二二八。在楊鵬答應起用臺籍人士後，一九四七年三月八日，全臺律師、檢察官及法官於高院集會，共同推舉法院及檢查處人事，呈交中央核示。但軍隊抵臺後，陳儀以「彼等聯名接收高等法院」，將連宗先生秘密逮捕後暗殺，至今不知遺體何處。

犧牲，為要求縣市長普選，以改變貪腐的統治結構；犧牲，為破除省籍高牆，平等起用臺籍人士。當今天臺灣人不再淪為「被統治者」，而平等、民主、自由已然降臨的此刻，如何能忘記歷史上為我們犧牲的殉難者，謹書此傳，紀念連宗先生曾如光一般照耀黑暗的時代。

本書於二〇一九年出版，二〇二四年增修再版，在這期間我因研究「二二八消失的政黨：台灣省政治建設協會（一九四五－一九四七）」，才更了解連宗先生在爭普選運動中的關鍵角色，因此再有增補。歷史探尋之路未竟，一次次看見他們發出的民主光芒。最後要感謝臺北市文化局蔡詩萍局長、台北二二八紀念館蕭明治館長與吳惠芬女士，推動此書授權民間再版，讓歷史研究的結晶有機會顯影，更看見連宗先生在民主路上清晰的身影。

第一章

烏魚子與藤條

CHAPTER ONE

他的童年不是聞著牛糞味、看麥穗翻浪，他一出生聞到的是海洋的味道，魚濆品林立，父親經營的商店，就在繁華的彰化三角公園。住家旁是八卦山，乙未戰爭的發生地，漢意識留在父親對漢文教育的堅持中。連宗早慧，是只要一放到地上跑，就拿第一的孩子，不管別人是否比他年紀大，比他塊頭高，他就是專注地學習，成為躍出於眾的孩子。

從進入彰化公學校的第一天，他就走入一個相對進步的大正時代，家庭的漢學教育，與公學校的現代化日式教育，雙軌進行著，雖身處日本統治，林連宗卻有不一樣的文化自覺。

1-1 出生市街的孩子

行人來來去去，目光移動著，尋找日常生活的必需品，也帶著對美好生活的想像。十九世紀末、二十世紀初的彰化三角公園，吳服店、糕餅店、米店、雜貨店、車行、藥鋪、銀樓、南北貨……，還有彰化醫館，各式商店林立，形成臺灣早期的市街聚落。

不僅傳統的廟宇環繞著，西方的傳教士也來了，英國的蘭大衛醫生，一八九六年（明治二十九年）開始來這裡做鄰居，既傳揚基督教，也醫治病人。就在這市中心，熱鬧的商店街裡，是林連宗出生的地方。

他的童年不像農業社會中的許多孩子，蹦跳於田埂、腳踩泥巴、看麥穗翻浪，呼吸著稻香與牛糞味。他一出生聞到的是海洋的味道，魚乾、魷魚乾、小魚香，海味的腥香，富足地挑動著人們的味蕾。父親林榮華從商，經營鹽魚業。

人群來來往往，小小的店面雖不起眼，卻位處中部首要的商業中心。彰化在清朝已是南北交通要衝，更是中部地區都市發展的重心。是要到一八八五年（光緒十一年）臺灣建省，首任巡撫劉銘傳一度將省城改往臺中，中心才有了移動。但這裡早已累積了百餘年的繁華，特別是彰化三角公園，是人們南來北往、東來西去的交會點。

統治者或許有他治理的不同考量，但百年形成的市街搬不走，這裡繼續她停不了的繁華與流動。

而如此特殊地，三角公園就在八卦山下，這座緊鄰大山的城市，因特殊的地理位置而有風雲湧動。而且每每一動，就是驚天駭地。

自古以來這裡就是能人志士起義的地方，因為只要能控制八卦山，就能控制彰化縣城，就能進一步取得中部地區的控制權。

一七八六年（乾隆五十一年）林爽文起事抗官，攻下彰化城後民心奮起，形成大規模的民變。清廷數次從中國派兵鎮壓，雙方決戰於八卦山。

一八六二年（同治元年）戴潮春事件，義民從八卦山以大砲轟城，取下彰化城後，官吏敗走，民間勢力紛紛響應，氣勢高昂，一度掌控全中部地區。

只是碧血仍無以換自由，人民起義犧牲之巨，血流成河。歷史一層一層地堆疊上去，這裡有數世代臺灣英雄的魂魄同聚，他們埋骨於此，寫下敢於反抗腐敗官吏，不任其侵奪人民生命財產的篇章。

日本時代彰化街北門大通，林連宗家住彰化街北門第三八三番地。

1-2 住家旁的乙未戰爭

林家已六代來到這裡，此時直接逼近的是那餘溫未退的乙未抗日戰爭，林連宗的父母與兄長都經歷過。因為戰場就這麼近的，近在咫尺，不過一公里之遙；而命運就這麼殘酷地，再次改變臺灣的未來。

只是遠方的砲火，怎麼地我們並未沾染，卻無端成為祭品。中日甲午戰爭，積弱的清帝國戰敗，一八九五年一紙馬關條約，將臺灣割讓日本。臺灣人不願屈從，揭竿而起，黃虎旗飄揚，臺灣民主國凝聚失散恐慌的人心。「**臺民願人人戰死而失臺，決不願拱手而讓臺。臺民公議自立為民主之國。決定國務由公民公選官吏營運。**」

民主這麼早地成為臺灣人對未來的想像，獨立、掌握自己的命運，不讓家園遭劫掠，十餘萬軍民起身對抗，從北而南，浴血抗日。戰鼓雷動，這是企圖擺脫再淪為被統治者命運的努力，不任自己淪為清廷的棄民、棄地，不願自己的命運任人宰割。

一如她過往的歷史般，八卦山之役是臺、日兩軍最大的一場正面會戰。

吳湯興那書生的氣魄：「**聞道神龍片甲殘，海天北望淚潸潸。書生殺敵渾無事，再與倭兒戰一番。**」當聽聞臺北城淪陷，民主國總統唐景崧逃回中國時，他不禁潸然淚下。但做為知識分子的風骨豈止盎然於詩作，更顯揚於戰場，吳湯興率眾抵禦日本入侵，決戰八卦山時，以身殞命，為臺灣殉難，妻子黃賢妹亦隨他絕食殉身。他的屍首不知何處，後人只能以衣冠塚膜拜。

臺灣人的努力終歸是失敗了，煙塵過後，乙未戰爭告一段落，此時人民心中的感受是如何呢？

「干戈初定在鄉村，節遇端陽寂不喧。……此日奚心弔屈子？家家沿舊為招魂。」戰役隔年，詩人吳德功以〈端午有感〉刻畫人民的心情，往日熱熱鬧鬧的端午節，此時在鄉間一片靜寂。這一天豈只是哀悼詩人屈原，更哀乙未戰爭為臺灣犧牲的亡靈。在日人政權下，如何能公開祭拜，但借這端午時分，戶戶家家於心中遙拜。

八卦山的青山綠樹，有烈士以鮮血澆灌。

林連宗誕生於一九〇四年（明治三十七年）四月十六日，這時日本政府領臺已九個年頭，林家四兄弟，大哥東波、二哥連波生於清朝，而他和三哥建宗的國籍已是日本。臺灣再一次換統治者，這次不是更換朝代而已，而是換國家了。面臨的是語言、文化、制度、習俗皆異的統治者。

烏魚子與藤條

不管統治者是誰，也不管林家會遭逢的變化是什麼，林家家長林榮華不變的是要他的孩子上私塾、認漢字、讀四書五經。住家旁一公里外是乙未戰爭的發生地，或許這在新統治者底下，如禁忌般地不被提起，但家中的漢文學習可沒斷。

連宗的母親林蔡爽，綁著小腳，身上猶有漢文化留下的殘酷美學，而那一雙雙三寸金蓮繡花鞋，更是子孫口中無盡的回憶。

林母日日裝扮整齊，育子之責擔在肩上。林家每個孩子的臉細細長長，輪廓深深，唯獨連宗的臉龐方方正正，像是母親的印刻板。最小的男孩顯然特別受母親寵愛，但母親對他的管教從沒鬆過。

小孩穿新衣服以前，藤條準備著，先打一頓再說，因為要他們謹記，不可以一屁股就坐到地上去，不能一玩耍就忘了，把衣服給弄髒，特別是男孩子好動又調皮。

過年時大家歡天喜地，是孩子們最興奮的時刻，大人們卻忙碌異常，這時店裡生意好，工作是平日的好幾倍。廚房要開始磨年糕了，一樣地把連宗、建宗和小妹叫來，耳提面命之餘，照樣先打一頓，因為不准小孩三分鐘就跑進廚房問：「年糕熟了沒?年糕好了沒?」一副嘴饞控制不了的模樣，這在林家是不允許的。

連宗在這樣的教養下長大，母親林蔡爽從生活的細節裡講究，嚴厲地不退讓。

大哥東波和連宗相差十四歲，母親在多年後才又懷了三子建宗及四子連宗，這兩個孩子，特別受寵。一片烏魚子由兩個半片組成，一般人家裡，可能一次烤個半片，而後切的薄薄地，一片片珍貴地品嚐，也讓多一點人分享，每個人能吃到的可能就幾小片，片片珍貴，片片留香。過年時，正巧是烏魚季節，平日省吃儉用的人家，在這時忍痛買一塊做為年夜飯桌上的珍品，也或許一年就吃那麼一次，而這是富貴階級的享受，一般人可能終其一生都未必嚐過。

但生在海味的家庭，會有不一樣的記憶。一般人難得吃到的烏魚子，有時母親烤

彰化三角公園旁觀音亭附近街景，父林榮華於圓環經營鹽魚業。

一烤，不用切片了，就讓連宗、建宗一人一整個半邊啃著吃，抓在手中痛快地咬。這是兄弟倆特有的獎品，母親雖嚴厲，但也對這兩個男孩特別寵愛。

的確，光是零食就不一樣。

林連宗母親林蔡爽（廖英豪 提供）

1-3 從孔廟到洋樓

抗日的心緒，會影響對子弟的教育嗎？連宗的父親林榮華不知道日人統治下的未來會如何，但他想栽培他的孩子。臺灣被割讓給日本以前，熟讀四書五經就是一貫的傳統，讀書人參加科舉考試，考取秀才、舉人，成為地方上受人尊敬的仕紳，這是他所熟悉的人才躍出之路。而文字就是文化，他很難想像他的孩子不懂漢文，所以即便日本統治下，已有公學校制度，他還是把每個孩子都送到私塾接受漢文教育，在彰化南門的漸修堂，跟隨黃錦堂先生，讀四書五經、受儒學教育。這是他為人父親可以給孩子的。

四兄弟都有相當不錯的表現，大哥東波與二哥連波，所涵養的漢學，令人刮目相看，相繼成為彰化公學校的漢文老師。而連宗寫得一手漂亮的毛筆字，連宗則是一上私塾，就表現出早慧的特質，記憶力出奇地好，被老師視為奇寶，這也使他對學習充滿了興趣與成就感。而自童年啟蒙的漢學教育，就這樣點點滴滴地，奠定了他後來的漢文寫作之路。

只是在日本的統治下，人民能有多少自主性呢？對漢學教育的堅持，也不免隨著日本教育體制的建立而消蝕。

吳三連先生小時候，私塾正讀得津津有味時，卻遭日本政府取締，只好改到公學校。他的父親參加過抗日戰爭，民族意識濃烈，一開始是很不願意他進入日本政府的教育系統的，甚至很不高興學校裡怎麼有溜滑梯呢？學校是念書的地方，怎麼在玩呢？

公學校的確是模塑臺灣人養成日本國民性格的地方，灌輸日本認同的源頭，同時又是臺灣人自小被差別對待的起始，日本人上小學校，臺灣人上公學校。但不可否認地，卻也是臺灣現代化教育的初始。

孔廟傳來 AIUEO

乙未戰爭後兩年，為了普及日語，一八九七年（明治三十年）日本總督設了國語傳習所，彰化縣唯一的一所就在彰化孔廟。以往大家留辮子，搖頭晃腦朗誦經文「人之初，性本善……」，現在傳出的聲音是「あいうえお（aiueo）……」，從日本五十音開始，牙牙學語。

一八九八年臺灣總督廢止了國語傳習所，改設公學校。彰化公學校便借用孔廟的廂房當教室，大成殿前的廣場，這時成了學生上體操課的地方，也是集會的所在。

一九一二年（大正元年）連宗八歲了，日本政府領臺已十七年，父親不再堅持私塾教育，連宗進入彰化公學校就讀。這是臺灣最早設立的五十五所公學校之一，與鹿港及北斗公學校，並列彰化地區最早成立的三所。很特別地，從連宗學習的第一天，就走入大正時期，一個相對進步的時代。

由於家住彰化市中心，連宗上學，走路十分鐘就到孔廟了。比起同時代許多人，這樣的上學路徑，是相當輕鬆的。長他一歲的朱昭陽（後進入東京帝大），讀板橋公學校時，日日赤腳踩著田埂上學，碰到雨天時，田埂滑溜寸步難行，甚至得借宿板橋街上的親戚家才行。

而遲至十三歲才自私塾轉入公學校的吳三連，在臺南鄉間更是辛苦，光是走到學甲公學校，一趟就是四、五十分鐘。老師鼓勵他升學，主動幫他補習，總是留他到太陽下山。入夜後一人走回家，還得經過陰森的墳場，那種恐懼，真是折磨。

連宗因父親在彰化市街做生意，不僅上學輕鬆，還有三哥建宗相伴。公學校的就學資格為八歲以上、十四歲以下的臺籍兒童，三哥建宗大連宗兩歲，這時已十歲了，才跟著連宗一起入學。因他得了 Malaria（瘧疾），養病慢了兩年。同一班級的學生，年齡參差不齊是普遍現象，鄰居杜錫圭（後為第一任彰化民選市長），與連宗一樣都住北門街上，也是十歲才入學，兩人成了同班同學。

連宗、建宗兄弟雖在同一年級，但連宗是本科，建宗則是讀實業科。日本政府對臺灣的設計及人力運用，從小學階段已設置實業科，欲快速培育投向農工商建設的人力。

現代化教育的初始

公學校學些什麼呢？

修身、國語、算術、漢文、唱歌與體操。

三年級時加入商業課程與圖畫，五年級時加入理科。

唱歌、圖畫與體操，這前所未見，在原本的私塾脈絡中是沒有的。自明治維新起，日本已受西方現代教育影響，這些課程小朋友喜歡，但習於四書五經的家長卻是皺起了眉頭。

被放在首位的是修身，連宗入學第二年，一九一三年總督府訂定了修身科目四大綱領：「國民精神涵養、從順、誠實、勤勞。」

天皇陛下、皇后陛下、明治天皇、臺灣神社、能久親王、國旗、祭日祝日……，「國民精神涵養」的課文標題是這些。回家父親看了，眉頭只是皺得更緊了。

至於「從順」方面教的是：遵守規則、不要任性、重視法規、保持乾淨、不要造成別人的困擾、耐性、公共心、敬師等。

這對孩子人格的養成，是能注入好養分的。另外還強調注重清潔、去除迷信、啟發衛生思想、戒利己忘恩、獎勵公益等。

東京帝大畢業的楊基銓，清水人，二十四歲出任宜蘭郡守。他認為公學校所有科目當中，最有用的就是修身課：

修身課程很特別，讓我們思考怎麼做才能成為有用的人，才能成為堂堂正正的國民，或是怎麼做才能挺起胸膛闊步天下，成為優秀的世界公民等等。修身課還透過故事教導我們「不可騙人，不可說謊」、「說謊的人結果最後失去所有人的信賴，所以受害的其實是自己」，也讓我們知道「別當自私自利的人」、「不要和自顧自身安危，不管朋友生死的卑鄙傢伙來往」。這些教誨對我後來的處世態度，有非常深的影響。

連宗在這樣的教育下長大，而父親林榮華最在意的漢文學習，雖然一週有五小時的課程，但原先的四書五經被認為太艱澀，被大幅刪減。低年級授課是以臺語誦讀，這讓孩子們覺得親切易學；但高年級授課卻改成了日語訓讀，也就是以日語固有的發音來讀漢字，而不是用北京話或臺語。

而且學到的漢文，是日式漢文，例如郵便局（郵局）、勉強（讀書）、會社（公司）、辯護士（律師）等。這樣的漢文學習，是所謂的「和製漢文」，所以戰後許多人雖然可以讀漢字、寫漢文，但卻是無法說中文的，一時之間仍難與中國大陸來臺的人員溝通。

而這五小時的課程，在一九三七年日本發動戰爭後，總督府便全面廢止漢文教育了。所以若一個孩子在八歲入學，正逢漢文廢止，八年後戰爭結束，他十六歲了，此時不管是升學或就業，都很難適應國民政府立即要求轉換的中文系統，人生陷入殘酷的語言困境。

福澤諭吉的「實學觀」

那統治者對公學校的想像與目標是什麼呢？

「本島人子弟施德教，授實學，以養成國民性格，同時使精通國語。」這是一八九八年〈臺灣公學校令〉開宗明義的第一條。殖民政府想以教育雕塑臺灣人為日本國民、順服日本統治，而普及日語是他的核心目標。那「授實學」是怎麼一回事呢？

日本近代的教育制度，建立在啟蒙思想家福澤諭吉的「實學觀」上，認為教育要能提供日常生活所需要的實用知識，並有助於未來的職業。

連宗讀的《公學校用國民讀本》，在所謂的實用知識上，一類是與臺灣有關的教材，與地理相關的最多，介紹臺灣、臺北、臺灣全島及河流；其次介紹產業如紡織品、鹽及樟腦等。還有與衛生相關的部分，如醫生、衛生、鴉片、纏足與鼠疫。

實學教材中也包含不少近代文明的知識，如郵局、電報、報紙、儲蓄。而此時日本統治臺灣已近二十年了，因此增加了不少建設臺灣的宣傳教材，如臺灣縱貫鐵路、醫院、測候所、電的應用、學校（公學校）的落成等。

第一名的光環

連宗是非常喜歡學習的孩子，也不需父母特別看顧他念書。雖然同班同學中，有不少人年紀比他大，但讀起書來，連宗可是毫不遜色。從公學校一年級開始，這個孩子總是拿第一。

母親看得出來他這個么兒的個性與過人之處，好像只要把他放到地上跑，他就總是拿第一，不管競爭者比他年長、塊頭大，或條件更好，好像都不影響他的信心與表現。就是專注，然後達成目標。

連宗成績單上，除國語、算數每學期都是滿分十級分外，高年級才開始加入的商業及理科一樣優秀，而音樂及體操也是同學中表現最好的。科科有秀異表現，特別是音樂，深深吸引著這個孩子，對音樂，他自小就特別著迷。

第一名的光環跟著他，他似乎有比別人更高的自我要求，修身科不是九分就是十分，操行更是年年甲等，看來他不是頑皮、愛作怪的孩子。

連宗就讀公學校四年級時，學校從孔廟搬家了。

因入學人數日漸增多，孔廟的空間已不敷使用，地方的仕紳在「東門一番地養魚池」（即現在的彰化女中）埋土，開始建立新校舍。

一九一五年（大正四年）新校舍落成，彰化公學校終於有屬於自己的校舍。二層樓的西洋式建築，煥發著新時代的氣息，是當時最流行的洋樓建築。校園面積廣大，還有綠色植栽，花園及大樹，美輪美奐。

此外校園設置了溜滑梯、單槓與鞦韆等，規劃了學童遊戲的場所，學生們快樂極了，新潮、現代，完全不同於孔廟的建築語彙，而連宗也成為第一代受西方文明影響的學校建築體驗者。

連宗在學校的好表現，讓母親雖感到欣慰，但卻要連宗不能驕傲，特別是表現比三哥還好，但長幼有序，對兄長必須敬重。而畢業在即，也不免思想孩子下一步的安排。

一九一八年，連宗這一屆本科生共八十九個人畢業。當時臺灣還沒有實施義務教育，讀公學校的人並不普遍。而同班同學中有幾個特殊的人：

駱清標，功課與連宗不相上下，留學日本早稻田大學，後任職總督府農林處。

蔡孝乾，花壇人，加入中國共產黨，成為五〇年代白色恐怖的案首。後遭調查局吸收，供出名單，使那一代的社會主義青年遭全面性逮捕。

杜錫圭，東京明治大學法科畢業，經營棉豐洋行致富，一九五一年當選首任民選彰化市長。

吳鑑湖，戰後任省立彰化工業職業學校校長。

蘇子衡，留學日本後歸向中國。一九四一年擔任北平大學理學院副教授，曾任謝雪紅「臺灣民主自治同盟」名譽主席，全國政協常委。

雖是彰化公學校的同窗同學，卻有全然不同的人生選擇。

被抑制的升學路

讀完公學校，算是走到人生的一個分叉點，因當時絕大部分的畢業生就此打住，進入社會就業。何以如此？其實跟日本政府提供的升學管道少之又少有關。

陳逸松（東京帝大畢業，任律師）一九二〇年自公學校畢業，那時宜蘭地區還沒有設立中學，想要升學就需要上臺北。當時臺灣的最高學府都在臺北，一個是「臺灣總督府國語學校」，

彰化公學校設於孔廟時師生合影。（出處：1908 年出版的《台灣寫真帖》，國立臺灣大學圖書館 提供）

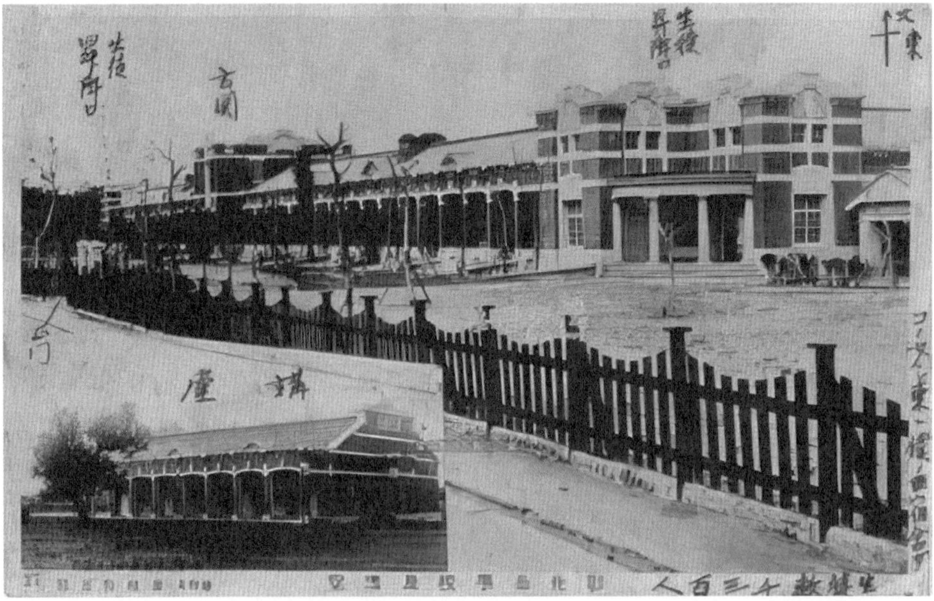

1915 年彰化公學校新舍落成，林連宗於四年級開始體驗西式的現代化校園。

分為國語部與師範部；另一個是「臺灣總督府醫學專門學校」。但即便是臺灣最高學府，事實上只是中等學校的程度而已，由於母親更想栽培他，希望他步步高升，所以十四歲便遠赴日本念中學。

學生或因交通遙遠，通學或住宿有困難，或因經濟問題，甚至是年齡不夠，而無法繼續升學。如大連宗一歲的朱昭陽，想投考總督府國語學校，但日本政府規定公學校畢業生必須年滿十五歲才有入學資格。他公學校畢業時未滿十四歲，只好再回頭，進入公學校實業科就讀，整整虛度一年。

日本政府在教育上，是抑制臺灣人發展的。臺灣人有中等教育的需要，卻沒有足夠中等教育的學校。突破限制的第一響，在中部，臺中中學校在層層限制下，終於在大正四年（一九一五年）成立，成為想升學的臺灣子弟，蜂擁而至的學校。

連宗在大正六年（一九一七年）三月三十一日自彰化公學校本科畢業，不需飄洋過海，也不需前往臺北，而是有了臺中中學校的新選擇。

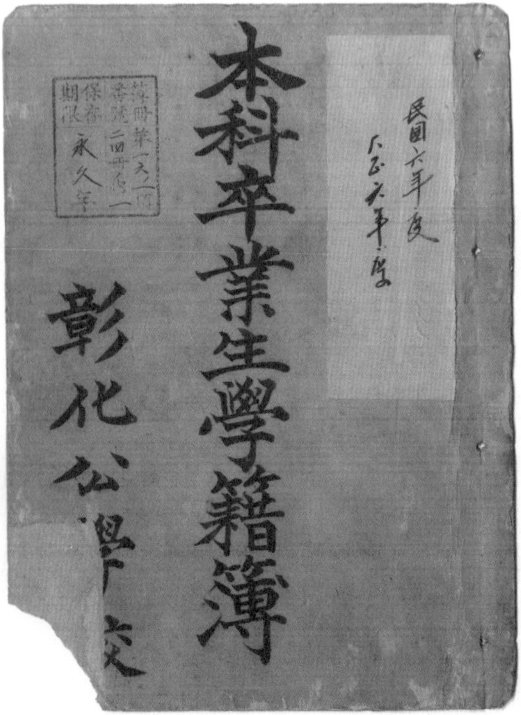

1917 年林連宗彰化公學校本科畢業生學籍簿
（中研院臺史所 提供）

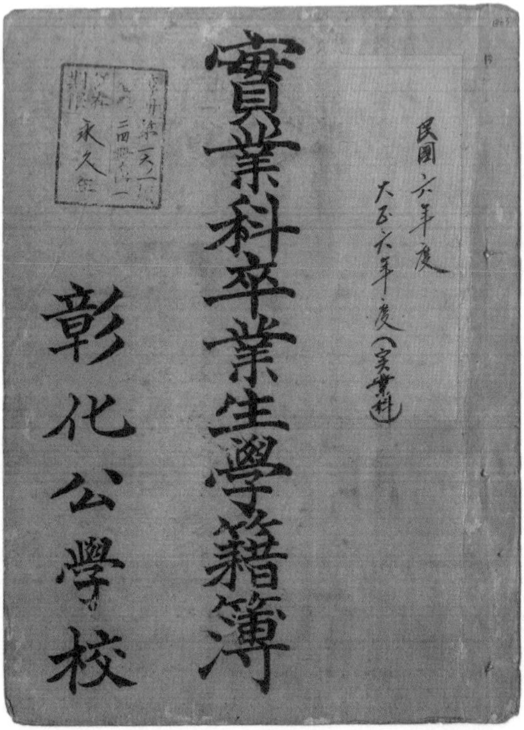

1917 年林連宗兄林建宗彰化公學校實業科畢業生學籍簿
（中研院臺史所 提供）

第二章

兩場畢業典禮

CHAPTER TWO

2-1 吾人初無中學

連宗以第一名自彰化公學校畢業，這麼優秀的孩子，林家沒有要他如許許多多人一般，投入生產或工作，父母希望他更上層樓。幸運的是，臺灣人所創辦的第一所中學-臺灣公立臺中中學校（今臺中一中）已經成立了。

在這之前，臺灣子弟想要受中學教育，只能飄洋過海到日本當小留學生，因為當時臺灣僅有的兩所中學校，臺北中學校及臺南中學校，只收日本人。殖民統治的差別對待，在教育面向是赤裸裸地限制臺灣人機會的。這現象要到一九二二年（大正十一年）統治者以「內地延長主義」為政策，改唱「臺日共學」的旋律後，才有所鬆動。

一九一〇年林獻堂的兩個孩子，送到日本念中學，心中也不禁慨嘆，有多少人能享有同等的教育機會呢？臺灣子弟在日本念書，甚至是每升一個年級，家裡就得賣塊田地，為了栽培孩子，所付出的代價實在是太高了；而對孩子本身，才十三、十四歲，就得承受遠離家庭的孤寂與獨自在外生活的壓力。

這對臺灣人太不合理，也對有心向上的孩子及家庭太殘忍。一九一三年林烈堂、林獻堂等發起臺灣中學校設置請願運動，聯合鹿港的辜顯榮、板橋的林熊徵、清水的蔡蓮舫等仕紳，計劃在臺中創立一所專收臺灣子弟的私立中學。在臺灣的日本人有中學校念，臺灣人也一樣該要有中學校念才是！

不管政治光譜如何，這時臺灣仕紳齊心突破臺灣子弟的教育困境。林獻堂捐出母親八十歲的祝壽金，辜顯榮、林熊徵因與當局關係友好，負責與總督府溝通，請願時，還一度遭日本官員嘲笑，說臺灣人欠缺急公好義之心，哪有可能募得籌辦學校的資金。

但事實顯然並非如此，林烈堂把家族位在新高町百十八番地，一萬五千坪的樟樹園土地，捐出來作為建校用地。出身霧峰林家的詩人林朝崧（林癡仙），心高氣傲，但過世前還為創校之事，奔波低頭向人募款，這個教育平權運動怎麼可能不成功！仕紳們自己捐款，也積極募款，最後總計籌得近二十五萬元。校舍建築完工後，剩下三萬多元，便充作圖書費用。數十年後，作家李敖就讀時，回憶這學校最精彩的地方，就是她的圖書收藏。

當時臺灣總督佐久間左馬太為拉攏臺灣仕紳，答應建校，但要臺灣人籌款完工後必須將學校交給總督府，變成公立學校才行，而且管理權屬日本政府，校長、教員都由他們遴選指派。這顯然是不平等條約，但建校仕紳們還是答應了，因為沒有什麼比真正擁有一所供臺灣子弟就讀的中學校更為重要。

「吾人初無中學，有則自本校始。」一九一五年臺灣公立臺中中學校（今臺中一中）踩出歷史的第一步，創立了！首屆招收一百名學生。

菁英選拔會

像水壩的閘門打開來，臺灣社會被壓抑的那股想要往上流動的能量，強勁有力，臺灣子弟從四面八方湧入，投考這第一所為臺灣人設置的中學校。考生資格是至少要在公學校修滿四年，年滿十三歲以上，報名時還要繳交健康檢查書，身體要好，還要檢附戶口謄本。因為校方要審核考生父兄的財產狀況，以免將來繳不了學費。當時一學期的學雜費是十二圓，而一位中學教員的月薪是十五圓。

小小十三、十四歲的孩童，得連考兩天試。一九一八年連宗投考臺中中學校，考試日期在四月四日與四月五日兩天。這一天也確實告別了童年。

各地都有奔馳前往應試的學生，除臺中設有考場外，臺北、臺南、新竹、宜蘭、花蓮、臺東及澎湖都有。這所唯一給臺灣子弟念的中學校，真的不只屬於中部。

第一天考習字、國語講讀、算數，還要檢查體格。

第二天考作文、算數，還要跟主考官面對面接受口頭試問。口試！恐怕對很多孩子都是格外緊張的壓力。

不折不扣是場菁英選拔大會。

孩子們在應試當中磨練自己，也知道這是人生進階高處的門檻，父母殷殷期盼，都期待在努力過後，能夠縱身越過。

放榜時，對林家是大喜事，因為兩個兒子建宗及連宗，同時考取。鳳毛麟角地，有時一個地方或一所學校，就那麼一個人考上。曾任臺大醫學院院長的陳維昭先生，提到父親陳文強是當時神岡鄉唯一考上的人；楊基銓也是該屆清水公學校唯一進入臺中中學校的。甚至有學生考上，還會做戲酬神慶祝，穿上訂做的制服，拿著校旗到媽祖廟門口揮舞，接受鄉親長輩們的歡呼。

臺中中學校成了臺灣菁英子弟群集的地方，素質高且校譽佳。生活稍微過得去的小康家庭子弟，無不以考取為榮。

連宗應考的這一年，報考人數總計三〇五人，錄取一二一位，錄取率是百分之三十九。沒想到三年後，一九二一年報考的人數已高達七九三人，最後錄取九十七人，錄取率只剩百分之十二。臺中中學校，成了臺灣子弟擠破頭的名校。

而這也看到臺灣人有受中等教育，進而走向高等教育的強烈需求，但日本政府仍是掐住了咽喉，限制此一走往高等教育的必經階段。

林連宗（前排左三）初入臺中中學校（廖英豪 提供）

2-2 學寮新體驗

校方規定所有學生一律住校，這對連宗是全然陌生的經驗，初次離家，難免不適應。家裡為兄弟倆準備好行囊，對父母來說雖然經濟負擔多一倍，但心裡的牽掛卻少一些。特別連宗才十四歲，第一次離家，但有三哥建宗相伴，母親也就稍稍寬心了。

這時從彰化到臺中的火車已開通，連宗住家離火車站，步行六分鐘就到了。雖有大大小小的行李，但跟其他人比起來，到學校算是便捷。這所學校的學生來自全臺各地，小連宗兩屆的巫永昌（第一名畢業、後為醫生）家住埔里，入學第一天，父親陪著他步行，另外請人擔行李，由埔里走到草屯，再換乘五分仔車到臺中，從家門到學校，足足花了一天的時間，既累又苦。

五月一日學校開學了，校長是田川辰一，原是日本新潟中學的校長，是位溫厚的教育家。校內幾乎清一色為日籍老師，僅有的臺籍老師是林慶，專教漢文與音樂。

入德之門

學校一進大門就是紅磚巍峨的建築，連宗入學前一年，一九一七年時，校舍才全部落成。因學生得住校，在這之前是租用日本人的旅社「武藏屋」當宿舍。

連宗又幸運地成了體驗現代學校建築的新鮮人，中一中展現了恢弘的氣勢，各棟建築都有著肇畫者的深思。大門取名「入德之門」，學校視品德教育為教育之首，學生經過校門，必須脫下帽子，深深一鞠躬，才能進教室。一旦操行丙等，就必須留級。

大門右邊後面是禮堂，旁邊依傍著小公園，水池及假山造景清幽宜人。接著是武德殿，這是學生練柔道、劍道的地方。中間則是大運動場。因為注重學生的體能，學校排有體育課，除訓練田徑項目外，還有傳承日本歷史文化的劍道，甚至玩相撲，學生必須穿著丁字褲，在沙地上互相較勁。

新式的網球場很吸引人，同學們練得高興，表現也不凡。連宗的學弟們，在一九二五年拿了全島中學校軟式網球賽冠軍。

運動場過去是三排的學寮（學生宿舍），總共有十六室。學寮的房間配置是三面放著床鋪，讀書用的桌椅擺在正中間；此外，還有一間福利社，給嘴饞或飢腸轆轆的同學買東西。

宿舍是四、三、二、一各級學生同一寢室，共十二個人，由五年級生擔任室長。這樣的分配方式，讓大家不只認得同年級的人，跟學長、學弟都因同寢室而培養了難得的情誼。大家一樣生活作息，一樣住校，一樣下午三點半到五點半之間外出溜達，一樣參加夜間自習，一樣打掃教室和廁所。住校是很特殊的經驗，得學習過群體生活，透過集體生活的規範，讓人瞭解自

臺中中學校（今臺中一中）初建時（出處：1922 年林連宗畢業紀念冊，林信貞 提供）

臺中中學校學生宿舍自習室（出處：1922 年林連宗畢業紀念冊，林信貞 提供）

林連宗（左一）二年級時與同學合影（廖英豪 提供）

臺中中學校學生食堂（出處：1922 年林連宗畢業紀念冊，林信貞 提供）

己的分際。

一九一九年第一屆學生畢業了，一百人入學，只剩下六十六人畢業。想家的、適應不良的、不合學校要求的，「陣亡」的不少。

2-3 報紙上的人物

臥虎藏龍的臺中中學校，不乏後來各界知名人士。同屆的像陳海永，後畢業於臺北醫學專門學校，曾擔任斗六街協議會員及臺南參議員；楊基先則畢業於日本大學，擔任辯護士。

連宗中學時期的照片，都伴著學長、學弟，想來是住校的關係，大家培養了好感情。大他一屆的饒維岳，畢業自京都帝大，擔任臺中地方法院法官；還有來自高雄的王清佐，日本中央大學畢業，擔任辯護士。

臺中中學校時期，連宗（後排左一）、建宗（前排左二）與同學合影。（林清欽 提供）

大連宗兩屆的像是黃演渥，東京帝大畢業，擔任臺南地方法院法官；張聘三，慶應大學畢業，是「臺灣地方自治聯盟」的成員，也當選過臺中州大屯郡南庄協議會員。這一屆很特別地，出現不少民意代表：黃棟，明治大學畢業、臺中市會議員；張煥珪，大雅庄協議會員、臺中縣參議員；賴維種，臺中縣參議員。

剛入學時連宗被分配在仁組，同班同學共五十一人，第二學年他就拿了全班第一。上課的內容有修身、國語及漢文，歷史、地理、數學、理化、實業（農業、商業、工業），圖畫、手工、唱歌、體操與英語，到四年級時增加了法制與經濟。

二年級時林連宗被任命為級長（班長），三年級時又繼續被任命為級長，不只功課好，還成為學生領袖。而這學校並不容易念，班上同學越來越少，到四年級時，班上只剩下三十五人，全年級也只剩六十七人，他們這屆錄取一二一位，到最後只剩一半的學生。

連宗出類拔萃，畢業這一刻，他不僅是班上的第一名，也是全年級共兩個班，六十七個畢業生中的總第一，可說是獲得中學階段的最高榮譽。

日本文化重視儀典，這場對每個畢業生都意義深重的畢業典禮，由一連串的儀式開始，先是唱國歌、敕語（天皇的聖訓）捧讀，接著授予學生證書，後由校長小豆澤英男致告別詞，臺中州的大家長立川知事也特別蒞臨鼓勵學生。

連宗在典禮中，頻頻上臺領獎，先是成績優良獎、又是級長勤勞獎，還有彰化銀行捐贈的大獎。中部地區代表性的報紙《臺灣新聞》，也報導了這所名校的畢業典禮，還特別提到「成績優良者林連宗、林福興獲彰化銀行寄贈銀時計。」

英雄出少年，連宗對未來的航程，因著自己的勤肯努力，此刻也有滿滿的信心。

賞狀
第一學年
林連宗
精勤ヲ賞ス
大正八年三月二十八日
臺灣公立臺中中學校長正六位勲六等田川辰一

1919 年林連宗中學校第一學年獲頒精勤獎（林信貞 提供）

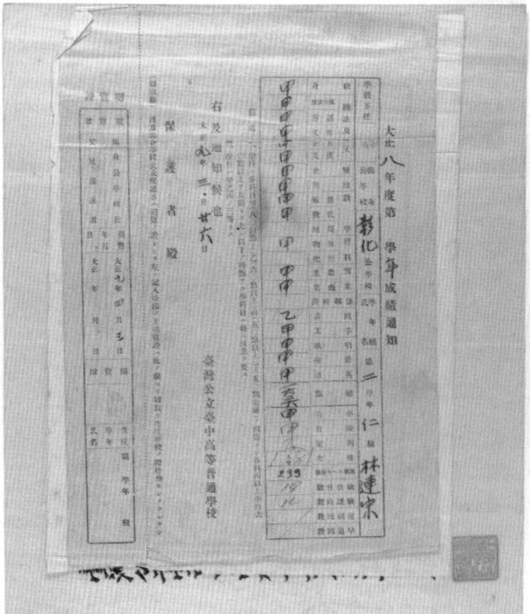

1920 年林連宗第二學年成績單，為班上第一名。（林信貞 提供）

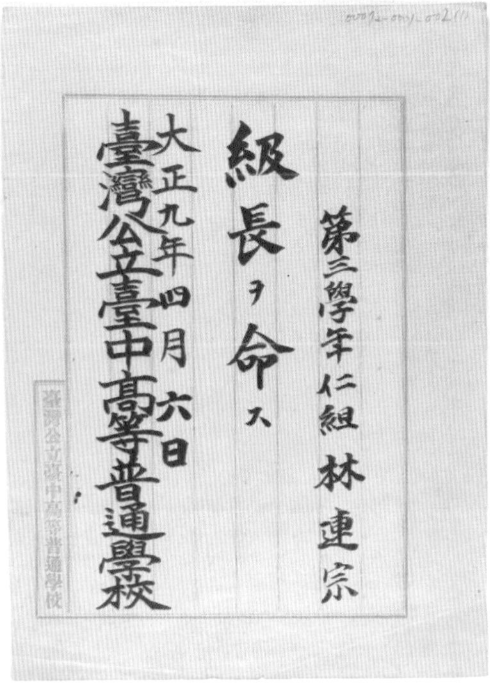
第三學年仁組 林連宗
級長ヲ命ス
大正九年四月六日
臺灣公立臺中高等普通學校

第三學年續被任命擔任班長（林信貞 提供）

第二學年仁組 林連宗
級長ヲ命ス
大正八年四月一日
臺灣公立臺中高等普通學校長田川辰一

第二學年林連宗被任命為班長（林信貞 提供）

賞狀
第四學年 林連宗
成績優良ヲ賞ス
大正十一年三月二十二日

1922 年中學校第四學年獲成績優良獎（林信貞 提供）

賞狀
第二學年 林連宗
成績優良ヲ賞ス
大正九年三月二十三日

1920 年中學校第二學年獲成績優良獎（林信貞 提供）

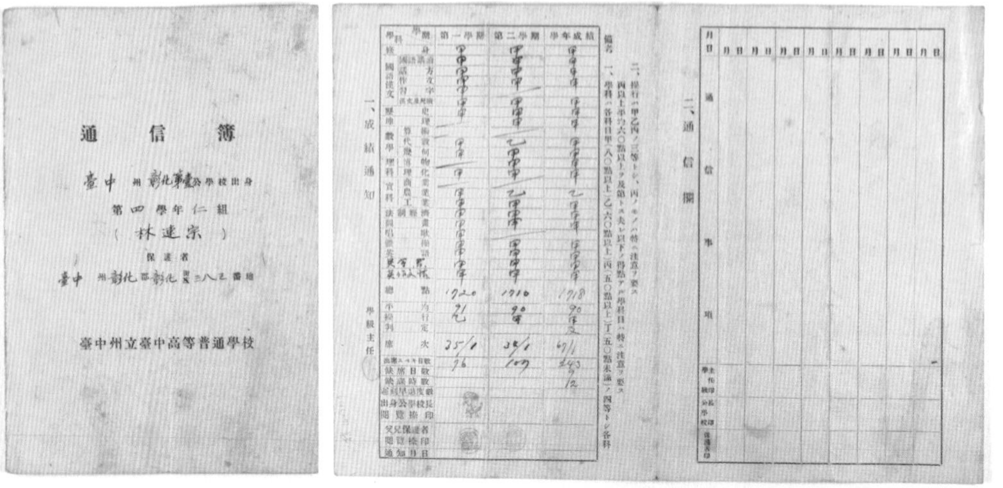

林連宗第四學年成績不只為班上第一，也是全年級的第一名。（林信貞 提供）

因成績優良，畢業時獲彰化銀行寄贈銀時計。（林信貞 提供）

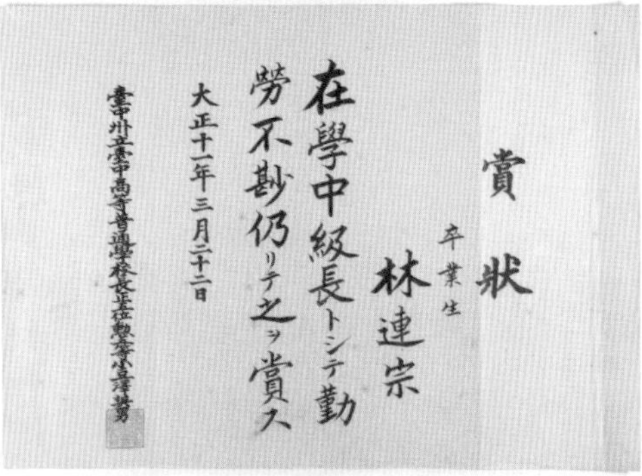

1922 年畢業時獲頒級長勤勞獎（林信貞 提供）

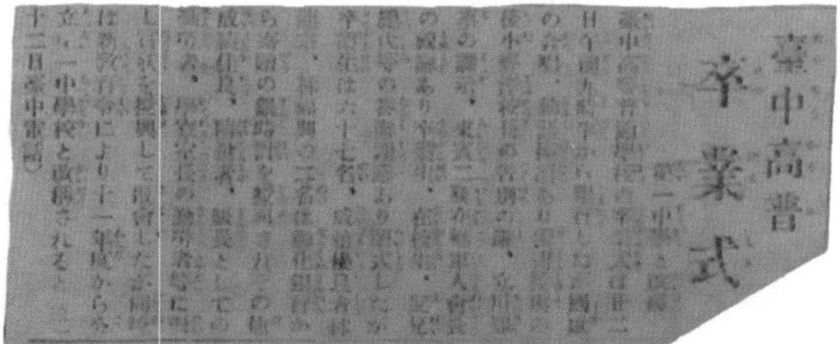

1922 年《臺灣新聞》報導臺中高等普通學校畢業典禮，特別提及林連宗、林福興，因成績優良獲彰化銀行寄贈獎品。（林信貞 提供）

2-4 兩場畢業典禮

連宗的中學階段，有兩本畢業紀念冊，而且時間只差一年。一本是一九二二年（大正十一年）的「臺中州立臺中高等普通學校」，另一本是一九二三年（大正十二年）的「臺中州立臺中第一中學校」，但其實都是同一所學校，就是今天的臺中一中，這是怎麼一回事呢？

一九二二年連宗畢業這一年，時代有了不一樣的風潮湧動。一九一八年第一次世界大戰結束，美國總統威爾遜提出和平原則，倡議平等對待殖民地人民，此時民主自由思潮瀰漫，日本亦受到影響，追求民主自由的思想成為社會主流，流風所及自然影響到日本對臺殖民政策。

首先，臺灣總督改由文官出任，新任總督田健治郎以「內地延長主義」回應這一波殖民地平等運動，「同化政策」、「一視同仁」、「日臺融合」成為新的治臺方針。在教育方面的影響是，一九二二年頒布「新臺灣教育令」，開始實施日臺共學，廢除原先只收日本人並限制臺灣子弟入學的門檻。也由於採行「內地延長主義」，所以臺灣學制改為與日本一樣。

臺中中學校在設立時，學制為四年制，此時終於可以跨越原先被刻意落差及矮化的一年，實施與日本中學一樣的五年制，讓畢業生可以與高等教育無斷裂接軌。不會再像一九二二年以前那樣，因為少一年，以致無法報考專科以上的學校，而林連宗恰恰身處這樣的時代轉折中。

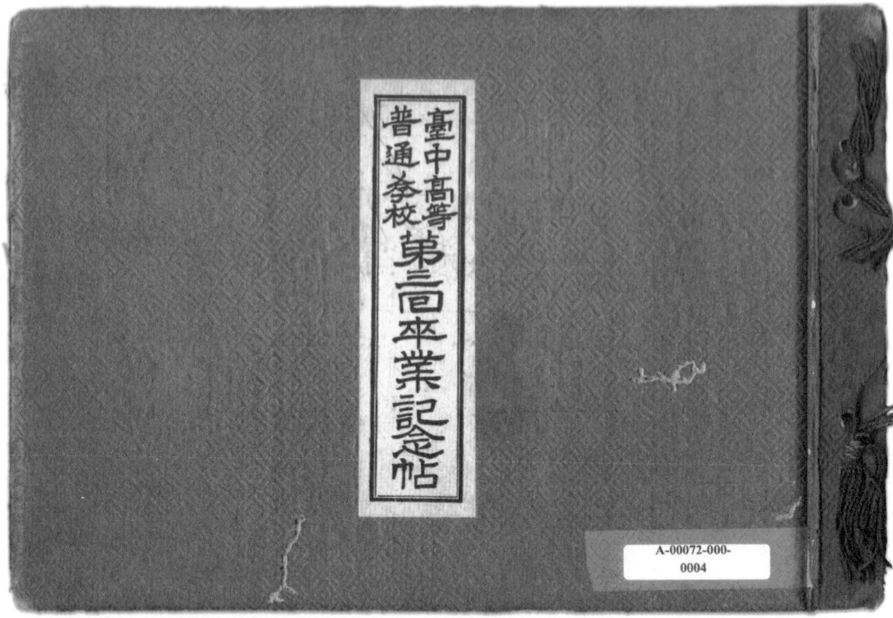

1922 年林連宗臺中高等普通學校畢業紀念冊。（林信貞 提供）

1923 年林連宗臺中第一中學校畢業紀念冊，為第一屆畢業生。（林信貞 提供）

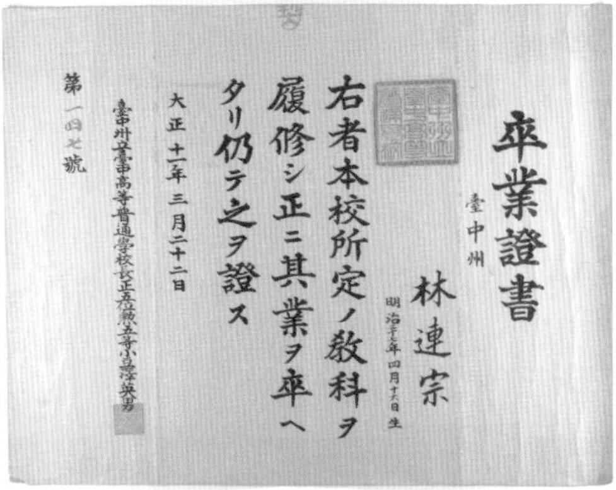

卒業證書

臺中州
林連宗
明治三十七年四月十六日生

右者本校所定ノ敎科ヲ履修シ正ニ其業ヲ卒ヘタリ仍テ之ヲ證ス

大正十一年三月二十二日

臺中州立臺中高等普通學校長正五位勳六等小豆澤英男

第一四七號

1922 年臺中高等普通學校（今臺中一中）畢業證書
（林信貞 提供）

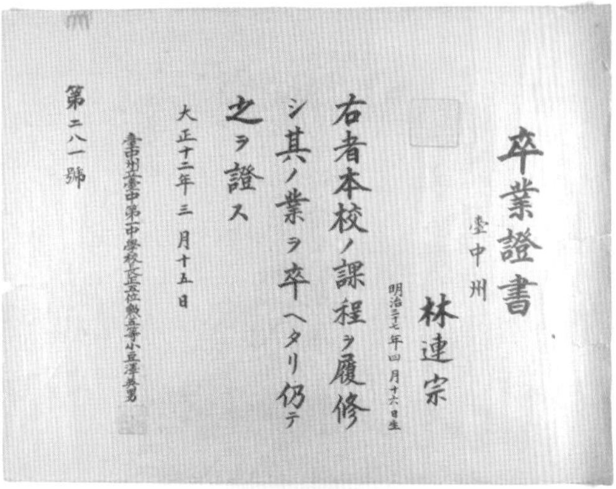

卒業證書

臺中州
林連宗
明治三十七年四月十六日生

右者本校ノ課程ヲ履修シ其ノ業ヲ卒ヘタリ仍テ之ヲ證ス

大正十二年三月十五日

臺中州立臺中第一中學校長正五位勳五等小豆澤英男

第二八一號

1923 年臺中第一中學校（今臺中一中）畢業證書
（林信貞 提供）

林連宗 1922 年四年制中學校畢業照（林信貞 提供）

林連宗 1923 年五年制中學校畢業照（林信貞 提供）

第一中學之爭

這時有比較大突破的是中學教育，原先臺灣子弟只有一所臺中中學校可以就讀，現在門檻打開來了，臺北中學校及臺南中學校，原來只收日本人，現在也不得拒絕臺灣子弟入學。

只是日本人差別對待的惡習不改，出現如《朱昭陽回憶錄》中所說的，臺日共學只是一種政治宣傳上的假象，各校的錄取標準，日本人與臺灣人並不一樣。日本人門戶寬鬆，可以輕騎過關，而臺灣人只是點綴，難關重重。所以只要臺灣人能考入，都是最優秀的，在校成績往往名列前茅。

另外就是許多學校紛紛成立，一九二二年增設臺北第二中學校（今成功中學）、臺中第二中學校及臺南第二中學校（今臺南一中），同時設立臺北高等學校（今臺灣師範大學），這是破天荒的臺灣第一所高中。但要到一九二八年，才有第一所大學，臺北帝國大學（今臺灣大學）的設置。

也由於臺中有第二中學的設置，因此產生了一中校名的保衛戰，此時日本人的優越感便出現在校名的爭奪上。他們認為新設立的學校，主要是日本人就讀，所以應該是第一中學，而原先的臺中中學校，以臺灣人為主，應該是第二中學，所以不斷透過總督府，希望更改校名。

這讓臺中中學校的校長小豆澤英男非常不滿，他說我們成立在先，就像一個家庭先誕生的是大兒子，豈有先誕生的叫做二兒子的。他甚至不惜以辭職抗爭，力保第一中學的校名。最後終於使總督府同意，讓這所當初成立給臺灣人念的學校，仍稱為第一中學。

一九二二年時，也因為學制改為五年制，所以學校收四年制的畢業生二十八人為五年級的學生，連宗因此成了該校第一批五年級的學生。所以才剛參加過畢業典禮的連宗，再回到學校，就讀五年級。

校長小豆澤英男（出處：林連宗畢業紀念冊，林信貞 提供）

林連宗（左一）五年級時，與友人及三哥建宗（右一）合影。（廖英豪 提供）

2-5 常勝軍的徬徨

五年級上半學期，連宗還是一樣科科甲等，是全班二十八名中的第一名。且不僅學業成績保持第一，也成為重要的學生領袖，不僅擔任班長，還是學生宿舍學寮長。這原本是學生生涯的高峰，該是意氣風發之時，但此時卻有烏雲飄來。

第二學期時，連宗掉了一名，第二名。歷來的常勝軍，從進中學就是科科甲等的，竟然會在成績單上出現兩科乙等，是很不尋常，同學也覺得奇怪。

連宗沒對人提起，其實父親生病已有一段時日了。週末回到家時，他會到父親房間，坐在父親床鋪旁，跟父親聊聊天，也會遵照醫師的建議，幫父親推腸子，但一個禮拜又一個禮拜，怎麼樣就是不見起色。他在宿舍，只是日日擔心父親身體，每個禮拜回家，看到父親病況日益嚴重，心中只是更加悲傷、無助。父親最終敵不過病魔，在一九二二年十二月七日，離他們而去。

從父親離世到三月畢業這段時間，連宗人在宿舍，卻十分掛念家裡，特別是擔心憂傷的母親。父親離世的悲傷，沉甸甸地壓在心頭。

因中學校改為五年制，一九二三年時連宗又參與了一次畢業典禮，這時畢業證書上的校名已是臺中州立臺中第一中學校。同樣地，他仍是畢業典禮上充滿光環的學生，象徵榮譽的獎項

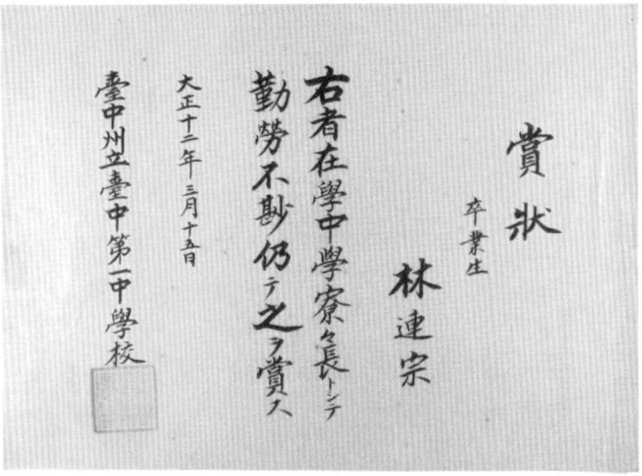
賞狀
卒業生
林連宗
右者在學中學寮々長トシテ
勤勞不尠仍テ之ヲ賞ス
大正十二年三月十五日
臺中州立臺中第一中學校

1923 年林連宗中學校五年級畢業，獲學寮長勤勞獎。（林信貞 提供）

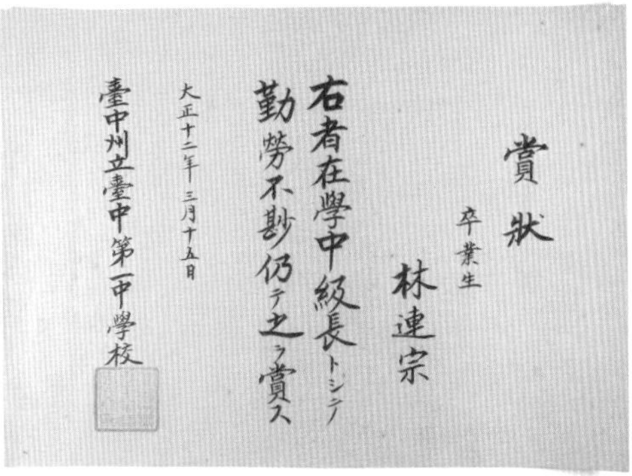
賞狀
卒業生
林連宗
右者在學中級長トシテ
勤勞不尠仍テ之ヲ賞ス
大正十二年三月十五日
臺中州立臺中第一中學校

1923 年林連宗畢業獲級長勤勞獎（林信貞 提供）

賞狀
卒業生
林連宗
成績優良ヲ賞ス
大正十二年三月十五日
臺中州立臺中第一中學校

1923 年畢業獲成績優良賞狀（林信貞 提供）

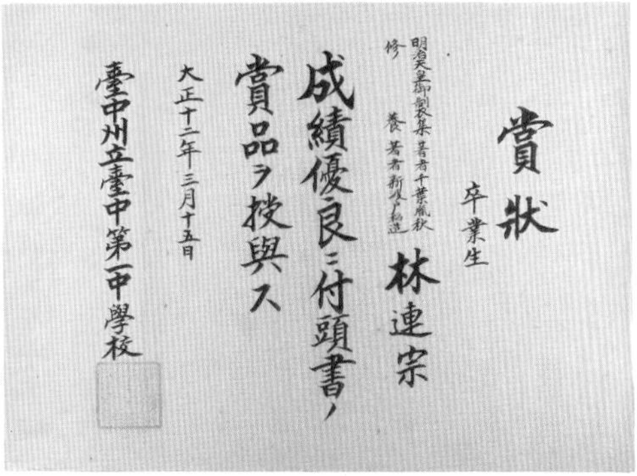
賞狀
卒業生
林連宗
明治天皇御製集 著者千葉胤秋
修養 著者新渡戸稲造
成績優良ニ付頭書ノ
賞品ヲ授與ス
大正十二年三月十五日
臺中州立臺中第一中學校

林連宗因成績優良，畢業時獲兩本贈書。（林信貞 提供）

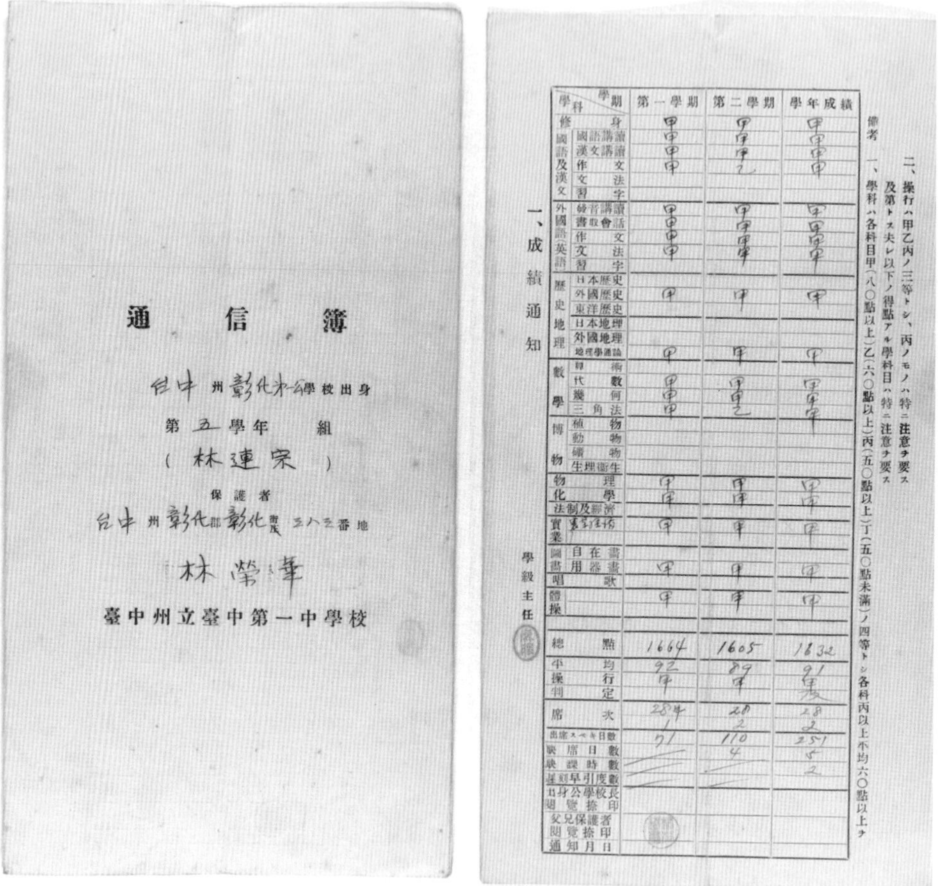

通信簿

台中 州 彰化市一公學校出身

第 五 學年 組

（ 林連宗 ）

保護者

台中 州 彰化郡 彰化街 茂 三八三番地

林榮華

臺中州立臺中第一中學校

一、成績通知

學科＼學期	第一學期	第二學期	學年成績
修身	甲	甲	甲
國語及漢文 國語講讀	甲	甲	甲
國語及漢文 漢文講讀	甲	甲	甲
國語及漢文 作文	甲	乙	甲
國語及漢文 文法			
國語及漢文 習字			
外國語（英語） 發音講讀	甲	甲	甲
外國語（英語） 書取會話	甲	甲	甲
外國語（英語） 作文	甲	甲	甲
外國語（英語） 文法	甲	甲	甲
外國語（英語） 習字			
歷史地理 日本歷史			
歷史地理 外國歷史	甲	甲	甲
歷史地理 東洋歷史			
歷史地理 日本地理			
歷史地理 外國地理			
歷史地理 地理學通論	甲	甲	甲
數學 算術			
數學 代數	甲	甲	甲
數學 幾何	甲	甲	甲
數學 三角法	甲	乙	甲
博物 植物			
博物 動物			
博物 礦物			
博物 生理衛生			
物理	甲	甲	甲
化學	甲	甲	甲
法制及經濟			
實業	甲	甲	甲
圖畫 自在畫			
圖畫 用器畫	甲	甲	甲
唱歌			
體操	甲	甲	甲
總點	1664	1605	1832
平均	92	89	91
操行判定	甲	甲	優
席次	28人 1	28 2	28 2
出席スベキ日數	71	110	251
缺席日數		4	5
缺課時數			2
遲刻早引度數			
出身公學校長閱覽捺印			
父兄保護者閱覽捺印			
通知月日			

學級主任

備考

一、學科ハ各科目甲（八〇點以上）乙（六〇點以上）丙（五〇點以上）丁（五〇點未滿）ノ四等トシ各科丙以上平均六〇點以上ヲ及第トス夫レ以下ノ得點アル學科目ハ特ニ注意ヲ要ス

二、操行ハ甲乙丙ノ三等トシ、丙ノモノハ特ニ注意ヲ要ス

五年級第二學年林連宗掉了一名，以第二名畢業。（林信貞 提供）

五年級生坐前排，連宗（前排左三）及三哥建宗（前排左二）與三、四年級學弟合影。（廖英豪 提供）

包圍著他，連續四次上臺領獎。

成績優良獎、級長勤勞獎、學寮寮長勤勞獎，還有兩本贈書的獎狀。一是新渡戶稻造所著的《修養》，另一本是千葉胤明所寫的《明治天皇御製集》。

這時有在典禮上受褒揚獎勵的歡欣，也有離情依依。同學們各奔前程，家境好的，有人已準備到日本念預科，準備進大學。無法出國的，與他表現不相上下的林福興，已準備投考總督府臺北醫專，以後當醫生。

而連宗在喪父的陰影下，在家中失去經濟支柱的現實下，只覺得前途一片迷濛。

第三章

臺灣新聞社時期

CHAPTER THREE

蓄勢待發的生命，如箭在弦上，但卻失去奔馳翱翔的機會。是父親的肩膀一直扛著他，讓他能無憂無慮地念書，但在父親過世後，路，得自己開拓。他雖無法更上層樓到日本念大學，但媒體工作給了他不同的歷練，連宗進入《臺灣新聞》社擔任漢文版編輯，走入一個不斷打開視野的環境。

但這畢竟只是等待的時刻，而非歸處，人生下一步該如何呢？醫師做為臺灣優秀人才的出路，幾乎是顛撲不破的標準，也成了無所懷疑的選擇，但連宗對法政更感興趣，前往日本攻讀法律，才是他的心願。

一九二三年總督府逮捕臺灣議會請願運動的人士，連宗身在媒體，看到民主前輩在法庭上與統治者交鋒，那是一場不折不扣的政治啟蒙，臺灣人為平等權與自由而戰，留下傲人身影。而年僅二十歲的他，已受前輩矚目，在文化協會彰化的演講場上，首次登壇演講。

3-1 升學之路中斷

連宗是弟弟，即便帶著中學校第一名畢業的殊榮，但建宗只是輸弟弟一點，可不比別人差。長幼有序，連宗心裡知道，這一回不能是自己又衝到前頭去，就算家中能提供至少一個人在日本留學的費用，也是三哥建宗先行。

依照學制，大學的預科要讀三年，本科也是三年才能畢業，所以三哥一去日本就是六年的時間。若家中能提供的經濟支援有限，那未來自己還能有機會嗎？真不敢再想下去了……。

父親剛過世，悲傷的氣息仍籠罩著，此時，他成了失去依靠的孩子。能撐住他無憂無慮念書的是父親，是父親的肩膀一直扛著他，讓他能一路順利地念書，但現在顯然不一樣了。

父親過世，事業交到大哥手中，現在是大哥當家，凡事要看大哥了，他瞭解大哥有自己的家庭妻小要照顧，家裡已經幫三哥支付到日本的費用了，如何能再同時幫他？他是無論如何都開不了口的。

媽媽看得出來這個最小的兒子，是四個兒子中最優秀的，他的個性、他的能力，是只要一放到地上跑，就頭也不回地拿第一。母親知道小兒子這時不能繼續升學，心中必然不好過，她跟連宗說，爸爸剛過世，我不能兩個兒子都不在身邊，她要給這個小兒子一些親情的壓力，這雖是她的心情，不過更重要的，她要自己的孩子即便聰明、優秀，但不能不懂得謙讓。

一根倫理的繩繫在那裡，成為行為的依據。

命運讓連宗求學過程中，總是有三哥相伴，三哥比他長兩歲，總是成熟些，幫連宗更快渡過各個階段的適應期。特別是中學時得住校，他不像其他孩子因離家而無依無靠，或因想家而影響課業，連宗比其他同學更有安全感，學習過程總是一路順遂。

但這時，他從沒有覺得這麼無助過。三哥建宗已申請到日本中央大學的法科預科，四月即將啟程。那他呢？

在同學們歡送三哥的聚會上，連宗心中有祝福、也有惆悵。三哥跟他是最親的，一路相伴，既是兄弟也是同學。此時三哥即將遠行，迎向人生新階段，到人人羨慕的東京念書，而他的未來卻仍不知如何是好？合影的照片上，連宗看起來確實少了點精神。

連宗不想給家裡負擔，既然無法到日本念書，那就先找工作存點錢吧，總是天助人助先自助。他打起精神先找工作，但從哪裡找起呢？別人介紹的工作，未必合他的志趣，但剛自學校畢業，既沒關係也沒管道，對社會上的各行各業所知也有限，怎麼辦呢？

這時他想到《臺灣新聞》報導過他，報導過他中學第一名畢業並獲得彰化銀行獎賞的新聞。他的能力其他單位不知道，但起碼《臺灣新聞》社是知道的，這個報社是認得他的。這比茫茫大海中找工作，要來得有基礎多了。重要的是他對新聞媒體感興趣，學校學的是書本上的、是靜態的，新聞則深入社會各個觸角，而報社是一個很好的介面。

果然這個判斷是對的，日日盯著《臺灣新聞》，終於看到報社應徵漢文版編輯。這份由日本人經營的報紙，以報導中部新聞為主，其中有一張是漢文版，連宗進入《臺灣新聞》社編輯局工作，開始步入這充滿吸引力，不斷打開視野的環境。

3-2 媒體新鮮人

來到《臺灣新聞》社，前社長山移定政剛過世，連宗早聽聞他的故事，知道他本身是位辯護士（律師），一九二〇年（大正九年）當選眾議員，而且還為推動臺中州設立圖書館不遺餘力。連宗相當欣賞這位社長，一位律師，可以辦報，發揮社會影響力；可以從政，為眾人之事發聲；可以設立巡迴文庫，推動圖書館成立，讓文化札根。這些都是很有意義的事，他的行誼令人欣賞，也不禁心嚮往之。

連宗篤實、漢文能力強，身為最年輕、無資歷的工作者，他事事謙恭學習。同事對這位臺中州第一中學畢業的高材生相當好奇，但畢竟還年輕，不知道會不會不諳世事，或自以為是。其實這些擔心都不需要，連宗對前輩真心敬重，編輯工作所需要的抓錯、精確與細心，他表現得很好。而下標題所需要的文采，對文章結構的掌握及重點的歸納，都難不了他。工作品質好是應該的，但如果大家會特別喜歡這位少年家，是他的不計較與懂得感謝。同事有需要幫忙的地方，他總樂於相助，當作學習的機會並謙虛以對。

偶而下班大家也邀他去喝兩杯，讓這位純樸的少年兄社會化一下。臺中醉月樓是報社同仁，特別是記者們最愛去的地方，這裡總是可以聽聞到不少重要消息。

連宗相當喜歡這份工作，新聞工作者見多識廣，有一種難得的幽默與輕鬆，而且相當靈活，談起話來饒富趣味。二來在報社中，每天接觸到的是攸關國家社會的重要問題，從政治經濟到社會問題，從文學、旅遊到生活，特別是《臺灣新聞》社的經營方式，觸角相當廣泛，不僅對社會各項活動的參與度很高，更常出面主辦各種活動，還另設有出版部門。

一九二四年第一屆臺中少年棒球大會，就是由《臺灣新聞》社主辦。而報社為維持生存，增加財源，還主辦旅遊日本的活動，名聲打響後，也舉辦到中國、印度及東南亞各國的旅行團，十足的多角化經營。

至於《臺灣新聞》社的出版品，常是大部頭的各種年鑑，兼有普查臺灣社會的調查功能。

林連宗於《臺灣新聞》社工作時期照片
（廖英豪 提供）

林連宗擔任《臺灣新聞》漢文版編輯
（廖英豪 提供）

日治時期臺中《臺灣新聞》社

像大正六年編了《臺灣糖業年鑑》、大正七年發行《臺灣商工要覽》，這份日本人的報紙，其實有著半官半民的角色。大正十二年皇太子來臺巡行，也發行了《鶴駕奉迎之紀》，日本政府甚喜歡營造臺灣人對皇族的愛戴，沿街歡迎的劇情安排總少不了，當然文宣出版品也不可缺席。

因為《臺灣新聞》設有漢文版，所以有不少臺灣詩人曾在此擔任編輯或記者。早期有「櫟社」的傅錫祺、陳懷澄，與連宗同一時期的有王達德、張達修，後期三〇年代則有巫永福、林荊南等。

同事王達德早連宗三年擔任漢文版編輯，後晉升為記者，一九二三年他前往中國華中、華北，在《臺灣新聞》連載刊登〈漫遊大陸日記〉，共七十回。連宗編排他的稿子，透過文字，初次接觸中國的面貌。

3-3 人生志業何處

報社的節奏是相當快的，但這不是他的歸處，只是等待的時刻。蘊藏在心中的還是：人生路徑，下一步何處？

看著許多學長有的習醫、有的學商、有的習法，跟他一樣跑在前頭的同班同學林福興，中學校時期不是他第一，就是連宗第一，福興這時已進入總督府臺北醫專，展開醫者的專業學習，未來必然前途似錦。那他呢？

醫師做為臺灣優秀人才的出路，像鐵律一樣，成為顛撲不破的社會標準。臺中中學校第一屆畢業生，考上總督府醫學校的，十根指頭都不夠數，至少有十二位以上，人人都想擠進醫科的窄門。在殖民統治下，醫生是少數可以跟日本人平起平坐的行業，受人尊重且有較高經濟地位。另外也是因為當時臺灣根本還沒有高等學校，一九二二年（大正十一年）才成立臺北高校，所以在一九一九年第一批臺中中學校畢業的臺灣子弟，除非家中經濟狀況許可，可以前往日本留學，否則優秀的人，便以擠進總督府醫學校為選擇了。

醫學因其實用性，日本統治之初便優先設置醫學校，民政長官後藤新平在一八九九年創立了臺灣總督府醫學校。至於其他科系及學門，此時並沒有這樣的機會。

連宗想，如果他真的沒有辦法到日本留學，只能待在臺灣，那是否能再進一階的路就只有習醫了？這真的讓他很困惑。但人生之路總必須真實的面對自己，他真的對醫科不感興趣。

連宗知道自己口才好、善思辨，畢業典禮時，他代表學生致答謝詞，雖然緊張，但透過認真準備，表現還不錯。而這種表達大家心聲的感覺，這種榮譽感，即便充滿壓力，卻深深吸引著他。雖然他各個科目都優秀，選擇自然科學或社會科學，都不難，但是他更對社會科學充滿興趣。

身處被殖民的國度，何處是他爭取平等競爭的地方，何處不會因臺灣人的身分而遭受差別待遇。常聽到臺灣人在工作上很難升遷當主管，不是個人認不認真、能力好不好的問題，只因我們是「被統治者」，上層的主管位置總是被日本人壟斷。

這樣的人生令人挫折，這樣的制度更是不公平。

連宗不願走入這樣的命運，但醫科他沒興趣，另一個可以跟日本人平起平坐的行業，而且可以解決經濟困境的，就只剩律師了。

現實總是立在門口，不斷地咚咚敲門，父親已過世，沒有理由要大哥幫他，他必須在短時間內經濟獨立。

現實與理想間，可有交會點？

到日本攻讀法政，而後通過律師考試，是他突破自己人生困境唯一的路。幾經思考後，擺在眼前的是待克服的困難，也就不再有迷茫之悲了。

東京大地震之變

一九二三年（大正十二年）四月十六日已出發前往東京的建宗，高高興興地開學了，沒想到九月一日驚魂一震，日本發生前所未有的強震，規模八點一的關東大地震，使整個東京陷入火海。

臺灣一樣搖晃，吃午飯時，廚房裡的水缸搖曳出滿地的水。當時還沒有無線電臺和收音機，無法立即知道災情的實況，第二天起，報紙連日報導災情，臺灣的損失尚不嚴重，東京卻是空前大災難了！

原來東京強震時間在中午，剛好是家庭主婦做飯時間，傾倒的爐火一下引發數百處起火點，加上房屋倒塌、電線走火，東京、橫濱多為木結構的房子，城市陷入一片火海。結果燒了數十天，傷亡二十二萬人，財物損失幾達百億之鉅，是日本有史以來最大的地震災難。

建宗人才剛到東京沒多久，此刻是否平安，真的令人焦急萬分。

情況是真的非常嚴重，中央大學的圖書館及房舍也被燒毀了，建宗和同學在驚魂中逃到學校空地，躲過一劫。雖然學校對學生有一定的安置與保護，但這一驚真的非同小可。

校舍建築被震垮，學生連上課的地方都沒有了，這是有形的摧殘，但人心受到的驚懼，後座力還在遞延中。由於災難實在太過巨大，學校宣布停止上課兩個月，進行校舍搶修。一直到十月三十一日，罹災的校舍才修築完畢，十一月一日終於重新開學。

建宗剛到東京，一切都還在適應中，就經歷了關東大地震，一個文明進步的都市，一下因天災而陷入混亂，恍如地獄般。新聞中斷三天後才恢復，但日日是死難的新聞。而日本極右派又在此時殺害左派思想的代表人物，並殺害了許多朝鮮人，做為一個外來者，這都讓建宗感到相當不安。

日子真的十分難過，也非常想家，建宗不禁浮起離開日本的想法。他想如果轉到中國念書，費用比東京便宜，原先供他一個人的費用，說不定可以跟連宗一起用。

建宗在中央大學法學部念書，知道中國東北的哈爾濱，一九二二年時剛成立法政大學，以經濟和法律為主。建宗覺得這是一個機會，他開始跟家裡商量轉往中國念書的可能性。連宗雖是猶豫，但在建宗遊說下，竟也燃起一線希望。於是趁建宗放寒假時，兄弟倆便前往哈爾濱，希望進一步瞭解環境及學校的申請。

但沒想到一到哈爾濱，天寒地凍，習於溫暖南方的身體根本受不了。身體的反應告訴他們，這不是一個好的選擇。而各項標準都還落後很多，即便費用便宜，但連宗不認為這裡是繼續琢磨自己的好去處。

連宗很感謝哥哥為了他，跑這一趟，但他覺得這跟日本比起來，是不行的。他要三哥既然考上中央大學了，就應該好好努力，不可以再想要回頭了。而這趟哈爾濱之行，只是更強化連宗趕緊前往日本念書的心願。

連宗對工作仍孜孜不倦，這是他做事的基本態度，而也得存錢，慢慢打開自己的留學之路。他不想蹉跎時間，半工半讀地，他也跟建宗要唸過的書，找時間累積自己，準備前往日本的考試。

1923 年日本關東大地震（出處：林建宗畢業紀念冊，林清欽 提供）

3-4 治警事件的啟蒙

臺灣的命運，總是受到不平的衝擊，特別是待在媒體，感觸更深。

連宗在一九二三年（大正十二年）來到《臺灣新聞》社時，九月以前還是文官總督田健治郎，他任內採行一系列狀似開明的政策。現在繼任的總督為內田嘉吉，曾擔任佐久間左馬太的民政局長，就是他們鎮壓了「西來庵事件」。鎮壓過程中，出現焚莊、斬首等種種不人道行為，被判處死刑者，一開始高達八六六人，後來在日本國內及國際輿論壓力下，才將四分之三的死刑犯改為無期徒刑，如此重刑，對臺灣人民烙下深深傷痕與桎梏。

這樣一個總督，令人不寒而慄。

果不其然，他上任三個月便發生「治警事件」，投入臺灣議會設置請願運動的仕紳，被捕入獄，總督府警務局展開全島大檢舉，逮捕四十一人，傳訊五十八人。賴和醫師也被抓了，他是連宗的鄰居，就住彰化街市仔尾。

大家議論紛紛，為賴和醫師擔憂，連宗處在新聞圈自是特別關心。雖然他任職的《臺灣新聞》社對逮捕事件沉默以對，但記者們還是帶回不少消息。

審判開始時報紙方有較多的刊載，連宗注意到其中幾位被告是律師，如鄭松筠及蔡式穀，他們也投入議會請願運動的行列。

其實「治安警察法」是用於箝制人民集會結社遊行的，一個國家能容許政治異議者的聲音到什麼程度，取決於他們怎麼使用這條法律，是否動不動以此逮捕異議分子，以「違反治安」之名囚於大牢。臺灣議會設置請願運動需要以常設性的機構來推動，以此目的結社並將運動組織化，讓專制統治者倍感威脅，便以違反「治安警察法」逮捕推動者。

詩人林幼春，是文化協會及臺灣議會期成同盟會的發起人，他在答辯時不卑不亢，檢察官說臺灣人民好反抗，他就告訴法官：**「反抗只是證明政府有諸多失策。」**

檢察官說被告要反抗政府，林幼春在答辯文中只是理性地說明：「政府叫我們入獄，我們就入獄，並沒有反抗的事實。雖然對總督統治表示不滿，但對於總督府的行政，卻未曾做過任何阻礙。我們有權對政治加以評論，也是我們的義務，這樣才能夠使國家進步。設若政治一步差錯，則關係國家全局很大，我們放棄此事，反對國家不利。」

讀他們的答辯文，對林連宗而言是一場政治觀念的洗禮。因為對政治改革者來說，法庭是一次與當權者的重要交鋒。不是個人有罪無罪的法律爭辯，那是律師的工作，對政治改革者而言，法庭是他們陳述政治理念的舞臺。特別檢察官起訴他們，明明是因為政治因素，卻想製造成是被告觸法。

此外蔣渭水的答辯受到媒體高度關注，論告內容說：「臺灣的特別立法，大正十年已經撤廢，自大正十一年一月起，就沒有發佈律令。」言下之意是人民不該再對當局有這麼多的批評或反抗。蔣渭水先列舉從大正十一年一月起所發佈的律令清單，之後點出兩件影響人民至為巨大的法令，其實都是未經國會同意，就由總督府擅自公布的，一是「酒專賣令」，另一是「法院條例改正」。

「酒專賣令」第二條規定：「酒類製造專屬於政府。」僅僅幾個字，數百民間製酒業者、數萬釀酒從業人員及家屬，其生計都在一夕間盡歸烏有！

而「法院條例改正」第二條規定：「一、以反抗施政，實行暴動為目的之罪。二、關於政事，對樞要官員加以危害為目的所犯之罪。……以第一審做終審的裁判。」

以法院一審結果就要做終審的判決，這在人權上是大有問題的。蔣渭水在答辯文中說：「在日本內地，除對皇室加以危害之罪或顛覆政府的內亂罪外，沒有以一審終結的條例。臺灣樞要官員，便是指總督、長官、局長暨各州知事，這不就等同於是將總督以下的敕任官也比照皇室身分來定律令，這不是很僭越嗎？像這樣人權上大有問題的『酒公賣令』、『法院條例改正』頻頻發佈，而強辯律令已無發佈，這種謊言不意竟由堂堂檢察官長之口在這神聖的法庭公然講

8

三月二日 日日新聞

本島の内治獨立を畫策せる 一味の十四名起訴さる

臺灣議會設置請願運動をなす祕密結社 治安警察法の槍玉に擧る

蔣渭水

石煥長

蔡培火

一昨年十一月下旬臺北市太平町醫師蔣渭水、臺南市港町蔡培火外數名主唱の下に臺灣議會期成同盟會を組織し會員は數十名を得て臺北北警察署に組織後の屆出をした事があつた。此會に就いては其當時から臺灣に於ける政治的の會として注目を惹て居たものであるが此同盟會は臺灣に施行する特別法律ご臺灣豫算の協賛權を有つ特別議會設置運動を唯一の目的とし隨所で此會の主義を宣傳するので問題とされて居たが當局では彼等結社の行動は臺灣統治の大策上治安を攪亂するものとし主腦者に向つて組織を中止する樣諭した事があつたが頑として應ぜず主義の宣傳に努めるので昨年二月二日遂に治安警察法に依つて期成同盟會は禁止されたのである、然るに六日に至つて主唱者である蔡培火、蔣渭水、陳逢源の三名が第三回臺灣議會設置請願委員こして上京し著京後間もなく禁止された結社ご同一の名稱目的で早稻田警察署に結社の屆出をして發會式を擧げ祕密裡に其會員を本島内に募り臺灣で禁止された結社と目的名稱及び會員等を同じくするものを東京で組織した形式を採り政治季節の迫るを好機とし島内で行動を開始し禁止命令を蹂躪する行動を敢行したので昨年十二月十六日午前六時を期し治安警察法違反として檢察局の大活動となつた各州の檢察官は出動し司法警察官を指揮し各地に散在した關係者四十九名に拘引狀を發する一方嚴重な家宅搜索を行ひ山積せる證據書類を押收して卽日取調べを開始し重なる者二十八名は臺北地方法院檢察局へ送られ一時警官講習所に收容し三好檢察官長主となつて嚴重取調べを續行中であつたが一日漸く豫審終結となつた

豫審終結 有罪決定

臺北市太平町三丁目二十八番地 醫師 蔣渭水（三六）

宜蘭街字民門三十二番地 醫師 石煥長（三二）

蔡式穀

臺中州彰化街字市子尾百三十八 製靴業 吳清波（四〇）

同北斗街西北斗六百四十一番地 貸地業 林伯廷（三八）

同大甲郡清水街百八十三番地 貸地業 蔡年亨（三五）

同彰化街字北門三百七十一番地 醫師 林篤勳（四二）

同大屯郡霧峯庄二百四十七番地 貸地業 林幼春（四四）

同臺中市臺中二百三十番地 辯護士 鄭松筠（三四）

臺南市本町四丁目百七十九番地 醫師 韓石泉（二八）

1924.03.02《臺灣日日新報》報導臺灣議會設置請願運動因運作結社，遭以「治安警察法」起訴。

（國立清華大學圖書館 提供）

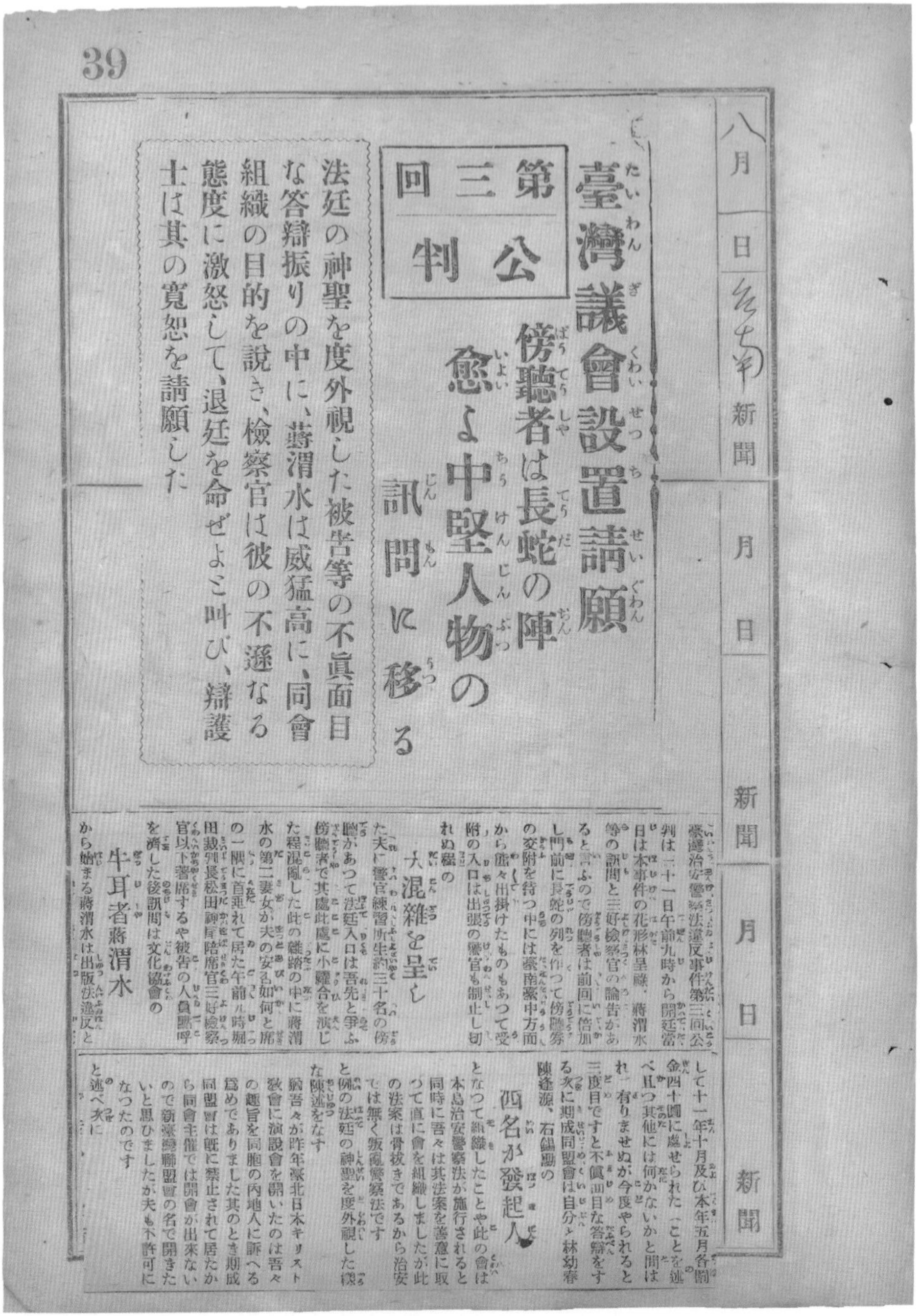

39

八月 日 台日 新聞

臺灣議會設置請願

第三回公判

傍聽者は長蛇の陣

愈よ中堅人物の訊問に移る

法廷の神聖を度外視した被告等の不眞面目な答辯振りの中に、蔣渭水は威猛高に、同會組織の目的を說き、檢察官は彼の不遜なる態度に激怒して、退廷を命ぜよと叫び、辯護士は其の寛恕を請願した

臺灣治安警察法違反事件第三回公判は二十一日午前九時から開廷當日は本事件の花形林呈祿、蔣渭水等の訊問と三好檢察官の論告があると言ふので傍聽者は前回に倍加し門前に長蛇の列を作つて傍聽券の交附を待つ中には臺南臺中方面から態々出掛けたものもあつて受附の入口は出張の警官も制止し切れぬ程の

大混雜を呈し

た夫に警官練習所生約三十名の傍聽があつて法廷入口は吾先と爭ふ傍聽者で其處此處に小躍合を演じた程混亂した此の雜踏の中に蔣渭水の第二妻女が夫の安否如何と席の一隅に首垂れて居た午前九時堀田裁判長松田陪席三好檢察官以下著席するや被告の人員點呼を濟した後訊問は文化協會の

牛耳者蔣渭水

から始まる蔣渭水は出版法違反として十一年十月及び本年五月各罰金四十圓に處せられた（ことを述べ且つ其他には何かないかと問はれ「有りませぬが今度やられると三度目ですと不眞面目な答辯をする次に期成同盟會は自分と林幼春陳逢源、石錫勳の

四名が發起人

となつて組織したことや此の會は本島治安警察法が施行されると同時に吾々は其法案を善意に取つて直に會を組織しましたが此の法案は骨抜きであるから治安では無く叛亂警察法ですと例の法廷の神聖を度外視した樣な陳述をなす

猶吾々が昨年臺北日本キリスト教會に演說會を開いたのは吾々の趣旨を同胞の內地人に訴へる爲めでありました其のとき期成同盟會は既に禁止されて居たから同會主催では開會が出來ないので新臺灣聯盟會の名で開きたいと思ひましたが夫も不許可になつたのです

と述べ次に

1924.08.01 臺灣議會設置請願運動第三回公判剪報（國立清華大學圖書館 提供）

出來，又說立法、行政沒有混合，也是欺人自欺之言。」

蔣渭水的答辯強而有力，法庭數次制止他的發言。但這些對當局施政的合理批判，也使法庭對整個逮捕有不一樣的看法，一審時，全體獲判無罪。

對的事、有道理的事，就算碰到挫折，也要堅持。連宗看著民主前輩，不屈不撓，一路挺進。而他們對臺灣平等權的努力，對人權問題的思辨，對獨裁律令剝奪人民經濟生活乃至侵害人權的批判，讓人宛如上了一場政治大課。

不畏當局掣肘，一九二四年（大正十三年）文化協會彰化支部意氣更盛，自十一月二日起連開數場講演會，全臺各地辯士齊聚彰化。蔣渭水講「文化主義」、林獻堂講「犧牲的精神及繼續的精神」、李應章醫師講「農村的改造」。文協彰化主幹許嘉種、詩人陳虛谷、醫師賴和登壇齊鳴。幾場演講下來，民眾不禁期待著每週末的開講，文協因而有舉辦定期演講的決定，《臺灣民報》報導一連七場的演講時間及辯士名單，其中第一場在十一月十五日，林連宗，二十歲這一年，從臺下的聆聽者走上臺前，他的口才、知識與想法受到前輩注意，成為文協彰化支部的演講辯士。

一九二五年治警事件三審定讞，蔣渭水、蔡培火被判四個月徒刑；林幼春、蔡惠如、林呈祿、石煥長、陳逢源被判三個月。從一九二三年請願人士被逮捕、傳訊開始，牢獄威脅始終存在，但大家沒有退縮，連著再發動了三次（第四次、第五次、第六次）議會設置請願運動。

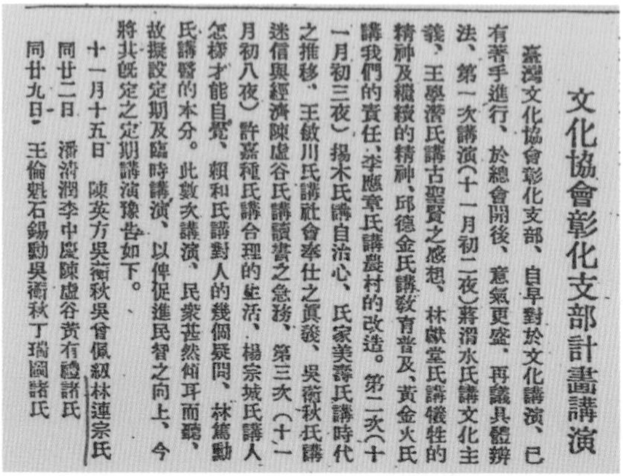

文化協會彰化支部計畫講演

臺灣文化協會彰化支部、自早對於文化講演、已有著手進行、於總會開後、意氣更盛、再議具體辦法、第一次講演(十一月初二夜)蔣渭水氏講文化主義、王學潛氏講古聖賢之感想、林獻堂氏講犧牲的精神及繼續的精神、邱德金氏講教育普及、黃金火氏講我們的責任、李應章氏講農村的改造。第二次(十一月初三夜)揚木氏講自治心、氏家美壽氏講時代之推移、王敏川氏講社會奉仕之眞義、吳蘅秋氏講迷信與經濟陳虛谷氏講讀書之急務、第三次（十一月初八夜）許嘉種氏講合理的生活、楊宗城氏講人怎樣才能自覺、賴和氏講對人的幾個疑問、林篤勳氏講醫的本分。此數次講演、民衆甚然傾耳而聽、故擬設定期及臨時講演、以俾促進民智之向上、今將其既定之定期講演豫告如下。

十一月十五日　陳英方吳蘅秋吳會佩級林連宗氏
同廿二日　潘清潤李中慶陳虛谷黃有禮諸氏
同廿九日　王倫魁石錫勳吳蘅秋丁瑞圖諸氏

根據 1924.12.01《臺灣民報》報導，林連宗已是文化協會彰化支部登壇演講的辯士之一。

林連宗（二排右二）著正式西裝，與臺中州第一中學校四、五年級學生及友人合影。（廖英豪 提供）

3-5 不得娶日本太太

兩年工作下來，連宗自己存了些錢，母親在父親過世的悲傷中，也慢慢地回到平常，心緒日漸平靜，連宗知道應該是他可以試著跟家裡溝通的時候了。

母親知道她這最小的孩子，太優秀了，什麼都衝到最前頭去，讓他比三哥慢一些，是給他的磨練。但這麼優秀的孩子沒有不栽培的道理，做母親的再怎麼捨不得孩子離家，但也不能一直把他繫在身邊。母親同大兒子東波商量，將林家財產做一部分處理，讓連宗也能同建宗一樣赴日求學。但做母親的只有一個條件，畢業後不准留在日本工作，一定要回臺灣；還有，不准娶日本老婆。母親不像她的孩子是受日本教育的，母親不說日語，只說臺語，她不希望日後跟自己的媳婦無法溝通。

沉沉的心緒化開了，這時連宗有前所未有的開朗。母親的條件對他而言不是問題，回臺灣工作、不娶日本老婆，這都不是問題。他也了解母親對他的疼愛及希望家人同在一起的想法，他只有戮力以赴，儘快完成學業，不讓家人為他承受太多的經濟壓力。

而目標一旦確定下來，許多的抉擇也變得相對容易了。三哥已先到東京的中央大學就讀，對連宗而言，需要有不同的選擇嗎？他的目標是通過國家司法科考試，有朝一日當律師，那這所學校可以幫他嗎？

臺中州第一中學校的學長，已有不少人在日本就讀法學院，大家曾一起住校，都熟。饒維岳學長，在京都帝國大學法學部，而在中央大學就讀的有不少人，除三哥外，有大他一屆家住高雄的王清佐和出身豐原的林祚爐，還有同班同學謝前和陳金能（屏東東港）。

中央大學雖是私立學校，卻有非常好的法律傳統，學生取得國家律師考試的表現，一直不輸國立的東京大學，兩所學校不分軒輊。中央大學的表現之所以如此突出，主要因其前身就是英吉利法律學校，所以法學部一直是她最顯著的特色，而且饒富傳統。

種種因素，連宗沒有辦法憧憬太浪漫的大學生活，捱了兩年，好不容易才取得留學機會，他得務實地踩在地面上，以通過國家司法科考試為目標。既然如此，那就全力衝刺申請中央大學吧。

一邊工作上班，一邊準備考試，壓力讓生活變得更為充實。此時臺灣社會正為自己的未來，努力要求日本政府讓臺灣成立議會，我們不是傻傻地只能繳稅，而沒有決定自己公共事務的權利，起碼給臺灣人一個議會吧！仁人志士從四面八方發聲，越挫越勇。而連宗看著周圍的變化，自己也透過努力有所改變。此時，他正為人生下一個階段，全速前進。

第四章
留學日本

CHAPTER FOUR

現實始終站在門口，咚咚敲門。連宗只能分秒必爭，不斷擠壓自己，用縮短修業時間來越過經濟的障礙，他卯足力縱身一躍，一年完成三年預科的課程。在臺灣他是最優秀的學生，來到日本，一樣比日本人優秀。而此時臺灣自治運動風起雲湧，有識之士誰能置身事外，甫上大學一年級的林連宗，加入留學生文化演講團，一九二六年暑假回鄉，巡迴各地廟口演講，民眾一圈又一圈地圍繞著，人山人海，回應留學生對土地的熱愛。在演說者與聽講者之間，鳴動著對臺灣未來的熱盼。

大二這一年連宗雙喜臨門，不只結了婚，還通過國家考試司法科及行政科的筆試，如此成就，是臺灣人就讀日本中央大學的第一人，未來不論擔任官吏或律師，他比別人多了選項，毫無疑問地，等待他的是明日的朝陽。

4-1 離家的忐忑

建宗要連宗趕快過來，告訴他我們克難一點，撐一撐就過去了，房間一起擠，便當分著吃，課本及參考書也不需花錢買了，用他的就好……。他相信以弟弟的能力，課業對他根本不是問題，一定可以很快有所表現。

建宗一個人到日本念書，更優秀的弟弟無法出來，心中不免覺得抱歉。而家中能幫忙的就這麼多，加上課業繁重，建宗也不見得有辦法打工，但此時也不禁想說，有沒有些增加收入的可能呢？

建宗功課不錯，字也寫得漂亮，同學中有懶惰、不愛做功課的，哼呀哈地老在耳邊碎念抱怨，也會開玩笑纏著他幫忙。建宗靈機一動，不再像以往一樣拒人於千里之外，他告訴同學：「幫你忙可以，但要付費才行。」

就這樣，建宗開始幫人做功課，收費，攢零用錢，沒想到一段時間下來，竟也能去買套西裝，讓自己看起來風流倜儻一下。同一套西裝，也可讓連宗在青黃不接時撐一下門面，兄弟倆身高差不多，但連宗胖些，要穿下這套西裝不難，充其量，合身了一點。

一九二五年（大正十四年）四月，連宗考上日本中央大學法學部預科，啟程前往日本。

這時的臺灣已走完大正時期，現代化的建設大幅改變了臺灣面貌，日本政府因相當重視鐵道建設，一九二二年時除山線外，海線也通車了，彰化正是鐵路山、海兩線的交會點，知名的扇形車庫也在此時興建完成。所以連宗啟程前往日本時，已不會像楊肇嘉年少時，在一九〇八年出發前心中不斷臆測著：「火車到底是什麼樣子的呢？據說輪船比我們的房屋還大，這樣大的東西，怎麼能浮在海上走呢？坐在輪船裡浮在海上搖盪，不知是什麼滋味？」

和楊肇嘉的時期相距，十七年過去了，日本政府開展的交通建設，已今非昔比。這時從臺灣到日本不需任何的證件手續，住屏東的劉捷，比連宗小七歲，後來也擔任《臺灣新聞》及《民報》記者。他從臺灣赴日，是從屏東購買一張「連絡券」，約十三元五角左右就可以到達東京。這價錢同時包括從屏東到基隆的火車票、從基隆到下關的船資、船上三天的伙食費以及下關到東京的車資。一張票一條龍抵達，臺灣、日本兩地交通已相當通暢。

只是初次離家，心中怎會沒有忐忑。

連宗在船上翻滾了幾天，實在是不舒服，但想到可以一圓自己的夢想，精神仍是相當高昂，而且已經有三哥在日本那端，等著接他了。

三哥已在東京兩年，兩人又同在中央大學法學部預科，連宗乍到東京，便有三哥的引導與照顧。打點完日常生活所需，建宗迫不及待地要帶連宗四處逛逛。這一天兄弟倆偷閒來到上野公園，這是日本第一座公園，原本專屬皇室，連宗來的前一年，一九二四年大正天皇將公園「恩賜」給東京市政府管理，首度開放，供大眾休閒使用。

兩兄弟來到公園散步踏青，感受這幽雅閒適的氣息，原來這就是皇室的花園啊，連宗眼睛所見，都是新事物，好奇這過往只從教科書讀到的東京，以及被老師以三寸不爛之舌所添色的東京。

4-2 大學縱身一躍

現實不遠不近地，就在門口，盤桓不去，成了他的好友。壓力也像光陰的雕刻機，分秒都有感覺。

日本政府對臺灣子弟的教育處處設限，臺灣的學制無法與日本順利銜接，即便是「最高學府」國語學校或中學校畢業，也是沒有資格申請大學的。依據一九一九年起實施的「大學令」，需要預科修業完成，或高等學校高等科畢業，才能申請大學。但臺灣要到一九二二年（大正十一年）才有第一所高等學校（臺灣總督府高等學校），從這所學校畢業的楊基銓在回憶錄中提及：一開始是四年制的尋常科，與中學校同程度；到一九二五年才設三年制的高等科。

所以一九二五年以前，中學畢業的臺灣子弟想繼續升學，還是只能到日本，其中一個選項就是先讀完大學預科，再申請大學。如此一來，所花費的經濟成本實在不低，因不只大學三年而已，還要包含預科的二到三年。

中央大學的預科分第一部及第二部，第一部包括法律與經濟，採三年制；第二部是商學，採兩年制。建宗已經來到法學部預科的最後一年，第三年了，而連宗才剛要起步。

連宗心想，他實在沒有時間多蹉跎，他給自己一年的時間，無論如何要拼完預科的課程。如何一年當三年用，他分秒必爭。

同在東京念書的有不少世家子弟，經濟豐厚讓他們可以優游自在，從容如意、不疾不徐。連宗是沒有這樣的餘裕的，家裡可以幫他一些，但畢竟有限。

他顯然沒有心思多留意課外的事務了，生活的適應也一併跳過去，特別是跟三哥住，多了兄長照顧，一切都容易多了。三哥會做菜，省錢的方式就是少到外面餐廳用餐，儘量自己開伙，建宗到市場買菜，日本人不吃但我們吃的東西，那就便宜了，像豬腳或內臟，豬腳滷好一大鍋，兄弟這週就有佳餚可以祭五臟廟了。

連宗在建宗的照顧下，一如母親知道的，一放他下去跑，就是第一名。來到日本跟日本人

中央大學時期的林連宗先生（廖英豪 提供）

日本東京中央大學校門（出處：林建宗畢業紀念冊，林清欽 提供）

日本中央大學圖書館（出處：林建宗畢業紀念冊，林清欽 提供）

褒狀

法學科第一學年

林連宗

右今回學年試驗ノ成績

優贍ナルヲ以テ特ニ褒賞ス

大正十五年三月三十日

中央大學學長

法學博士馬場愿治

1926 年林連宗於日本中央大學，第一學年成績優良獎狀。（林信貞 提供）

競爭，還是一樣，第一學年就拿到令人刮目相看的成績優異獎。這讓連宗信心大增，照著心中的計畫，一年修完三年的課程，直接報考中央大學專門部法學科。

連宗在預科就讀只有短短一年的時間，便想直取大學，這其實有點冒險，但連宗慎重地選取了較容易進入的專門部法學科。而建宗已走完三年預科的學習，仍是以法學部為目標。

中央大學法學部的師資陣容，相當可觀，四十一位教員中，有十六位法學博士，創校元老穗積陳重之子穗積重遠，為日本民法及親族法權威，是東京帝大教授，亦在此授課。但專門部法學科，三十八位教員中僅二位法學博士，師資陣容及教學方向顯然不一樣。

而果然皇天不負苦心人，一九二五年四月，連宗一躍而上。同一年，建宗也考入中央大學法學部獨（德）法科（另有英法科），兄弟倆又跟小時候一樣，一起當同學了。

消息傳回彰化老家，整條街的人都跟著興奮，也覺得沾光。這可是一等一的人才才有可能考入的學校呢，日本政府的很多法務大臣就是出自中央大學。而且畢業後不是當律師，就是當官喔，是管人而不是給人家管的。這時媒人婆也想方設法地常來林家走動了，誰不想促成好親事呢？

這印象沒有錯，環顧日本內閣，出身中央大學的有司法大臣橫田千之助、農林及財政大臣早速整爾。前校長岡野敬次郎更數度入閣，歷任法務大臣、文部大臣、農商大臣及樞密院府副議長。

兄弟倆同時考上中央大學的這一天，是該好好慶祝一下。特別是連宗連跳兩年，這一躍，又成為留學生圈中的新聞了。不少臺中州第一中學畢業的學長、學弟們同在東京，都知道這個當年第一名畢業的實力派人士，他雖然無法一畢業就到日本念書，但沒想到還是趕上落後的進度，又跟大家一起了。這個人的毅力與能力，確實令人刮目相看。

4-3 響應文化講演團

乍到東京一年，連宗不斷擠壓自己，用縮短修業時間越過經濟的障礙。只是課業再怎麼繁重，家鄉事自然是心中之所繫。特別他離臺前爆發「治警事件」，此時牢獄中的詩文不斷傳出，刊登在東京的《臺灣民報》上，這份報紙不只是臺灣議會設置請願運動的機關報，更是留日學生的重要精神食糧。

……春風淡蕩，鐵窗間是好因緣。長記得矮床短褐，靜坐學坐禪。……回頭一望，北獄南牢，同志期無恙，憶前度聯床風雨，形影相憐。誰知今似分巢燕，耐苦寒，志一心專。應共料，歸時大唱民權。

這是蔡惠如一九二五年（大正十四年）六月十一日刊登在《臺灣民報》的〈渡江雲（乙丑春日下獄，懷南北同志）〉。「**耐苦寒，志一心專。應共料，歸時大唱民權。**」意志絕決，北獄南牢的同志們忍得住坐牢的孤離苦寒，爭取民權不是不能實現的夢想，民意是站在我們這一方的。

蔣渭水的〈入獄日記〉、〈入獄感想〉、〈獄中隨筆〉在《臺灣民報》連載，那種揚揚自若的志士風範，充沛的自信及全然的覺悟，令人心生欽佩。「**官府召我以拘留，獄吏假我以時間，會臺北之監獄，論臺灣之政事。**」這些文字，這些身體被折磨後仍能展現的風采與豪邁，不斷鼓舞著人心，不被威權統治所威嚇，不因牢獄屈囚而挫敗，讀來無不令人動容，反而為議會設置請願運動添加更大的熱能。

所以連宗來到東京，不只不會疏離於這樣的脈動，相反地只有更加接近。他在《臺灣新聞》或國內報紙看不到的內容，在日本發行的《臺灣民報》深刻記錄。

東京臺灣青年會

另外，每一次議會設置請願團來到東京，便是「東京臺灣青年會」為此一運動忙碌的時刻。數百名臺灣學生來到東京火車站迎接請願團，大家手執「平等」、「自由」、「臺灣議會」的小旗子，在火車站向廣大的人群散發傳單，爭取認同。宛若一場群眾運動，學生們情緒熱烈，一起為仍處於殖民地桎梏的臺灣奮鬥。

留學生在東京的社團相當活躍，一九一五年時便成立「高砂青年會」，後改為「東京臺灣青年會」。早期並沒有自己的據點，一九二〇年機關刊物《臺灣青年》創刊後，便利用雜誌社玄關的位置，正式掛牌，地點就選在神田區神保町。這裡是東京的大學區，離中央大學所在的神田區錦町，走路只要十分鐘。青年會不只是留學生的中心，也是臺灣議會請願運動在東京的支援團體。

來到東京，自然受這樣氣息的影響，一九二六年暑假，忙完課業，剛考上中央大學的連宗，加入了此時在臺灣已捲起風潮的文化講演團，成為最年輕的講員。

此一想法緣於一九二三年「東京臺灣青年會」例會時，學生們提及「臺灣文化協會」正捲動提升臺灣文化水平的運動，大家覺得應該加入這樣的行列，利用暑假組團回臺講演，為文化啟蒙盡份心力。

這個意見迅速獲得大家支持，同年七月講演團成立，團員有呂靈石（明治大學法學部）、黃周（早稻田大學政經科）、謝春木（東京高等師範）、郭國基（明治大學政治系）、張聘三（慶應大學經濟系）等，並推吳三連（一橋商科大學）為團長。

這支留學生講演團所到之處人山人海、歡聲雷動，故鄉父老給予非常熱情的回應。《吳三連回憶錄》中提及，講演團以彰化為首發站，之後巡迴全臺，但相對於群眾支持的另一面是，日本統治當局相當緊張，甚至出動憲警，肆意監視與壓制。

由於文化協會活動十分積極，引起日本統治當局的密切注意，所以演講會場頗為緊張。每場演講，日方憲警都帶著翻譯人員到場，一聽到他們不喜歡的言論變立即發出「辯士注意」的警告，更嚴重時，警告變成「辯士終止」。此時假使群眾鼓掌支援講者，日本憲警有時也會惱羞成怒，而將演講會蠻橫地解散。但即便多所阻撓，人們已從這裡聽見希望，看到臺灣改革的未來。

第一回講演會從一九二三年七月二十一日開始，分別在臺北、彰化、和美、豐原、臺中、霧峰、員林、臺南八個地方主辦，進行十二場講演會。留學生們以臺語或日語發表演說，每場聽眾約兩千至三千人。

首度巡迴的成功，鼓舞了留日學生的熱情，隔年第二回講演會擴大為十六個地方、十八場演講。除基隆及臺北外，集中在中、彰、投，並深入到埔里、名間、集集和竹山。

家住埔里的作家巫永福，說他小學時代最難忘的便是，臺灣文化協會來到交通不便的山城埔里。他記得留學生在暑假回來，會在媽祖廟口或在菜市場空地，舉辦熱烈的演講會或做文明戲，深受埔里人的注目，也使他自幼便受到影響。

中央大學文化講演團

留學生的演講，以臺灣文化協會在各地的讀報社為據點，廟口成了知識分子傳遞民族自決及自治運動的舞臺。一九二五年第三回講演，首度前往新竹、苗栗，並南下屏東及臺南鹽水，三屆下來頗有臺灣走透透的局面。

此次主講人有蘇惟梁（中央大學）、陳金能（中央大學）、許胡（中央大學）、賴遠輝（中央大學）、謝日照、林九龍（中央大學）、吳恭（慶應大學）、林寶誕、陳后生、吳春霖（慶應大學）等人。

新的現象是，中央大學法學部的參與度特別高，法政背景及對國際脈動的了解，讓他們的演講特別有吸引力。林九龍談設置議會的重要性，批判臺灣人雖是日本在臺人口的十八倍，卻沒有政治及言論自由：

我們臺灣由三百六十五萬的臺灣人和二十萬的內地人構成，但在政治及言論上，臺灣人都很難得到自由。內地人雖然僅有二十萬人，但其背後有武力支持。我們之所以高唱臺灣議會請願，也不外乎是出自民族自決的需要。

日本中央大學時期臺灣留學生合影，後排左一為林連宗，前排中間為三哥林建宗。（廖英豪 提供）

蘇惟梁則分析各地的殖民地運動，倡議走不流血的自治運動，在臺灣即是從設置議會開始：

自世界大戰以來，各國國民的思想發生顯著的變化。那就是，少數民族應該團結同種族的想法。殖民地住民相應於這種潮流的解決方法有二：其一是民族自決，另一為自治運動。印度想要脫離英國的統治而獨立，愛爾蘭則訴諸戰爭，要求民族自決。……殖民地的自治運動，則是在某國的保護下成立政府推行政事。我們自從三、四年前就提倡臺灣議會，這就是臺灣的自治運動。

中央大學法學部學生在一九二五年的熱烈參與，讓大家注意到他們的專業與口才，特別是與政治相關的部分，他們顯然有更多的研究與思考。

一九二六年「東京臺灣青年會」的夏季演講團，進入百花齊放的高峰期。這一年還多出一支隊伍，那就是「中央大學中臺同鄉會」，辯士雲集、人才濟濟，他們獨立籌組文化講演團，返臺舉辦講演會。林連宗在臺灣曾是文化協會的演講辯士，此時進入中央大學，躬逢其盛，也成為共同講員。首發站就選在臺北，自八月一日開始，直到二十四日才結束。這對他而言，宛如一場民主運動的行動與撞擊，更是一趟分享思想與信念的旅程，擁抱人民，擁抱臺灣。對二十二歲的他來說，某種程度也埋下日後往政治發展的種子。

隔年一月三日，「東京臺灣青年會」在明治神宮外苑日本青年館開冬季總會，雖遇寒假不少人返臺，但仍有三百多人與會。就《臺灣民報》報導，席間會員爭相登壇、大揮熱辯，有論及臺灣受經濟的榨取，也有述及臺人所受的政治壓迫，「聲勢雖極沉痛、氣焰確有萬丈。」就在這場年會中，林連宗首度當選文書組幹事，總務幹事則是中央大學的學長賴遠輝。

一九二七年（昭和二年）這一年臺灣議會設置請願，不屈不撓已是第八回，請願人數也刷新記錄來到二千四百六十一名。同年七月，臺灣第一個政黨「臺灣民眾黨」正式誕生。

張貼於東京街頭的海報，臺灣議會設置請願要求排除總督獨裁。（蔣渭水文化基金會 提供）

昭和二年一月廿三日

時事

臺議請願已提出貴衆兩院

請願人二千四百六十一名的新記錄

多年來我臺灣同胞要求初步自治的臺灣議會設置請願、這回已於昨十九日、林獻堂外二千四百六十名的連名請願書、經貴族院議員渡邊暢、衆議院議員清瀨一郎、神田正雄三氏之介紹、提出

之範圍內、亦須準據立憲法治之原則、固當然之理也。

願臺灣統治制度在領臺當時、認爲須要參酌臺灣固有文化及特殊民情風習、而且統治爲日尙淺有不能即遵憲政常軌之情形、故

1927 年請願運動第八回，人數創新紀錄。（出處：《臺灣民報》）

連宗暑假回臺看望母親，還參加巡迴演講，做為一個法律科系的學生，能以所學回饋鄉里，能參與在文化啟蒙與爭民主平等的努力中，讓他覺得很有意義。而回到日本，等待他的是嶄新的校舍與大學生活。

4-4 榮耀的白門

因關東大地震的緣故，中央大學的圖書館跟增建校舍都燒毀了，校方一直有遷校的構想，一九二五年（大正十四年）購入戶田氏共伯爵的邸地，這地點位在東京千代田區的神田駿河台。日本大學、明治大學都在這一帶，是佔地相當大的大學區。

一九二六年八月十五日，駿河台校舍完成，八月三十一日中央大學自神田區錦町遷入。美輪美奐的校舍矗立在大學區中，中央大學展現相當磅礡氣勢，歐式風格的校園，非凡的建築，相應她做為私立優質名校的雄心。

一入大門右側就是巍峨的圖書館，讓人瞻仰知識的高塔，也低頭謙遜進入。立面上大大的時鐘，為塔狀造型，留有古典鐘樓的樣貌。你無法不看到她的，光陰時刻流轉消逝，如此巨大地被感知。青春是讓人轉成鋼鐵，如樹扎根？還是浪漫成風，吹拂飄散雲野？

新建築如此大器，如校歌中所唱：「為了做為世界的先驅，要鍛鍊我們的身心。」這是中

中央大學的象徵「白門」

日本中央大學校舍（出處：林建宗畢業紀念冊，林清欽 提供）

央大學給學生的氣魄，不只引領日本，還要做世界的先驅。

為了奠定皇國的基礎，在中央之名下健兒匯集。春秋不變的芙蓉之雪，遠遠地映照著我們的心。直實剛健、不撓不倦，培養同心、高貴的學風……為了做為世界的先驅，要鍛鍊我們的身心。為了祝福集合在這裡健兒的前途，讓我們大聲高唱！

一場大地震，讓圖書館付之一炬，一九二五年剛過世的政治家岡野敬次郎，遺族將他一生的藏書，兩千餘冊捐給中央大學，還捐款成立「岡野文庫」。岡野博士曾擔任中央大學校長，而且數度入閣，曾任司法大臣、文部大臣及樞密院副議長。他的聲望卓越，過世時，中央大學在臺灣的校友們，還在曹洞宗為他舉辦告別紀念式。

一九二六年四月，中央大學的創辦人之一，法學博士穗積陳重過世，中央大學設置了「穗積文庫」紀念他。博士也將畢生藏書捐給學校，讓智慧一代代傳承。這所學校顯然是許多對公共事務有熱情的人，持續灌溉的地方，她的孕育者及領袖過世後，仍提供後代學子豐沛的圖書遺產。

而能夠標示中央大學精神的莫過於「白門」了，頗有與東京帝大的「赤門」別苗頭的意味。這座造型典雅的「白門」，也幾乎成了日後中央的代名詞，代表法律的「正義」、「廉潔」、「純粹」、「真實」。因這個學校的前身是法律學校，法學部成為這個學校最著名、最有表現的科系。

左

岡野敬次郎（1865-1925），日本重要政治家、法律家。曾任中央大學校長，逝後藏書捐贈中央大學。

右

穗積陳重（1855-1926），法學泰斗，日本民法的主要起草人，逝後藏書亦捐贈中央大學。

王清佐（二排左五）、李瑞漢（二排左六）司法科國高等考試通過，中央大學臺灣同鄉會為他們祝賀。（林清欽 提供）

年底到了，又是高等文官考試的時節，也是法科畢業生，人生可否嶄露頭角的時刻。校方更是盯緊緊、注意結果，中央大學因是私校，更在乎畢業學生的表現，因為這攸關學校聲譽、成就與排名。可否維持學校地位，高等文官考試及格人數，自是重要指標。而這可不只是學界注意喔，新聞界也相當關心，因為中央大學不斷有追上東京帝國大學的趨勢，若迎頭趕上，當然是新聞一樁。

事實上，東京帝國大學做為首屈一指的名校，只要能考入，便有一種加官進爵的效果。由於帝大法科原本就是為培養官吏而設置的，所以幾乎長期壟斷日本高等官吏的職位。帝大法科甚至享有不需要經國家考試，單憑一張畢業證書便能夠任官的特權，甚至法律科的畢業生，只要有畢業證書，就能具備辯護士的資格。但這種特權，在公、私立法學院紛紛成立後，引起相當大的不滿，甚至在大正年間引發「特權消除法」的立法運動，長年抗爭下來，終於使這項陋習，在一九二三年廢除。

連宗入大學預科時，一九二五年的國家高等文官考試，中央大學五人取得行政科合格，十四人取得司法科合格，確實不容易啊。一九二四年高一點點，行政科合格者八人、司法科合格者十五人。兩年下來，大約看得出能通過者鳳毛麟角，這麼高的門檻，在前方豎立著，成為連宗要求自己跨越的目標。

其實按部就班就已經壓力十足了，但連宗似乎連按部就班的時間都沒有，經濟壓力下，他只覺得得跟時間分秒賽跑。由於參加國家高等考試，並不需要取得大學畢業證書，連宗心中暗自決定，讓他在大一琢磨一年，大二時他想就先試試看。以此為目標後，連宗一心一意，極為專注，過目不忘的能力讓他如虎添翼。

大一這一年，他修習了法學通論、憲法、民法總論、物權法、債權總論、親族法、刑法總論、經濟學、社會學、倫理學、心理學與英語。

民法及刑法兩科，是國家考試的必考科目，他都是最高分，優等。但社會科學在思考的深度上，真的很吸引人，是他非常喜歡的。經濟學及心理學也都是優等，還有社會學他也不差喔。

學期一結束，遠方的母親已不斷召喚。被媒人婆緊盯住的這對傑出兄弟，已有不少名門閨秀，等著相親了。一九二七年連宗二十三歲，建宗二十五歲，已是適婚年齡。雖仍在日本念書，但母親要他們暑假回臺相親，別拖延了終身大事。

4-5 兩門親事

陳鳳，臺中州立彰化高等女學校（今彰化女中）畢業，是家中的獨生女。她出身和美塗厝厝富裕人家，知名文學家陳虛谷是她的親戚。和連宗相親定終身，嫁到林家時，還有多名女傭

1927 年林連宗與陳鳳結婚照（林信貞 提供）

1927 年林建宗與魏阿芍結婚照（林祥雲 提供）

林連宗新婚不久後與妻林陳鳳合影
（廖英豪 提供）

林連宗在日本中央大學時期，與妻林陳鳳合影。
（廖英豪 提供）

跟著陪嫁過來。孫女回憶她高挺的鼻子，有著宛若西方人的側臉。她位於塗厝厝的娘家，是一棟遠近馳名的巴洛克式洋樓建築，偌大的庭院，甚至有車道可以進到洋樓前的門庭下車。

建宗是哥哥，母親當然更不允許他耽擱時間，也一起在一九二七年（昭和二年）相親完婚。建宗的妻子魏阿芍，也是彰化高等女學校畢業的，典雅美麗。同樣是富裕人家的獨生女，父親魏扁經營紡織業，帶了三個女傭陪嫁過來。

這兩門親事成了彰化街上的盛事，也看得出來只有獨生女的大戶人家，千挑細選地，希望能找到人品學識皆可信賴，而且前途看好的人才。

一九二七年暑假，林家雙喜臨門。但對連宗而言，剛成婚，與妻子相處時間這麼短，就得回日本念書，實在是萬分不捨，只能以書信稍慰相思。而再回日本時，想趕緊完成學業的心只是更加急迫，想通過高等考試的意志也更加堅定。而不旋踵又傳來妻子懷孕消息，喜悅與壓力交替著，在異地只有更朝向目標奮進了。

大學二年級時，連宗依照計畫，打算先試試行政科與司法科的高等考試。因為進到專門部法學科就讀，所謂「正統」的出路無非就是考上國家考試，取得官吏的任用資格或是取得專業認證，從事司法官或辯護士的法律工作。

林連宗手抱兒子林瑞元，與妹妹、母親及夫人林陳鳳合影。（廖英豪 提供）

但日本進入法律專業的門檻是相當高的，這與攻讀醫學，絕大多數的人在畢業後便可成為醫生的情形不一樣。法政科不若醫科，並非畢業就能保證有工作。就讀醫專的人，畢業後就是當醫生，前途明確，而且有保障，但法政科不一樣，甚至大多數學習法律的人，後來並不從事法律專業工作。中央大學法學部的畢業生，有入閣擔任部長的，有當律師、司法官的，也有從事商務或進媒體服務的，當然也會有求職不順利的。這些前人的身影，都給連宗某種程度的憧憬與惕勵。

但不論是進入政府部門服務或擔任律師，都必須通過國家高等文官考試。日本政府的文官考試分三大類，行政科、司法科、外交科。外交科不必考慮了，臺灣人難有機會，要在國際上代表日本政府，臺灣人顯然不是他們會任用及信任的。那行政科及司法科就是最後的機會了。

4-6 雙及第一飛衝天

坦白說，參加國家文官考試，甚至連畢業證書都不需要，在學中也可以去投考，重要的是通過這難上加難的國家考試。

考試的科目有憲法、民法、刑法、行政法、國際公法、經濟學等。這些課程未必全都上過，連宗自己買書苦讀，從四月初閉關準備，到九月初參加考試。

等待放榜的日子，信箱成了日日張望的地方，每每靠近時，心跳都特別彈出。一天，他瞥見一張蓋有大印的明信片，手不禁顫抖了起來，心跳跟著加速。

「筆試及格，×月×日要來口試，再最後決定及格與否。」

他通過司法科、行政科國家考試了，連宗接信雀躍不已，因為只要筆試及格，大抵是沒問題了。

消息傳回臺灣，簡直宛若中狀元般的局面，恭賀之人，絡繹不絕。他所就職過的《臺灣新聞》社報導他以大二學生的身分，同時通過國家高等考試行政科及司法科的筆試。這當然是新聞，因為能通過的人少之又少，甚至對日本的菁英分子，也是難上加難的事。

確實不容易，在這之前，臺灣人中只有四個人獲得這樣的成就。一個是東京帝大畢業的朱昭陽（板橋人，任日本專賣總局主計課長）與呂阿墉（萬華人，任東京地方裁判所判事），還有東京商大法科的周耀星（清水人，日本鐵道局課長、日本辯護士），以及京都帝大的黃炎生（淡水人，臺灣總督府法院判官、日本辯護士）。這四位了不起的成就，一直是大家津津樂道的。他們的生涯選擇，自然也為後進者所嚮往。

連宗成了就讀日本中央大學的臺灣人中，第一個雙及第。這在臺灣留學圈中，大大地傳開來，知道這位來自彰化的人才，獲得前所未有的成就，大家也不禁豎起大拇指。

有了雙及第的保障，大學最後一年，對連宗而言有難得的輕鬆。是進入政府體制工作，還是擔任律師，他比別人多了個選項。

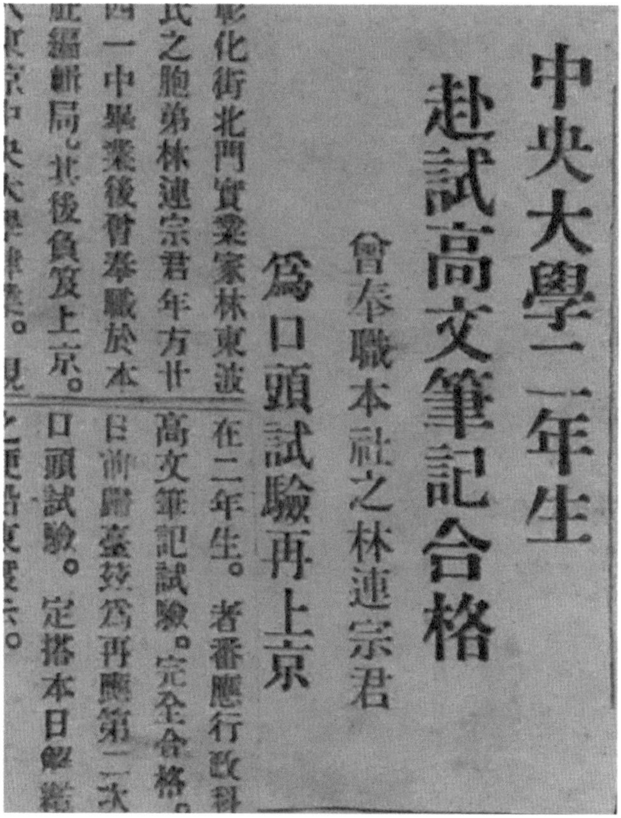
中央大學二年生
赴試高文筆記合格
曾奉職本社之林連宗君
爲口頭試驗再上京

彰化街北門實業家林東波氏之胞弟林連宗君年方廿四一中畢業後曾奉職於本社編輯局。其後負笈上京。入東京中央大學法律科。現在二年生。者番應行政科高文筆記試驗。完全合格。日前歸臺茲爲再應第二次口頭試驗。定搭本日解纜之連絡船東渡云。

《臺灣新聞》報導林連宗大學二年級，通過行政、司法兩科高考筆試。（林信貞 提供）

陪審法新制

中央大學做為首屈一指的名校，在校園中可以打開的視野顯然不只侷限於法律專業。不管是經濟系或政治系，都有很精彩的講座舉辦，所邀請的演講者都是一等一的大師級人物。

經濟系學會在一九二七年（昭和二年）七月三日邀請了農、法博士新渡戶稻造演講「國際聯盟與世界經濟」。連宗中學校畢業時獲得的獎品就是他的著作《修養》，這時他蒞臨中央大學演講，當然不可錯過。新渡戶稻造還曾擔任臺灣總督府殖產局長，在一九〇一年提出《糖業改良意見書》，對臺灣糖業有重大影響。

而此時日本正吹拂民主、自由、民權的思想風潮，不管你讀哪個科系，只要是知識分子，無不受到時代風潮的影響。政治學系所舉辦的講座，也繞著這樣的主題，請來川原次吉郎教授講演「明治初期的自由民權思想」。而他們更常辦的講座型態是，就同一個議題邀請各黨派的代議士過來交鋒討論，每每激起無數火花，學生們也學習客觀思辨、超然看待不同政黨的論點。

連宗大學三年級時，日本政府頒布了陪審法，對於刑事案件開始實行陪審制度（實施至一九四三年）。為因應此一新的法律制度，中央大學展開一系列陪審法特別講座，經典大師一一來到中央大學。一九二八年六月二十一日，學校的大講堂沸騰了起來，因陪審法講座的第一場，請來原嘉道主講，他是現任司法大臣。但接棒的講者更吸引連宗，因為是人權大律師花

1928 年司法大臣原嘉道在中央大學開設陪審法講座（出處：林建宗畢業紀念冊，林清欽 提供）

1928 年中央大學舉辦各大學法律問題討論會（出處：林建宗畢業紀念冊，林清欽 提供）

井卓藏，演講題目就是他親自參與的「我國的陪審法沿革」。

花井卓藏是日本刑事辯護方面，最知名的律師，早在明治時期，就以人權律師聞名。他幫被鎮壓的農民及冤獄事件辯護，新聞讚揚他「花井的辯護奇妙且論理明快」。由於律師生涯中，負責過上萬件的刑事案件，並積極接受貧困平民的委託，讓他對刑事法學浸潤至深，而成為刑事辯護的第一人，並因此與尚未入閣前的原嘉道，並稱為在野法曹雙雄。

此外他也是日本第一次普選法案的提出者，一九〇二年時以「沒有道理只讓十圓以上的納稅者才能獨立參政」為由，向眾議院提出日本第一次的普遍選舉法案。他同時當選過七次眾議員，質詢官員之犀利，被視為「歷屆政府的剋星」。所以陪審法講座能請到花井卓藏，連宗豈有不把握之理。

花井卓藏的行誼，深深影響著連宗。不應迴避刑事訴訟的挑戰，而且做為一個辯護律師，不是只有為委託者的法律權利辯護而已，更應為弱勢發聲，以人權為依歸。而人權如何取得制度面的保障，同樣是有志者應該尋求且不斷努力的，甚至得透過角色的變化，如成為民意代表，扮演監督政府改革的角色。此時連宗尚不知自己的人生會隨著大時代，而有什麼樣的變化，但花井卓藏一生的努力，確實深深吸引著年輕的連宗。

一九二九年四月十四日連宗從中央大學專門部法學科畢業，法學部一五七人、專門部法學

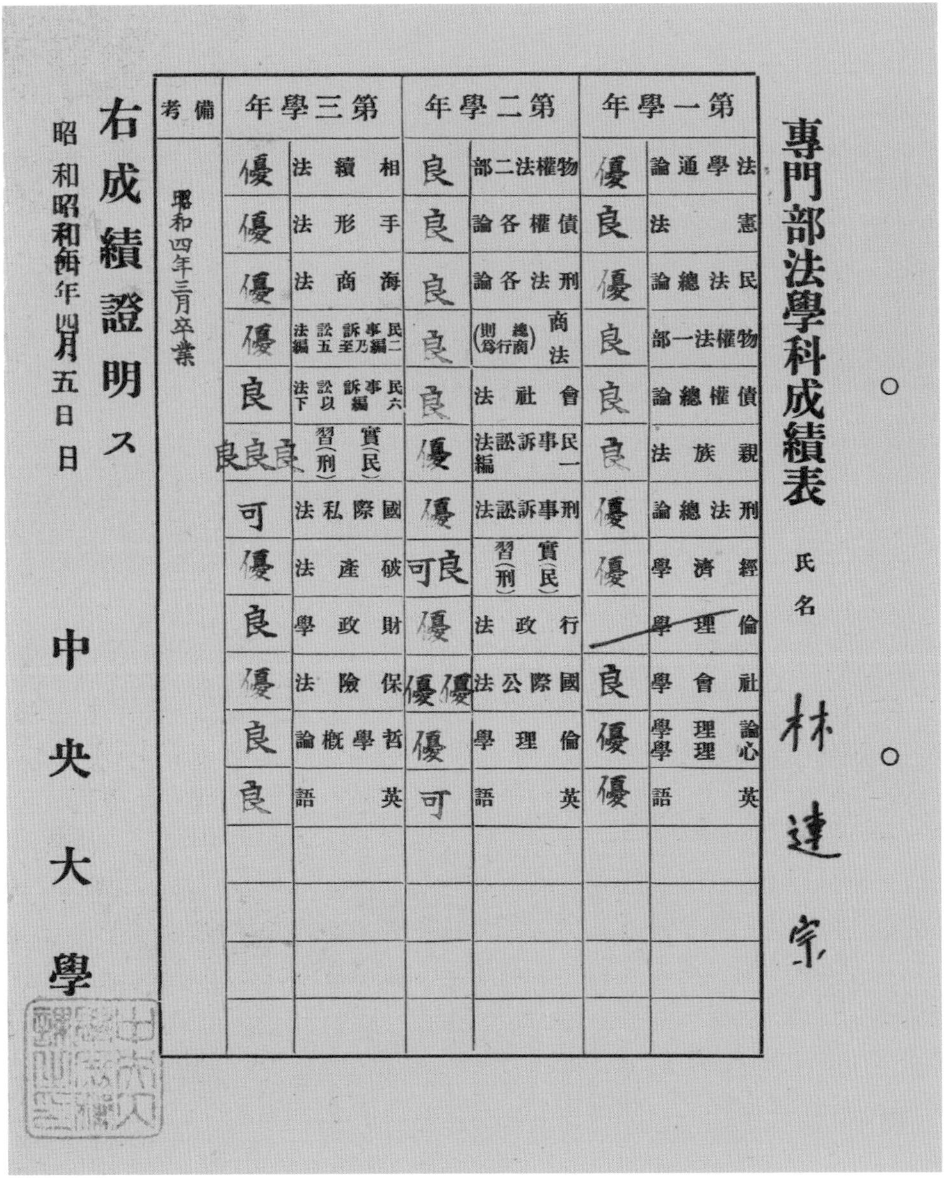

專門部法學科成績表

氏名 林連宗

第一學年		第二學年		第三學年		備考
法學通論	優	物權法二部	良	相續法	優	昭和四年三月卒業
憲法	良	債權各論	良	手形法	優	
民法總論	優	刑法各論	良	海商法	優	
物權法一部	良	商法（總則 商行爲）	良	民事訴訟法二編乃至五編	優	
債權總論	良	會社法	良	民事訴訟法六編以下	良	
親族法	良	民事訴訟法一編	優	實習（民）（刑）	良良良	
刑法總論	優	刑事訴訟法	優	國際私法	可	
經濟學	優	實習（民）（刑）	良可	破產法	優	
~~倫理學~~		行政法	優	財政學	良	
社會學	良	國際公法	優優	保險法	優	
心理學 論理學	優	倫理學	優	哲學概論	良	
英語	優	英語	可	英語	良	

右成績證明ス

昭和四年四月五日

中央大學

林連宗中央大學專門部法學科三學年總成績表（林信貞 提供）

科四四八人畢業。以四年時間完成一般人六年的學習，連宗為自己人生的下一段航程，札札實實打下基礎。他充滿熱情，願以自己的法律專業貢獻社會，雖尚未確定要投身的職業為何，但毫無疑問地，等待他的是晨曦、是朝陽，還有家人的溫暖。

1929 年中央大學畢業典禮會場
（出處：林建宗畢業紀念冊，林清欽 提供）

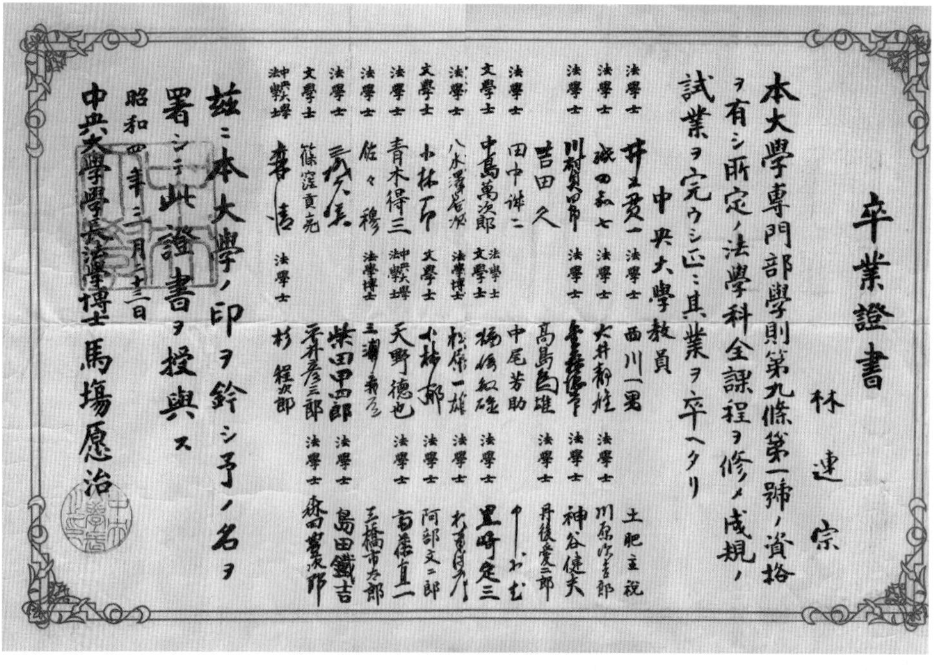

卒業證書

林連宗

本大學專門部學則第九條第一號ノ資格ヲ有シ所定ノ法學科全課程ヲ修メ成規ノ試業ヲ完ウシ正ニ其業ヲ卒ヘタリ

中央大學教員

茲ニ本大學ノ印ヲ鈐シ予ノ名ヲ署シテ此證書ヲ授與ス

昭和四年三月二十三日

中央大學學長法學博士馬場愿治

1929 年（昭和四年）林連宗日本中央大學專門部法學科畢業證書（林信貞 提供）

第五章

執業律師

CHAPTER FIVE

這麼早地，在一九三一年（昭和六年）連宗先生便在報紙上寫法律專欄，開啟了所謂的「平民法律服務」。這專欄他一寫四年多，回覆了千餘則民眾的提問，對法律知識的普及化有莫大貢獻。

「酌情準理，滿場感動」是媒體對他法庭表現的描述，衡情論理外，還能感動人心，這並不容易。他也成為屢屢改寫判例的律師，不是為權勢之人，而是為弱苦之民。

「有所不為」是他處世的座右銘，選擇案件亦是如此，但只要答應接受委任，他便全力以赴，所以幾乎戰無不勝。一只餅乾盒裝著許多謝函，原來是窮人付不起錢，連宗先生還是幫他打贏了官司。不管當時人們是否稱他為人權律師，他的作為已不折不扣是如此。

5-1 回報社謝恩

一九三〇年（昭和五年）十月八日，林連宗先是取得日本高等文官考試行政科合格證書，十一月十二日再獲司法科合格證書。這一年，就中央大學的紀錄，該校行政科高考僅四人通過，司法科則再創佳績，有五十二人取得資格。

接到高考及格的正式通知書，又看到官報及各報紙的公告，連宗立刻打電報回家，讓母親及妻子共享喜悅。這樣的成就實非一般人所能企及，《臺灣新聞》社特別為文報導，標題寫著「曾置身本社編輯局，合格高文政法兩科，奮志勉學之模範青年，彰化出身林連宗君」。

連宗曾在《臺灣新聞》社編輯局工作過，此時報社引以為榮，報導他通過人生第一難關的高等文官試驗，而且行政、司法兩科都合格，是臺灣不可多得的人才。其實這份報導中，最有意思的是連宗回到報社感謝大家。

他看到同事及前長官，不禁吐露自己的感受，他說自己也曾身在媒體，雖然時間不長，但因為有過這樣的訓練，所以讓他在回答高考的申論題目：「就失業者發生的原因而論究之」以及「物價調節的方策」時，能夠有更深刻的剖析與表現。他真心感謝過往同事的鞭策，還有相處時許許多多的分享。

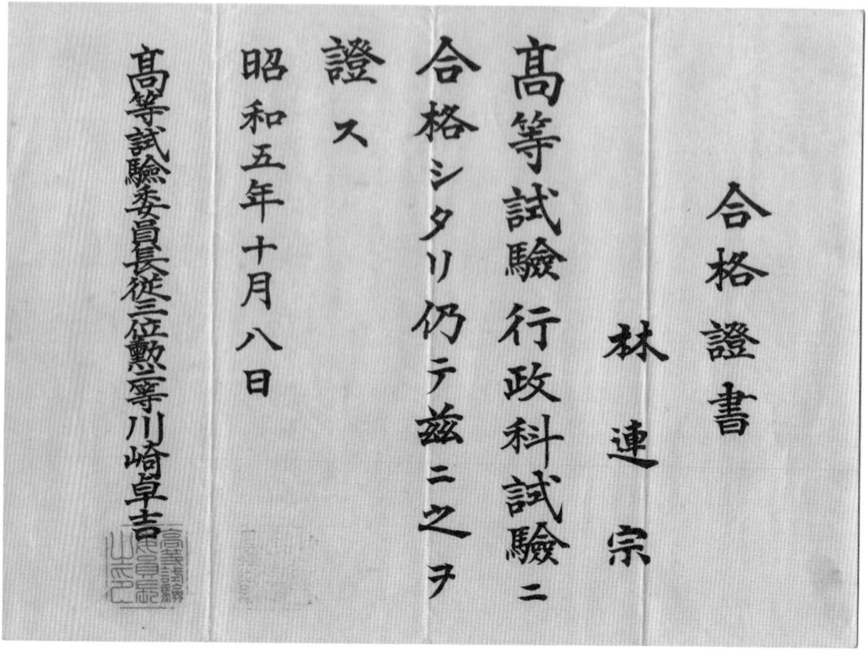
合格證書
林連宗
高等試驗行政科試驗ニ
合格シタリ仍テ茲ニ之ヲ
證ス
昭和五年十月八日
高等試驗委員長從三位勲一等川崎卓吉

1930 年林連宗行政科高考合格證書（林信貞 提供）

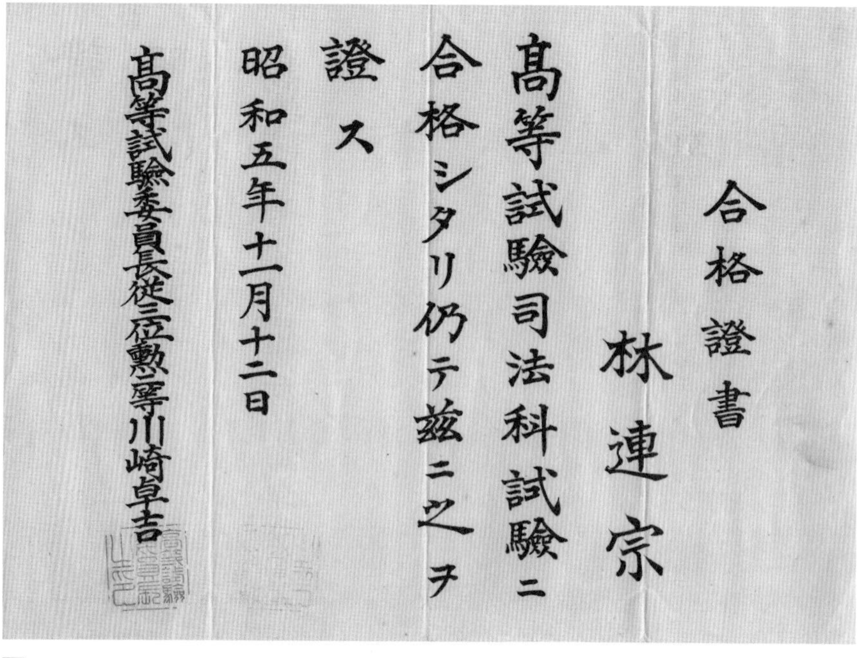
合格證書
林連宗
高等試驗司法科試驗ニ
合格シタリ仍テ茲ニ之ヲ
證ス
昭和五年十一月十二日
高等試驗委員長從三位勲一等川崎卓吉

1930 年林連宗司法科高考合格證書（林信貞 提供）

這是連宗的為人，不是志得意滿，而是謙遜感謝。做為一個剛要在社會起步的年輕人，不只是學歷或專業證照，更是那為人處世的態度，那傳遞著溫暖感謝的心意，決定了他的廣度與未來的走向。

新聞人だつたお蔭で
高文にパス出來ました
─かつて本社編輯部に籍を置いた
彰化街出身の林連宗君語る

人生の難關とされてゐる高文のパーをしかも行政、司法の二科とものゝ美事に一度の難關でパスした臺中州彰化街出身の林連宗君が二十六日午前難しい未來か論爾な紺色の背廣につゝんで本社を訪問した。同君はかつて大正十五年頃同人として本社編輯室に籍をおいてゐたことがあり今尚中央大學法科二年に在學中の春秋ゆたかな青年であるが日高編輯長、坂本支配人に挨拶の後舊知の同人等に親睦を浴せられながら莞然として語る

僕が僥倖にも高文にパス出來たのは全く皆様のお蔭に因ることです、自分がかつて新聞人として短い間にもせよ訓練をうけ絕えまなく生動する世の中を正しく深く認識すべく敎へられてゐたことが今度受驗にどれ程役立ちまた決定的な重要さをもつてゐることに本年度の試驗で新聞とされてゐた『失業者發生の原因に就て論叙せよ』又は『物價調節の方策』の問題に就て曲りなりにも解答し得たのは全く生きた問題をすべく習慣づけられてゐたによることです、この意味で今度位ジャーナリズムの偉大さを感じたこともなくまたその反面に凝固した學問の無力さを痛切に感じたこともありませんでした、尚自分の將來に就ては行政官として起つかまたは司法官の途を選ぶか皆様の御教示を仰ぎたいと思つて居ります

と流石に瑞光(二三歲)伸貞(一歲)の二人の愛兒を有つお父さんらしく如才なさの裡にも敎養を有つ青年紳士の態度を見せて記念撮影ののち辭去した

《臺灣新聞》報導林連宗司法科與行政科高考合格（林信貞 提供）

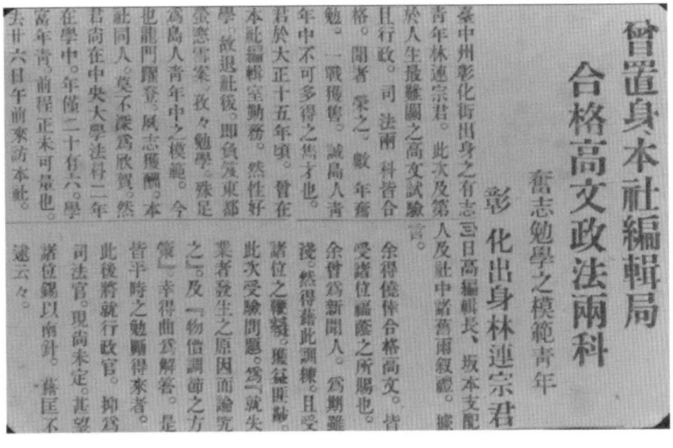

曾置身本社編輯局
合格高文政法兩科
奮志勉學之模範青年
彰化出身林連宗君

臺中州彰化街出身之有志青年林連宗君。此次及第人生最難關之高文試驗。且行政。司法兩科皆合格。聞者榮之。歎年奮勉。一戰獲售。誠島人青年中不可多得之雋才也。曾在君於大正十五年頃。本社編輯室勤務。然性好學。故退社後。即負笈東都。螢窓雪案。孜々勉學。殊足爲島人青年中之模範。今也龍門躍登。夙志獲酬。本社同人。莫不深爲欣賀。然君尚在中央大學法科二年在學中。年僅二十有六。學富年青。前程正未可量也。去廿六日午前來訪本社。

與日高編輯長、坂本支配人及社中諸舊雨敍禮。據言。余得僥倖合格高文。皆受諸位福蔭之所賜也。余曾爲新聞人。爲期雖淺。然得藉此訓練。且受諸位之鞭撻。廣益匪鮮。此次受驗問題。爲『就失業者發生之原因而論究之』。及『物價調節之方策』。幸得曲爲解答。是皆平時之勉勵得來者。此後將就行政官。抑爲司法官。現尚未定。甚望諸位錫以南針。俾匡不逮云々。

《臺灣新聞》報導林連宗高考通過後，回報社拜訪，感謝同事平日對他的鞭策。（林信貞 提供）

5-2 筆耕法律專欄

一九二八年（昭和三年）長子林瑞元誕生，一九三〇年女兒林信貞誕生，這是多重喜事一起到來的時刻。孩子接連出生，喜悅之餘，不免有著為人父親的壓力。此時即便選擇律師工作，但要如何開始呢？在雙及第的喜悅後，不免回到現實的壓力，畢竟年輕律師還沒有實務經驗，也欠缺豐沛的社會關係，即便掛牌開業，恐怕一開始仍是門可羅雀。

如律師陳逸松所述，他剛開業沒多久時，日日站在大門口，望著街上來往的行人，好幾天都乏人問津，他母子倆守著偌大的空房子，也不禁感慨地說：「律師這口飯也不是容易吃的啊！」

凡事起頭難，正準備律師開業工作時，一日竟接到《臺灣新聞》社的邀約，問他願不願意貢獻所學，幫報社寫法律專欄？報社正籌劃開闢法律專欄，想請他擔任顧問，免費回答民眾所提出的問題。

連宗對這樣的機會，深感振奮，這是他貢獻所學最好的方式。他心無私，樂於奉獻，他不會介意一般律師一開口就要收取的諮詢費，他深知法律攸關人們生活，但多數民眾仍處於無知狀態，以致人權及利益受侵害時，常常不知如何是好。窮困人家沒有打官司的財力，處境堪憐，如果他能為一般民眾的困擾解憂，為遭受不公平對待的人尋找法律依靠，或讓貧困受迫之人知道法律賦予他的權利，是很有意義的，他願意投入這前所未有的「平民法律服務」。

連宗充滿熱情，報社也知道他是難得的人才，而且有溫厚篤實的性格，於是一九三一年二月開始臺灣歷史上首次的「平民法律服務」，透過連宗的努力，也透過媒體平臺，展開法律民眾化的新頁。

為打響這個專欄，《臺灣新聞》社接連幾天刊載公告：

本社此次新計畫，由本年起決新設法律顧問欄，蓋吾人小自日常生活，大至種種交易，或直接或間接，殆無一面不與法律有關係。可謂法律與吾人生活有不可分離之關係也。惟是一般之人，向來對於法律，幾同門外漢。

一九三〇年之今日，萬事皆趨於迅速進展，稍不奮發則不免瞠乎其後，故此等對法律漠不關心之迷夢，已完全打破，而齊聲高呼曰：「法律是吾等之法律。」當局因此遂有議改法律文，將難解之文語體，悉易為簡明易讀之口語體。

世人向無法律素養，初因些少錯誤，而終至不可收拾者，頗不乏人。本社為圖法律之民眾化，及謀愛讀者諸位之便利，不惜費多大之困難，設法律顧問專欄。擔當其事者，即本社前社員林連宗君。真摯溫厚之青年，前此合格高文司法、行政兩科之俊才也。誓為本報讀者獻身努力，有問必答，深望讀者諸位予以熱烈後援焉。

規定：一回數問亦可（報上匿名請隨意）

受信：請交臺灣新聞社編輯局法律顧問部

回答：在報上回答

就這樣今日在廣播電臺中開放民眾 CALL IN 的法律服務，遠在一九三一年時，林連宗便開始了這樣的報紙法律專欄，首開歷史先河。

幾乎同一時間，一九三一年三月十二日的臺灣總督府《府報》發佈，連宗先生於三月三日登錄為臺中地方法院所屬辯護士，並加入辯護士會（律師公會）。在取得官方登記的程序後，於三月十日正式開業，事務所就設在臺中市壽町一丁目，鄰近火車站。《臺灣新聞》報導他開業的新聞，連宗先生亦刊登開業廣告，將受理民、刑事訴訟，為人民爭曲直。

此時除了律師事務所的業務外，林連宗認真投入為民眾解答各種法律問題的社會服務，打破法律只為富裕階層服務的門檻，讓徘徊於壓力邊緣，不知如何解決問題的民眾有所依恃。

這法律專欄他一寫四年多，從一九三一年二月一直寫到一九三五年七月，總計一百四十二篇。

每次所回答的問題多達十則，受限於版面及字數，他會挑三個問題呈現並深入剖析；其他則略去問題，直接建議提問人該採取的法律步驟為何。四年下來，解答了千餘位民眾所碰到的法律問題，其中涵蓋社會百態、種種爭端，困擾之多、問題之複雜，他一一解惑並敦敦勸諫。這樣的用心、這樣的付出，不只助人無數，也對法律知識的普及、對現代法治社會的建立，帶來深遠的影響。

林連宗律師照（廖英豪 提供）

本報新設
法律顧問欄
林連宗君專門擔任
本社此次新計劃。由本年起。決新設法律顧問欄。當吾人小自日常生活。大至種々交易。或直接或間接。殆無一而非與法律有關係者。可謂法律與吾人生活。有不可分離之關係也。惟是一般之人。向來對于法律。幾同門外漢。然一九三〇年之今日。萬事皆趨於迅速之進展。稍不奮發。則不免遲乎其後。故此等對法律漠不關心之迷夢。已完全

1931 年（昭和六年）《臺灣新聞》新設法律專欄，邀請林連宗擔任法律顧問。（林信貞 提供）

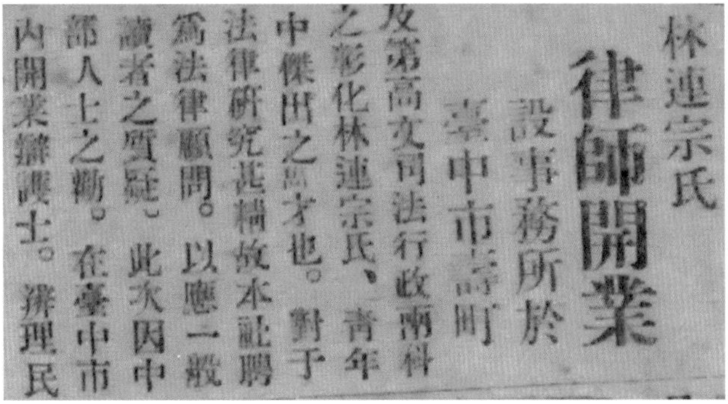

林連宗氏
律師開業
設事務所於
臺中市壽町
及第高文司法行政兩科之彰化林連宗氏、青年中傑出之人才也。對于法律研究甚精故本社聘為法律顧問。以應一般讀者之質疑。此次因中部人士之勸。在臺中市內開業辯護士。辨理民

1931 年《臺灣新聞》報導林連宗律師開業（林信貞 提供）

5-3 平民法律服務

民眾寄至報社的提問，形形色色。比如有民眾家中財物失竊，但警方追回贓物後，竟要失竊的人買回，這有道理嗎？到底是怎麼一回事？

民眾投書的問題是：

舍友被竊盜者為甲，行竊者為乙，警官為丙，買贓品者為丁。甲被乙盜去衣服及布帛四十餘件，未幾乙被丙捕獲，一訊隨認所盜之物品賣於丁。而丙已向丁將贓品取回官衙內，丙命甲需支出金向丁買回贓品，甲若不支出者，要命丁將贓品取回去。未知有此法律否？而丁買贓品豈無犯法否？

林連宗在報上的回覆意見是：

平穩、公然、善意、無過失而佔有動產者，即時可以取得動產之權利（民法百九十二條）。但此動產若是盜品之時，被害者於盜難之日算起兩個年以內，可以請求回復此物件（民法百九十三條）。但佔有者若不知該物件為盜品，於競賣或公然之市場在賣同種物件之店鋪買得之時，則被害者要支出代金使得對佔有者請求回復此物件（民法第百七十四條）。以上乃民法之規定。

以故所問之問題，若丁買贓品之時，不知是贓品，且在公然之市場，衣服對衣服店，布帛對布店買入者，則雖其後被官發現是盜品，被害者甲欲取回此物件，要支付金於丁也。但丁對乙買入之時，知此物品是盜件，或非在公然公賣之市場，對非商店之乙買入者，則甲可免支付代金與丁，而得取回該盜品也。丁之盜品之事情，對乙買入者，不但要被甲取回該物件，且犯刑法第二五六條贓物故買罪也。

連宗先生援引相關民法，先讓大家對法條有基本概念，之後再依據所發生的情節加以分析說明，這樣大家就清楚了。民眾先看問、再看答，宛如上了堂法律課。

此外又有民眾覺得名譽受損，在鄉里間顏面盡失，但被羞辱之事其實並非事實，難道毫無抵抗之法嗎？

民眾的提問是：

甲之女乙，與丙訂婚後，未知與何人私通，丙娶入未滿七個月，即產下一兒。乙被甲追究，不敢言其情夫之氏名，將所挾怨之人丁氏名告甲，甲信以為真，一時大怒，在街頭巷尾眾人之前訴丁。然丁全無此事，所以名譽遭損害甚多，有何方法可以抵抗？

連宗先生於專欄中回覆他：「在眾人面前指涉無事實之事，毀損他人名譽者，乃違犯刑法名譽毀損罪，丁當然可以對甲提出刑事告訴。又民事上可以對甲提出損害賠償或謝罪廣告等，由丁之自由也。」

名譽毀損大可至社會賢達遭抹黑中傷，小可至市井小民因摩擦而遭人以不實流言傷害。連宗先生先建立大家的法律知識，即毀損他人名譽是觸犯刑法的，被害者可以提出刑事告訴。而現在普遍可見的登報道歉，連宗先生當時已教育大眾，被害人亦可採取民事，要求對方金錢賠償或於報紙刊登道歉廣告。

至於對做錯事可能有牢獄之災的民眾，連宗先生也會在說明法律量刑的狀況後給予建議，協助他解脫困境。投書的問題是：

甲拾得金一千元，因為當時甲亦需要療養身體需用，所以一時起不良之心，將所拾得之金，不稟告官廳充為入院治療費入院中。事情被官發覺，甲又是手術中不能出院，未知事件如何？另者若出院了（但自拾得之日起，滿三個年），未知有罪否？又刑之期間如何？

連宗先生告知以：

甲雖一時起不良之心，吞沒拾得之金。但事情實有可憐，入院中既被發覺者，甲之行為仍有犯刑法二百五十四條之遺失物橫領罪。要被處罰一年以下之懲役，或百元以下之罰金或科料。但因發覺當時乃入院中，官廳易諒必寬量此事情，無即時提起公訴（現在諒必起訴中止中）。若病癒出院後，定必被起訴，所以甲此後先與遺失者相量，得遺失者之同情，或一時或年攤辦償於遺失者。則將來甲若被起訴，當局定必有寬大之判定也。

讀報之人應也可以感受，連宗先生不偏不倚，除法律面有罪無罪的說明外，也力勸撿到錢卻已用到醫療費上的人，先與遺失者誠意溝通如何分期償還，如此將有大大機會獲得官司上的通融。

法律糾紛下的社會百態

日本時代臺灣已非農業社會，而是有相當成熟的商業活動，各種公司行號設立，也有不少的勞資糾紛，所衍生的問題相當複雜。每一則回覆，都是法律知識的機會教育，讓民眾依循法律瞭解自己的權益，不至於在碰到問題時一籌莫展、或遭人勒索。

相當多的弱勢者，透過報紙請教法律問題，例如勞工領不到薪水，雇主的財產又被凍結扣押，不知該如何爭取自己的權益？民眾的提問是：

甲自昭和八年四月起為乙之雇人，因給料（薪水）延滯，昭和九年三月甲請解雇。其後未出一個月，乙之商店失敗，被各債權者差押（申請凍結扣押），甲未受給予之給料（薪水），未知可得受分配否。且其期間如何？

連宗先生告訴他，法律對勞工是有保障的，雇主之財產若被抵押拍賣，受雇者可有一定比例的先取特權。

雇人之月給，法律欲保護薄給者起見，其主人之財產被差押競賣（抵押拍賣）之時，雇人之月給債權，依民法之三百九條，對競賣代金有先取特權。但雇人可以依先取特權，先受配當之月給，乃滯納中之最終六個月分。且其金額不得超過五十圓之範圍。

千餘人的問題，其複雜與難解，連宗先生在業務繁忙之餘，耐心研究回覆。有標政府工程碰到問題的，有父親早逝母親管理其遺產而遭母親之男友侵吞的，無計其數的土地糾紛、遺產糾紛、公司合資及拆夥糾紛等，這些問題的類型，也反應出三〇年代的臺灣面貌。

舉一財產繼承的問題來說，提問內容是：

戶主甲前日死亡，遺下有土地家屋數萬元，但因甲無妻子可以相續（繼承）。所以近親者集合會議，將甲前記之財產贈與甲之外孫（乃甲之女之長男也，現年二十三歲）。但因甲姓林乙姓莊，登記所將乙提出之登記申請書，以乙之姓與甲不同為理由，卻下之。未知法律上合法之登記手續為何？

宛如今天的法律 CALL IN 節目，連宗先生立即回覆民眾解套之方：

未知甲之親族決議內容如何，贈與云云其實意定必是以乙為甲之財產相續人也，既然以乙為甲之財產相續人，甲乃戶主，其財產法律上謂之家產（非私產也），非相續甲之戶主地位之人，決不得相續此財產也。所以甲之親族決議乙為相續人，乙當然先要戶主相續，相續甲之戶主之地位（相續後乙當然與甲同姓，謂之死後追立後嗣也），然後乙使得申請相續土地並家屋之登記也。

又如夫妻之間的財產處理，也有可能碰到相當衝突，一不小心亦有可能觸法。民眾的提問是：

甲者之妻乙者，先年有受其夫甲者之承諾買受水田甲餘。今因甲者負債過多，不得如意償還他人，要求其妻乙者之水田出賣，以償還甲者之債務。然乙者不肯承諾，於是甲者怒氣沖天，若乙不承諾，甲意欲擅刻乙者印章，出賣土地。未知其賣渡行為有效否？且甲者未知有犯刑事否？

連宗先生體察其壓力，勸先生以取得妻子的同意為要，萬不可偽造印章出賣土地以免觸法。而若當初土地價金是先生支付的，連宗先生進一步告訴他解套的法律路徑：

因要整理負債，將其妻之土地賣卻，乃出不得已之事情也。將此事情對其妻乙相量，得其承諾，然後出買為要。若其妻乙不承諾者，則甲不可擅自偽造印章出賣土地，如此之時，不但其賣買行為無效，且甲有犯刑事，需當注意也。但雖乙不承諾，然其土地買入乙者名義之時，若以甲之金錢買入，因便宜上登記簿用乙之名義而已時，則其實質上所有權者，乃受甲信託也（法律上謂之信託行為）。甲不論何時，可以解除信託關係，對乙可以提出所有權移轉登記（由乙移轉登記與甲也），甲得勝訴受移轉登記後，甲當然可以自由出賣也。（昭和九年四月一日）

農民的法律顧問

農民水田的買賣，雖然村裡面眾人皆知，而且已長年由新購入者耕作，但卻從未辦理登記。一九二三年（大正十二年）民法實施後，規定一年內需補足所有權登記，但許多農民不知道，也沒有處理，或根本不知道未處理的嚴重性，結果出現上一代買賣雙方皆已過世，下一代無從辦理登記移轉的問題。連宗先生瞭解這恐怕不會是孤例，而是很多農民會碰到的現象，特別從諸多提問中提示出來，以大篇幅詳盡說明，並建議如何解決的法律方法。

農民相當弱勢，需要的法律扶助，是連宗先生擔任法律顧問以來常處理的問題。此外，一九三五年四月二十一日臺中、新竹發生大地震，幾是臺灣有史以來傷亡最重的自然災害，房屋全倒一七九〇七戶，半倒三六七八一戶。政府在農田上搭建臨時的庇護處所，協助安置，農民因此無法收成，蒙受相當損失，卻又無法申請補償，不知如何是好。此時不平之士亦借此法律專欄，為農民向連宗先生提問：

此次中部的地震災害，因罹災的人民無家可安身，所以官廳特設臨時假屋給災民居住，但此假屋皆建設在甘蔗園或田中。因此農民作種之甘蔗及稻穀皆被毀滅，不但不得收成，還得賠償會社所貸出的肥料價格。無奈對官廳懇求其補償，而當局拒絕，且云非常時也，行政權可以強行使用，無補償之必要。農民聞此言，大為苦痛，不知是否真的有這樣的法律？而農民如果不能受補償，宛如再受第二次震災的苦痛。

對此一特殊時期行政權的霸道，連宗先生在報上回覆，絕無官廳免補償而可以自由使用之法律也。

私人之所有權法律當要保護，雖官廳亦不得自由侵害。但如前回震災之時，因非常之必要，建設假屋侵害農作物，情有可諒。身為農夫，當然要忍受。但對其所受之損害，官廳當然要補償。絕無官廳免補償而可以自由使用之法律也。

當人民的權利遭到公權力侵害時，更是無助，此時法律幾乎是最後的依靠了。連宗先生筆耕不輟，透過媒體，在人民權益或自由受侵奪，卻不知如何是好的時刻給予法律知識的依靠，開啟臺灣平民法律服務的先河，也對法律知識的普及化有莫大貢獻。

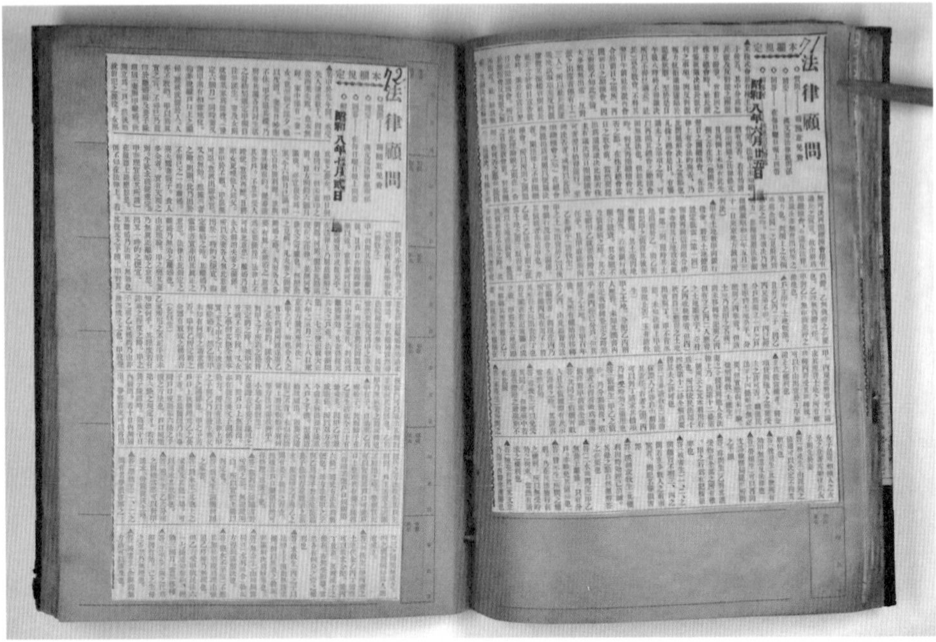

回答民眾提問所完成的法律顧問專欄，林連宗一一剪貼起來，整理成冊。（林信貞 提供）

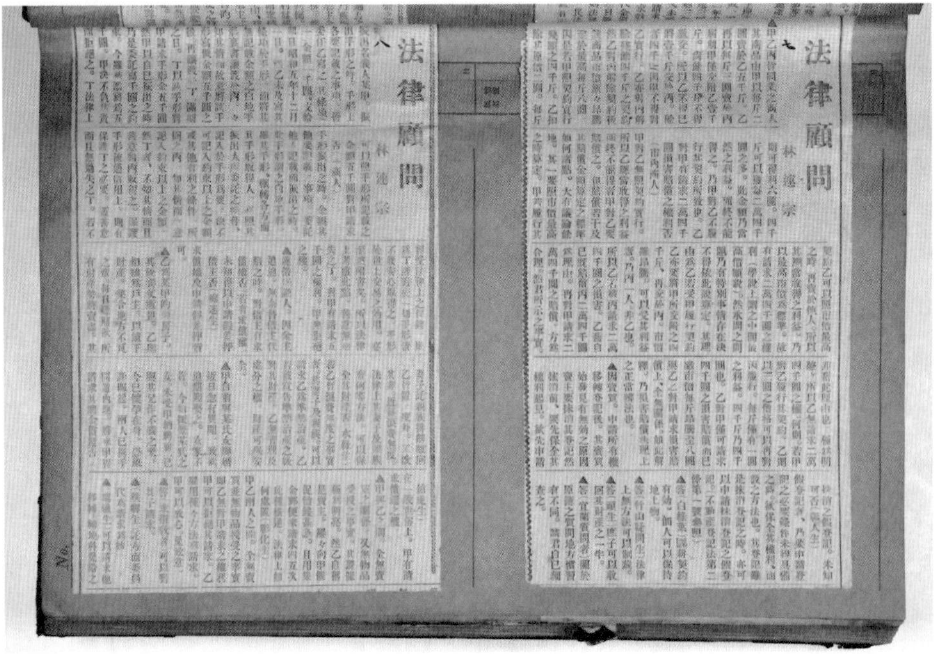

林連宗擔任法律顧問所撰寫的文章，整理成冊。（林信貞 提供）

5-4 改寫判例的律師

四年下來的奮鬥，連宗先生很快成為臺中地區的知名律師，特別幾個委託他的案子，屢屢因改寫判例，而成為媒體報導對象。從連宗先生自己整理的剪報冊中，可以發現有兩起案子，媒體特別提到辯護士林連宗在法庭上的表現。

一是刑事殺人案件，是在賭博場中因拒絕借貸，而引起的殺人事件。報紙報導此案在臺中地方法院開庭，由上田裁判長主審，吉田檢察官原本對人犯求刑懲役十五年，但林連宗在法庭上，為減輕被告刑度的辯論，「準情酌理，滿場感動。」十五分鐘後再開庭時，經合議庭討論，上田裁判長在對被告訓諭後，宣判懲役八年。

由十五年改判八年，連宗律師的辯論，發揮關鍵影響。「準情酌理，滿場感動」是媒體觀察後對連宗律師的評述，而不管是司法圈或媒體，都注意到這位律師衡法、說理、動情的能力。

另一則報導則是「大竹縱火案件」，事件起因於彰化大竹庄有數個民家遭到縱火，一位三十四歲的馮水田先生被檢舉為是嫌疑人。就媒體報導所言，馮先生一貧如洗，三十四歲尚未婚，生性笨拙衝動，縱火原因是這三間房子裡，住著妙齡美人，他認為若是把住屋燒掉，美人理所當然便會住到他附近家裡，因而計畫縱火燒屋以獲得前述美人。

這樣的理由不免荒唐，但事實究竟如何，有無真正的證據？此人是否遭誣陷？法官怎麼判決，引起各方好奇與關注。

一開始在臺中地方法院的刑事合議庭上，井上檢察官嚴厲論告，但是連宗律師以證據不充分為由，要求法院以無罪論處，最後馮水田還是遭處六年徒刑。

這顯然是為弱勢努力的案子，就媒體的描述，馮水田先生無固定工作，而且一貧如洗。此一事件在連宗律師的努力下，最後臺中地方法院判決無罪，檢察官不服又提起上訴，進入臺北高等法院覆審。日本治臺當局創地方法院及覆審法院二級制，地方法院分設各地，處理其管轄區域內的民、刑事訴訟；覆審法庭設在總督府所在地，覆審各地方法院的裁判。

媒體持續關注此一事件的發展，也進行了關於覆審結果的報導：

被告在第一次預審時，承認全部犯罪事實，怎知第二次審判之後全盤否認。整個事件宛如羅生門般，由於承接本件的臺中林連宗律師，表示本事件自始至終皆為無罪，「無其他證據足以佐證，無法確定被告做出該犯罪行為，而且亦無證據可確信其供詞為真」，因此進行實地檢驗七次，第一審及第二審檢察官皆論處六年徒刑，要求法院判處長期徒刑，但在林連宗律師努力奔走之下，於拘留一年之後漸朝無罪發展。本事件判決結果可說是為今後的司法界開了新例。

傷害致死罪
稀有之執行猶豫
旱溪擊殺友人事件
林辯護士大熱辯

傷害致死罪

林連宗成為改寫判例的律師，受到媒體關注。（林信貞 提供）

戀の恨、放火事件――
上告で無罪の判決
自白だけては証據にならず――と
きのふ高等法院で言渡

同事件

林連宗

自白と

林連宗法庭辯論之媒體報導（林信貞 提供）

日本時代臺中地方法院正門，位於今臺中市自由路一段 91 號。

媒體特別報導此一案件在連宗律師努力下，在嫌疑人遭拘留一年之後，朝無罪發展，認為他的辯護改寫歷來判例，為法界開了新例。而大眾所看見的是，這同時是一個為一貧如洗的人，甚至是被誣告的人所奮鬥的律師。不管當時的人是否稱連宗先生為人權律師，他的作為已不折不扣地是如此了。

提高辯護士的位階

一九三三年（昭和八年）第五十四屆帝國議會通過「辯護士法」修正，意在使辯護士做為裁判所的輔佐機關，同時能成為國民法律生活的善良協助者。此法也提高辯護士的地位，使辯護士的資格等同於判事（法官）、檢事（檢察官），另外更賦予辯護士會法人的資格，可以有自治的活動。其監督機關也由原來的所屬地方裁判所檢事，改為司法大臣。此法於一九三六年四月一日開始實施。

這一法律顯然大大提高了辯護士的地位，而當時臺籍律師鳳毛麟角，各地辯護士公會多由日人主導，但臺中地區顯然不一樣，此地臺籍律師人數眾多，已能與日本人分庭抗禮。這應該與臺中第一中學校栽培向上流動的人才有關，臺灣菁英子弟前仆後繼前往日本就讀法政大學，通過國家司法科考試，取得辯護士資格的人數與日俱增。

一九三九年連宗先生當選為「臺中辯護士會」理事，不成文的慣例是會長由日本人出任，

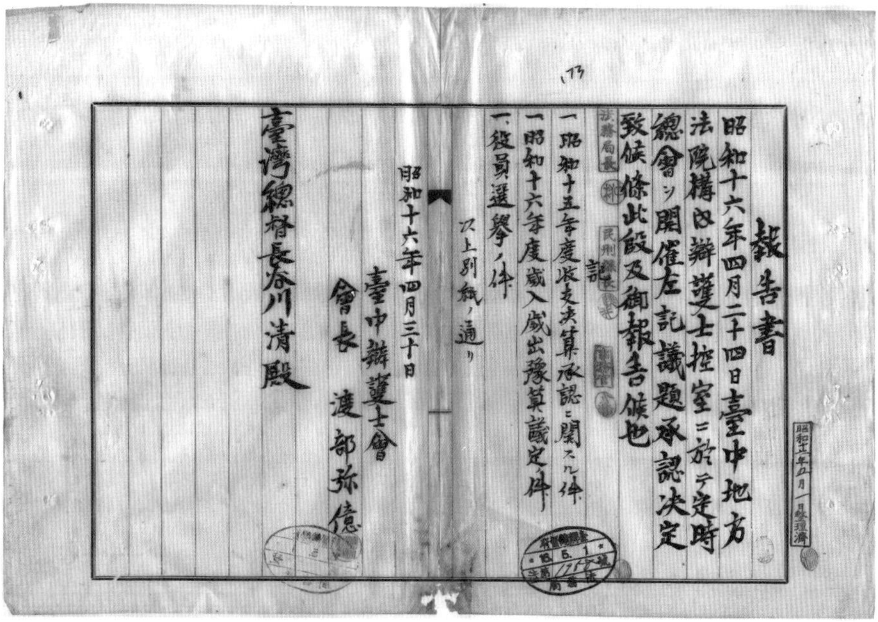

173

報告書

昭和十六年四月二十四日臺中地方
法院構內辯護士控室ニ於テ定時
總會ヲ開催左記議題承認決定
致候條此段及御報告候也

記

一、昭和十五年度收支決算承認ニ關スル件
一、昭和十六年度歲入歲出豫算議定ノ件
一、役員選擧ノ件
以上別紙ノ通リ

昭和十六年四月三十日
臺中辯護士會
會長　渡部孫億

臺灣總督長谷川清殿

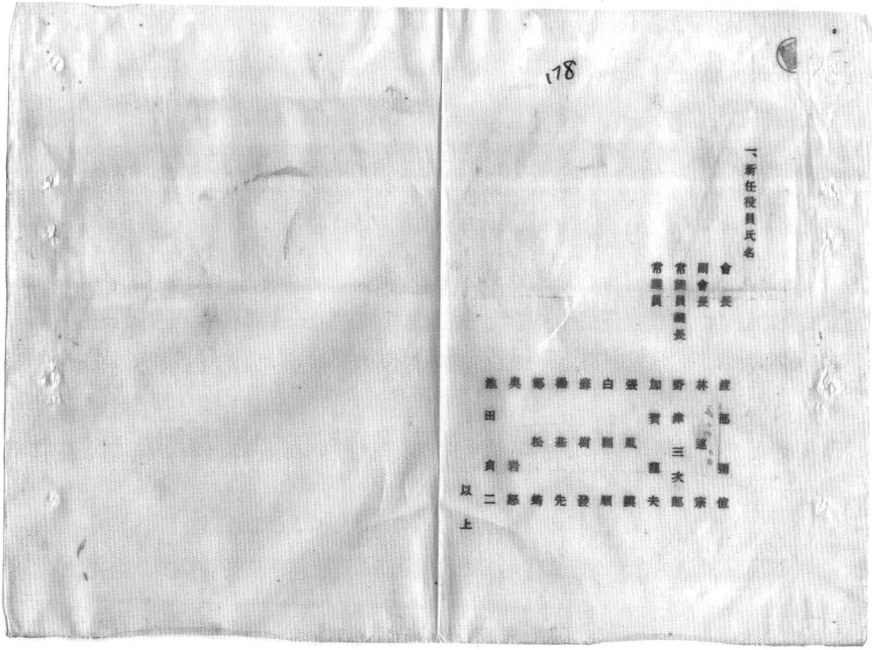

178

一、新任役員氏名

會長　渡部彌億
副會長　林連宗
常議員議長　野津三次郎
常議員　加賀龍夫
張風謨
白福順
蔡樹發
楊基先
鄭松筠
奥　岩怒
熊田貞二

以上

1941年（昭和16年）林連宗當選「臺中辯護士會」副會長（《臺灣總督府檔案》，國史館臺灣文獻館 提供）

執業律師時的林連宗先生（廖英豪 提供）

副會長才由臺灣人擔任。此屆會長是小室興，副會長為張風謨，常議員議長（理事長）是野津三次郎，常議員（理事）共八席，日本人一半，臺灣人一半，除連宗先生外，尚有童炳輝、鄭松筠、楊基先。

一九四〇年改選時，會長還是小室興，副會長由白福順當選，理事則是蔡先於、林玉秋、施添福、周淵源。

一九四一年連宗先生首次當選為副會長，會長為渡部彌億，此次八席理事中有五席為臺灣人，分別為張風謨、白福順、蘇樹發、楊基先、鄭松筠，臺籍律師甚至多過日本律師了！而連宗先生也逐漸成為律師圈中的重要代表，這群對法治及人權有重要涵養的人士，是連宗先生的好友，也是他日後從政的重要支柱，而他們的命運相繫，在戰後飽受衝擊。

5-5 大正町開新局

一九三五年（昭和十年）臺灣發生有史以來最嚴重的大地震，林連宗女兒信貞記得清晨時分天搖地動，父親什麼都不管，只顧抱著她衝下樓、往外跑。那年她五歲，印象中接連住了兩、三晚的帳篷，因為實在太恐怖了，一時之間不敢再住到屋內，免得屋又垮了人被壓到。

這一震，也讓連宗先生萌生搬遷事務所的想法。幾年奮鬥下來，律師業務已逐漸穩定，甚至到了可以進一步擴展規模的狀態。

此時林連宗的雄心，展現在他所物色的事務所地點——大正町六丁目一番地（臺中市自由路四號），就座落在臺中公園的出口處，在遠遠即可望見的巨大鳥居旁。臺中神社位在臺中公園裡，對日本人而言，這裡是神聖之地，所以可以在鳥居旁落腳的人家，自然不會是一般人或任意的機關行號。且這裡與臺中州知事比鄰而居，所以入住者免不了要是知事點頭的人才行。

臺中州知事日下辰太，於一九三五年一月初上任，是東京帝國大學法律科畢業的，之前在關東廳擔任內務局長及司政部長。他聽聞連宗先生高等試驗行政、司法兩科合格，相當佩服，因他自己不過是行政科合格而已。而連宗在報上為平民解答法律問題的義舉，更讓大家注意到這位開民智、做奉獻的律師，使他贏得各方敬重。

此時連宗向銀行貸款，買下二百三十坪大的土地，興建一棟住家與律師事務所合一的日式房子。落成後，門口掛上以大理石雕刻的招牌「辯護士林連宗」，是他專業旅程的印記。

事務所業務繁重，連宗把大哥、二哥的孩子都找來幫忙，支付他們薪水，還栽培姪兒到日本念書。連宗非常照顧家人，他心中始終感念在日本念書時大哥、二哥的幫忙。連宗也把母親接過來，這是他為人子的責任，他的孝順是對家中晚輩最好的身教。

位在臺中公園出口處的林連宗律師事務所（臺中市政府文化局 提供）

臺中神社

這棟美麗的房子，對孩子們而言，更是樂園。連宗先生的品味，不純然是日式的，還有西方的風格，展現在所選用的壁紙，以及浴室所用的磁磚上。而庭院種了好多好多果樹，龍眼、楊桃、芭樂……這裡是信貞與堂兄弟姊妹們的遊戲場。三哥建宗的孩子與信貞年紀相近，連宗常招呼他們過來玩耍，孩子們一到，妻子林陳鳳就忙著進廚房捲壽司，幫孩子們準備點心，而等不及的孩子已站在嬸嬸旁，等著吃壽司兩頭削下的邊邊。

三哥建宗中央大學法學部獨（德）法科畢業後，巧逢臺灣總督府專賣局酒類、鹽、菸草的特許牌照要進行更新，這非一般人能夠申請，條件是有造酒業經驗者、退休官員、對社會有貢獻或最高學府畢業者。一九三一年建宗在相當競爭的狀況下，以最高學府畢業的條件，成為鹿港地區的酒類批發商，是臺灣總督府專賣局指定的第三九區酒類賣捌人（經銷商）。當時臺灣人很難取得此項「特權」，是所謂的高等生意，收入相當優渥。這是兄弟倆都相當風光的一段時間，連宗是知名律師，建宗經營特許生意，彰化林家成為人人稱羨，子弟有好發展，經濟日漸優渥的人家。

建宗有四個男孩、兩個女孩，男孩們上柔道，信貞也一起去，跟這些堂兄弟比劃起來，沒有人會退讓的，大家相互玩過肩摔，偌大的塌塌米是最好的練習場。

信貞一年級時，連宗送她到日本人念的小學校，問她會給日本孩子欺負嗎？她說怎麼可能，誰敢惹她，一樣給他過肩摔。其實她最大的依恃是父親對她的摯愛。其實同一時期，許多臺灣孩子在學校中與日本人相處的經驗，總是充滿委屈，但連宗的孩子不一樣，信貞勇敢、快樂、自信，她知道父親是律師，是有能力保護人的，沒有人可以欺負她。

一九三二年時，連宗歷經喪子之痛，大兒子林瑞元一日玩耍因不慎跌倒磨破膝蓋，沒想到竟因此而導致破傷風，幾日後不治過世。這對連宗夫妻是無比沉痛的打擊，唯一的獨子離他們而去。

失去長子的痛，使連宗夫婦對女兒信貞倍極寵愛。還不到小學入學年紀，已為她請來日籍的鋼琴老

林連宗攝於事務所旁的臺中公園（林信貞 提供）

林連宗攝於大正町律師事務所前（林信貞 提供）

1935 年連宗夫婦與女兒林信貞合影（廖英豪 提供）

連宗夫婦與兒子林瑞元合影（廖英豪 提供）

林連宗家族合照，一排中間為母親林蔡爽，後排右四起依序為大哥林東波、二哥林連波、三哥林建宗及林連宗。（林祥雲 提供）

師到家教鋼琴。每一張為她精心打扮後留下的照片，不管是著正式的和服裝扮，或是穿著時下最流行的舶來品童裝，相片裡讓人感受到的更是父母對孩子的珍視。

信貞回憶小時候常常睡覺前，嘴裡還含著巧克力，做為爸媽唯一的孩子，真的極受寵愛。特別是爸爸非常、非常疼她，上幼稚園時還特地請了一位阿姨帶她上下學，照顧她的安全。爸爸很喜歡帶她一起出門，坐人力車時就把她夾在雙腿間看顧著。甚至家裡一燒好洗澡水，總是讓她先去洗澡，這在注重長幼尊卑的社會中是很少見的。點點滴滴，是父親對她無盡的愛……。她還記得自己人小鬼大，小時候個子小，墊腳尖也搆不到掛在牆上的電話，她會自己搬個小板凳，學大人一樣，打電話到最時髦的醉月樓餐廳點菜，要他們外送過來。餐廳聽到小孩稚嫩的聲音，完全不知如何是好……。

搬到新房子時，連宗夫婦在新屋子的庭院，委託雕塑師，做了一尊長子瑞元的雕像，還塑一隻軍用犬陪他，他們要記住孩子最快樂、最美好的神態。

連宗終於為家人建造一處美輪美奐的住家，而他自己是那樣認真投入工作，妻子林陳鳳每每等著他吃飯，但他總是停不了筆，於是飯菜熱熱地放到涼冷，只好回鍋加熱，沒想到連宗先生還是一樣停不了筆，到他能上桌吃飯時，飯菜都不知熱幾回了。

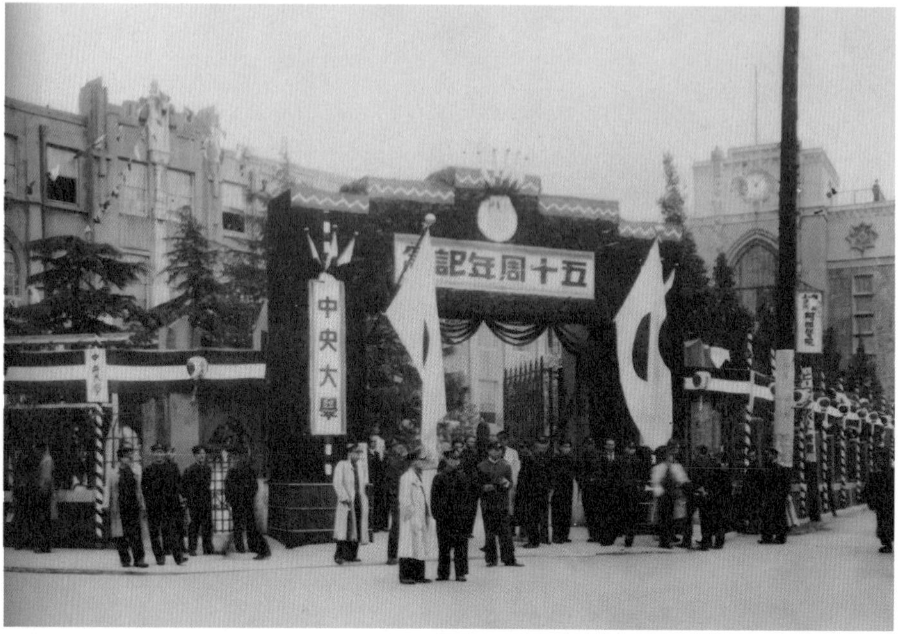

1936 年林連宗執業律師時，逢母校中央大學建校五十週年。

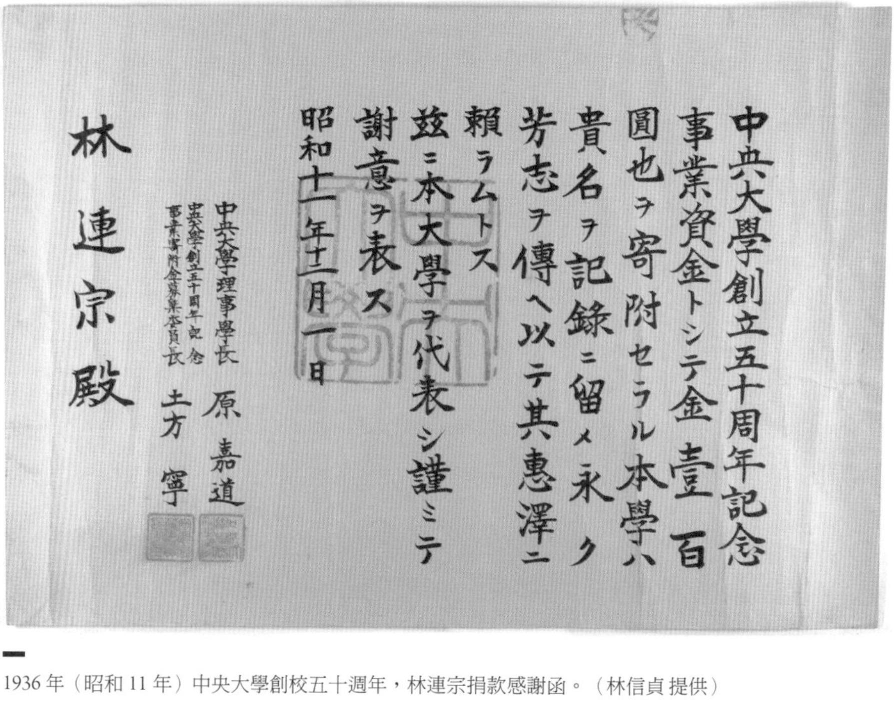
中央大學創立五十周年記念
事業資金トシテ金壹百
圓也ヲ寄附セラル本學ハ
貴名ヲ記錄ニ留メ永ク
芳志ヲ傳ヘ以テ其恵澤ニ
賴ラムトス
茲ニ本大學ヲ代表シ謹ミテ
謝意ヲ表ス
昭和十一年十二月一日
中央大學理事學長 原 嘉道
中央大學創立五十周年記念事業寄附金募集委員長 土方 寧
林連宗殿

1936 年（昭和 11 年）中央大學創校五十週年，林連宗捐款感謝函。（林信貞 提供）

5-6 餅乾盒裡的故事

律師事務所掛著一幅連宗先生所書寫的大字軸-「有所不為」。這是他的座右銘，行事、做人要能抗拒誘惑、有所不為。

連宗先生接受律師委託並非「來者不拒」，他會先瞭解案件的內容，究竟是受到冤屈，或者只是想請一位律師做非正道的辯護。如果是後者，那他是不接辦的，如他辦公室所掛的字軸——「有所不為」，他不做傷天害理的事。

信貞記得時常有人來請爸爸幫忙打官司、協助訴訟，但爸爸會挑選案件，因他希望真的能幫客戶解決問題、打贏官司，不會像有些律師，為了向當事人收取費用，什麼案子都接，也不管是不是真能協助客戶勝訴。連宗先生因慎選案件，而且一旦接受委託便全力以赴，因此幾乎「戰無不勝」。

信貞也聽伯父說，父親不像別人總是先拿前金，萬一敗訴什麼的就說：抱歉，這實在沒有辦法。連宗律師是勝訴了，才收謝金的。至於貧窮人家委託的案件，勝訴時，他卻往往連謝金都不收取。連宗告訴妻子，他們是真的沒有錢，要叫他們怎麼辦呢，沒有關係的。

做為一個在法庭上說理、論法、言情皆能觸動人心，甚至改變判例的律師，好口才自不在話下。而就林陳鳳所述，連宗先生思緒清晰、有條不紊，總能夠將每件官司的原委敘述的非常清楚，也因此有時法官讀完訴訟文件，在開庭時就跟連宗先生說：「不必說了，我看你的訴狀就瞭解事情始末了，我只是要知道你們是否背書。」所以他承辦的案子總是能有效率地解決。

在連宗先生執業律師的生涯裡，不管是有錢人家或者窮人家，都會來找他協助，有時他看來求助的人，貧困無依還被欺負，便說：「不要緊，你不用擔心費用，把你知道的事實盡量告訴我，我會到法院為你辯護。如果有什麼不公義、不合理的事情，我替你扳回來。」

事務所裡有一個大大的鐵盒子，很特別，裡頭放什麼呢？是一封又一封的感謝函。窮苦的人碰到官司，不知如何是好，來找連宗律師，連宗一樣認真幫他們解決問題。知道他們生活過不去，根本付不起律師費，也就沒有跟他們收取費用了。這些受過幫助的人，感激在心，即便是不會寫字的農民，都會特別請人幫忙，寫了感謝的信寄過來。

這不是金錢，也不是禮品，而是心意，連宗律師都珍視保存。

第六章

戰爭的腳步聲

CHAPTER SIX

臺灣自治運動走了十五年，終在一九三五年盼到第一場民意代表選舉。律師及法政大學畢業的人才，沒有缺席，連宗先生也扮演選舉助講員。

只是好不容易爭到的一點權利，又隨著戰爭交出，一九三七年日本發動戰爭，臺灣進入軍事高壓統治。在認同的征服戰中，連宗先生沒有屈從，沒有改日本姓氏，也不願加入「皇民奉公會」，有所不為是他的原則。

而當日本政府猶以文宣掩飾自己戰敗的跡象時，轟隆隆的空襲聲中，連宗先生已開始自學中文，他知道這樣的殖民政權將過去，也意識到，語言會是未來的問題。

6-1 臺灣史上第一場選舉

身為殖民地人民，每一寸權利的取得，是多少的心血與努力。蔣渭水主導的「臺灣民眾黨」，旗幟鮮明地要求「市庄街長由人民公選！」、「反對官派議員、要求普選！」林獻堂、楊肇嘉等人籌組的「臺灣地方自治聯盟」，自一九三〇年（昭和五年）成立後，更以此為唯一目標，要求市街庄以民選議員做為決議機關。

臺灣議會設置請願運動歷十四年、達十五次，從二〇年代「給我們自治權！」此一聲響發出後，從沒停過。不管日本政府抓誰、關誰，要求自治就是臺灣人追求的目標。

終於在一九三五年盼到第一場選舉，日本政府同意州、市、街、庄半數議員民選，其餘半數則仍為官派。日本政府設下投票門檻，得繳納稅額五塊錢以上，而且二十五歲以上的男性，才有選舉權與被選舉權。當時臺灣人口約四百多萬，有選舉權者二萬八千人；而日本在臺人口雖只二十多萬人，有選舉權者卻達三萬人。

光是日本人在投票總數上的優勢，就看得出日本政府的精算，不讓他們的少數統治遭到威脅。

現實雖是如此，但這已經是艱辛異常的突破了。所以臺灣人的反應是熱烈的，心情是興奮的，許多人正摩拳擦掌，準備投入選舉。

「櫟社」詩人張麗俊因參選豐原街協議會員，在一九三五年十一月二十一日的日記，留下這場選舉與連宗先生相關的訊息：

今晚林祚爐欲往慈濟宮開政見發表大演說會，其辯士林煥德、蘇樹發、賴遠輝、葉榮鐘、魏炭、林連宗、陳后生、張添貴等八人。

林祚爐是高連宗一屆的學長，在臺中州第一中學校及日本中央大學時期都相處過，兩人已有十年以上的情誼。這次林祚爐出來參選豐原街協議會員，以政見演說會為主要競選方式，辯士名單相當漂亮，宛若有一支中央大學的助選團，除連宗先生外，還有讀政經科系的葉榮鐘（林獻堂秘書）、法學部獨（德）法科畢業的賴遠輝，另有明治大學畢業的律師蘇樹發。菁英齊聚，投入民主選舉的助講陣容。廟門口再次熱鬧起來了，這場前無古人的選舉，臺灣人以自己的想像，展開行動。

就參選臺北市會議員陳逸松的記述，各個候選人使出渾身解數，有的豎立招牌、散發傳單、小冊子，打的是廣告戰；有的挨家挨戶做訪問、懇求賜票，打的是家戶拜訪；也有開辦演講會，希望以政見訴求贏得選民支持的，打的是演講戰……。一場民主嘉年華，在這久受政治禁錮的地方，以奇花異彩綻放。

而這是日本統治臺灣四十年後，臺灣人才的大發聲與大聚集。不管是留日回臺的菁英、醫生、地方仕紳，或自治運動的參與者，無不投入史上第一回的選舉。而選民一樣熱烈無比，投票率高達百分之九十五點九。

律師參選

連宗身邊的老同學，不少人投入選舉。聚合過臺灣菁英的臺中州第一中學校，其畢業生回到鄉里，投入公共事務，許多人在此屆市會議員及街庄協議員中脫穎而出。如第一屆的楊老居（醫生），當選彰化市會議員；第二屆的張聘三、張煥珪分別當選臺中州南庄及大雅庄協議會員。

第三屆則有林祚爐當選豐原街協議會員、陳作忠當選永靖庄協議會員、陳天道任高雄市會議員，而這三人率皆具有日本大學法學部畢業的高學歷。至於連宗第四屆的同班同學，有陳海永（醫生）當選斗六街協議會員、吳紀東當選南投街協議會員及姜瑞鵬當選北埔庄協議會員。

而如果再加上一九三九年第二次的選舉，兩次加起來，平均每一屆都有約莫八至十位左右，擔任日治時期的民意代表。每屆的畢業生人數約六十至七十人，這樣的比例是相當高的。

而律師及法學教育出身的高知識分子，當然更參與在這場民主選舉的行列中。光是律師當選市會議員的，在臺北有蔡式穀與陳逸松，新竹有黃運金，臺中有張風謨、蔡先於，臺南有歐清石、沈榮。而連宗在中央大學同屆的好友李瑞漢律師，也於一九三九年當選臺北市會議員。

1935 年臺灣史上第一次舉辦選舉，臺中市街放滿競選看板（今自由路往公園方向）。（六然居資料室 提供）

臺灣日日新報 號外

本號外は再錄せず

初選擧の開票終る
臺北市會議員當選者
最高點は蔡式穀氏

臺灣最初の總選擧中、市部にて二十二日夜中に開票したものは、新竹、臺中、彰化、屏東の四市であり残る、臺北、基隆、嘉義、臺南、高雄の五市は何れも廿三日開票を見た右の内臺北市の開票は午後八時五十分を以て終了、次の如き結果を得た

臺北市（定員十八名）

蔡式穀 一、二四五票
唐澤信夫 一、一一三票
安田勝次郎 九八九票
陳逸松 八八九票
古川二郎 八三六票
松田繁義 八一九票
西川純 七九九票
鈴木讓三郎 七六二票
佐藤龜久次 七〇二票
飯田清 六六二票
楊海盛 六四八票
瀬戸山兼斌 六三八票
菱村彥十郎 六二一票
岩田此一 六〇五票
堀田眞猿 五二〇票
劉天祿 五〇七票
周宗源 四七八票
李朝北 四〇二票
北村愡吉（次點） 三八七票

臺北新市議

基隆市議當選

基隆市（定員十四名）

汪榮振 四三五票
闞本諄一郎 三五七票
林藤二 三〇三票
宇田榮 三〇一票
居川榮世 二九一票
森山藤七 二八四票
田尻信次 二七五票
邱德金 二五四票
陳漢周 二五二票
蔡星埜 二一五票
顏窓吟 一九六票
河合荘太郎 一九五票
猪俣敬藏 一九四票
葉松濤 一九一票
河井良平（次點） 一七八票

基隆新市議

《臺灣日日新報》報導律師蔡式穀以第一高票當選臺北市會議員

律師的表現相當亮眼，蔡式穀在臺北市以第一高票當選，他是日本明治大學法律科畢業，自治運動的三大組織「臺灣文化協會」、「臺灣民眾黨」及「臺灣地方自治聯盟」都有他的身影，可說是臺灣自治運動的大護法。

律師以其辯才及對民主、法治、人權的掌握，成了臺灣在民主追尋及自治道路上，相當重要的角色。特別在仍須與威權對抗的時代，律師因懂得法律，能與當局論法、辯法或爭取權益，而成為人民重要依靠，也成為民意託付對象。

6-2 有所不為

但這樣的喜悅沒有太久，殖民地人民的身不由己，在日本發動戰爭後，蒙上巨大陰影。好不容易爭到的一點點自由，卻必須在其他地方交出。

一九三六年（昭和十一年）九月，暌違十七年的武官總督再現，由具有軍人身分的小林躋造擔任。什麼是思想控制，從語言開始；如何切斷文化認同，從文字開始。戰爭發動前夕，第一道命令——取消報紙漢文欄。

一九三七年七月七日盧溝橋事變，中日戰爭爆發，一週後政治立場相對溫和的「臺灣地方自治聯盟」遭解散，公開的政治結社消聲匿跡。

隨著戰爭發展，日本對臺灣的控制益趨嚴酷，日本當局希望有效整合臺灣人力及資源，成為戰爭補給站，卻又擔心臺灣人在戰場上傾向中國。一九三九年宣告「皇民化、工業化、南進基地化」為治臺方針，皇民化，要臺灣人忘記自己是臺灣人；南進基地化，要使臺灣徹底成為戰爭工具。

皇民化實施的極致就是「改姓名」運動。臺灣人講求慎終追遠，「姓」對家族而言是相當重要的一件事，是一代一代往下傳且親族間血緣相連及繼承的依據。民間常有「行不改名，坐不改姓」之語，但日本政府無視這樣的文化傳統，要求臺灣人改為日本姓氏。

日本政府一方面誘之以利，給予物資配給跟子弟教育的優惠，戰爭時期資源困窘，許多人為了多拿到一些配給，讓妻兒過好一點的生活，也就配合改為日本姓氏了。但對經濟不受威脅，而且具社會名望的人而言，恐怖的威脅就來了，如宜蘭著名婦產科醫師陳進東，不願配合改姓氏，日本政府惱羞成怒，徵召他做海軍軍醫，遣往菲律賓服役。而在日本政府當中任職的臺灣人，此時更面臨忠誠檢核，改為日本姓氏也就成為必要的表態了。

「皇民化」運動對臺灣人產生莫大的精神壓迫，而連宗先生在日本政府的威脅利誘下，並未隨之改為日本姓氏。同樣地，再怎麼多的鼓吹與獎勵，他也沒有成為日本政府所希望的國語

（日語）家庭。

日本當局知道要完成「聖戰」，需要臺灣人的支持與協助，而臺灣人最在意的就是差別待遇，所以一方面放寬對臺灣人的不平等對待，另一方面則透過「皇民奉公會」的運作，加強「忠君愛國」的教育。要對臺灣人宣傳日本的「聖戰」，當然要動員有名望，而且平時肯替臺灣人說話，獲得民間信賴的人出來替日本政府背書。許多臺灣紳商、醫生、辯護士都被徵召為「皇民奉公會」幹部，此時已擔任民意代表的臺灣人，因具有知名度，更成為日本政府施壓對象。

歌頌戰爭，歌頌大東亞共榮圈，鼓勵臺灣子弟上戰場，為日本天皇效忠，連宗先生一樣不參與。許多辯護士朋友在主動或受迫的狀況下，加入了「皇民奉公會」，連宗先生擔任過辯護士公會的副會長，在律師界有一定的分量，此時怎會沒有壓力。但一如他所堅持的「有所不為」，他沒有在日本政府的壓力下，違背自己的認同與價值。

有所不為，一如他自己以毛筆字寫下的這句話，是他在面臨很多抉擇時的態度。有時，真的並不容易，特別是高壓的政權，隨時可能壓逼過來時。

林獻堂委任律師

連宗先生在律師執業將近十年時，碰到太平洋戰爭，業務不免大受影響。但此時他律師工作上的表現，卻受到林獻堂注意，而委託他處理家族內相關的法律問題。

林獻堂的日記，自一九四四年（昭和十九年）二月開始，多次記載他委請連宗律師處理家族的遺產紛爭。

林獻堂的大哥林紀堂，其妻妾陳氏岑在一九三九年過世，因而出現遺產的紛爭。林獻堂因為擔任陳氏岑遺言的執行人，碰到子姪輩陷入衝突的狀況，遂出面委託連宗律師幫忙。兩個人的認識，始於這樣的專業委託，對林獻堂先生而言，連宗律師確實為他解決不少煩憂之事。

此外林獻堂日記中也提到，二哥林烈堂的財產分配契約，亦是委託連宗律師處理。特別是二哥家一件纏訟十多年的官司，最後在連宗律師協助下，始獲得解決。問題起自林烈堂的妻妾何美，在桃園蘆竹以十萬元購買三百八十四甲的土地，由林家進行土地開發，但這土地是屬於徐氏祭祀公業，因產權仍未過戶，以至於打了十多年官司，一直懸而未解，最後請連宗律師出面處理後，才找到完滿解決的方法。

法律的事一旦碰上，甚為擾人，連宗秉於專業，在他的角色上盡力，以他的專業助人解決紛擾之事，也因此結交了許多朋友。至於與林獻堂先生的交往，亦隨著臺灣歷史的發展，在後來發展為不同的關係與情誼。

6-3 防空洞裡學ㄅㄆㄇ

一九四一年（昭和十六年）十二月八日，日本偷襲美國在太平洋上的基地珍珠港，美國輿情一片譁然，參、眾兩院一致通過對日宣戰，點燃太平洋戰火。

太平洋戰爭初期，日軍連戰皆捷，但一九四二年的中途島戰役，日軍大敗後，太平洋局勢開始逆轉。身處日本統治下的臺灣，因是日軍重要補給站，彷彿他在太平洋上的航空母艦般，讓日本軍機隨時升空攻擊，於是美軍開始擬定對臺灣進行戰略上的打擊。

隆隆巨響在天空響起，從未聽過這般鬼哭神嚎的聲音。那是什麼？一九四三年十一月二十五日，美軍首次飛越臺海，轟炸新竹機場。

如何封鎖臺灣，達成臺灣在戰局中「無力化」，成為美軍對日作戰的重大戰略。從一九四五年開始，臺灣全島遭受美軍密集轟炸，導致臺灣人民開始過著躲空襲的生活，生命財產陷入相當威脅。

一九四五年一月三日，吳新榮醫師的日記記載著：

今天早上八時起就有了空襲，收音機報導這場空襲普及全島各地區。這正如新年一大早，敵機就從空中來向大家拜年。在躲避防空壕的瞬間，遠處可聽見炮聲隆隆。……不管如何，今年從年初開始空襲，將會一直空襲到年底吧。我們心中應有所準備，堅忍地度過這一年。

確實從一月開始，盟軍的軍機便不斷進入臺灣上空，對各重要措施和據點進行轟炸。震耳欲聾的炸彈爆裂聲，摧殘著臺灣，炸彈像雨般落下，伴隨著火光和巨響，搖撼著大地。由於盟軍轟炸的次數實在太頻繁，民眾乾脆說這是「定期便」，像定期航班一樣地到來，晚上八、十、十二點及深夜兩點定時轟炸。

激烈時，連躲在防空壕中，都猶如海上的小舟一樣震盪飄搖。

這是敵人的神經戰術，讓人始終處於憂慮中。

躲空襲，成了生活的常態，一九四五年開始，密集的轟炸，一波比一波嚴烈，連宗只好舉家搬遷，全部疏開到臺中潭子鄉的友人家，三哥全家也一起避居到此處。許多工作都停頓了下來了，警報器一響，母親帶著孩子們，肩上背一個、手上牽一個，大一點的小孩幫忙提便當，或揹著全家人要換洗的衣服，展開長途跋涉，走到郊區或鄉下躲避。還有人在趕路時，小孩掉了，也不知道。

空襲過後，回到家園，幸運地，家還在；但有人卻得面對已被炸彈燒至焦黑的家，或是化為瓦礫的住所。更不幸地，還得面對親人的死亡。

而物資的困窘，好一點的人家，白米裹著糖吃，糟一點的人家，得找昆蟲吃了，做飯也只能用水溝水。但有時竟偶而可以打打牙祭，因為空襲過後，豬也炸死了，鴿子也被濃煙嗆死了，意外有了額外的燻鴿、烤肉可吃。

一九四五年五月三十一日臺北大空襲，美國第五航空隊共出動一一七架B—二四重轟炸機，以臺北的公家機關為轟炸目標，共投彈三千八百枚。臺灣總督府首當其衝，遭到燒夷彈擊中，右肩開了一個大洞。連最高權力機關都被炸毀了，要讓人如何相信日本能打勝呢？

其實敏於時局的知識分子，早看得出來，日軍是會戰敗的，即便日本政府仍以各項文宣掩飾戰敗的跡象。連宗的姪兒俊雄，當時已是臺中第一中學校的學生，他記得躲空襲的歲月，在防空洞裡，他已聽見叔叔跟父親，開始在自修ㄅㄆㄇㄈ，他們已學著唸中文。

連宗已經意識到，日本戰敗後臺灣的命運。也會思考，當新的政府到來後，首先會碰到的就是語言問題，他相當警覺與敏銳，細細抓住時代的變化。

臺灣報紙連續報導威力強大無比而性質不明的炸彈，先後投在日本的廣島與長崎兩個城市，一開始媒體尚不知這就是原子彈。兩個城市所受的災害超乎想像，幾乎夷為廢墟。大家心裡有數，日本投降已不遠了。

臺灣總督府在二戰中被轟炸（台北二二八紀念館 提供）

第七章

律師參政

CHAPTER SEVEN

戰後連宗先生眼見好不容易建立的法治社會，逐漸敗壞，他移動律師身分，投入省參議員選舉。一開議，振衰起弊之言，竟遭議長限縮發言時間，不能為民喉舌，如何對得起人民，他受訪時竟難過淚流。媒體見其真情摯性，開始關注這位政壇新人。

離家赴臺北開會，他每每跟女兒寫信吐露心聲：「父親很認真地為省民的幸福著想，這是我必須完成的責任。父親的作為，每天都有激勵的電話或電報打來，讓我非常感激。」議會的表現雖受喝采，但也有頓挫的時刻，那是反擊「臺人奴化說」的挫折，而他的身體也因疲於政事而日漸消瘦……。

律師及民意代表的雙重角色，讓他切入司法權不獨立的問題，戰後政治惡劣、執法者犯法，但司法權卻受控於行政權，乃致無法偵辦貪官汙吏。質詢一如法庭的攻防，如何從權力的一方，取回人民的權益，他沒讓人失望。

7-1 時代交替之危

一九四五年八月十五日，在政府單位工作的人，一早接到通知，要到大禮堂集合，屆時會有日皇玉音，廣播重要消息。

中午十二點昭和天皇親自放送，廣播一開始聲音低、雜音又大，其實大多數人是聽不清楚的。只能領會，領會到昭和天皇向人民告知，日本政府已經接受盟軍要求無條件投降了，天皇要大家忍辱負重。

面對這一刻，林獻堂日記寫著：「嗚呼！五十年來以武力建致之江山，亦以武力失之也。」而激動如張七郎醫師，竟有「五十一年奴僕垂死重生」之感。畫家陳澄波高興地畫著青天白日滿地紅的國旗，飄揚在市街上，他說「吾人生於清朝，而今能死於漢室，實終身之所託也。」強烈的漢意識，留在他的手稿中。

終於，戰爭結束了，不再有空襲、不再有燈火管制、不再有生命財產的威脅。而臺灣終於可以脫離日本殖民統治，不用再當次等公民了，大家的欣悅之情，溢於言表。

很快地，社會各界動了起來。「臺灣農民組合」的張士德早於接收人員，先行來到臺灣，號召青年及各界菁英加入「三民主義青年團臺灣區團」，負責臺中地區籌組工作的是待過「新文協」及「赤色救援會」的張信義。沒有人知道這團體在中國政治上的派系或光譜，但此時大家都想幫忙，為的就是重建新臺灣。

連宗律師在皇民化時期並未屈從的紀錄，很快地成為三青團延攬對象。反之，日本時代的御用紳士，三青團聲明這是他們首先要排除的。

但與新政府的初次接觸，是什麼樣的經驗呢？

據在現場的鍾逸人先生所述，一九四五年十月初由重慶回來的臺南人張邦傑（臺灣革命同盟會主席），由張晴川（前「臺灣民眾黨」中央執委）陪同來到臺中。三青團臺中分團主任張信義，為了讓中部各界人士親聆這位官拜少將的「祖國將軍」，發帖子邀請各界推派代表參加歡迎會。

就在新高會館二樓的座談會上，連宗律師發言詢問：「不知祖國對人民生活的照顧，所採取的具體辦法為何？」中央書局經理張星建也問：「大眾交通是採取國營或開放民營？」

沒想到這位「祖國將軍」從座位上暴跳起來，用粗野的言詞禁止提問者不得使用「人民」或「大眾」等字眼，因為這是共產黨所慣用的名詞。這時張信義站起來大聲指正說：「使用『人民』或『大眾』就是紅的，就是共產黨，這種說法我不能苟同，我也相信中華民國的法律不可能有這種不合理的規定，在《世界百科全書》或馬克斯、列寧的任何經典裡面，也絕不可能說『人民』和『大眾』是他們獨占的名詞，別人不能用……。」

張邦傑沒再回話，張晴川很識相地將他帶走。連宗律師及與會的人心中一沉，看到這種盲目的意識形態，不禁讓人對他肩上徽章所代表的「祖國」，感到十分迷惘。

日本戰敗後，開始有些臺灣人伺機毆打日本人報復，但已組織起來的三青團立即出面制止，要民眾冷靜，不得妄為，很快地將社會秩序穩定下來。從八月十五日日本戰敗投降，到十月二十五日國民政府接收官員到達前，兩個月內雖是無政府狀態，但臺灣人卻以自己的自治能力，維持了整體的秩序，靜候接收。

歡天喜地地，終於等到「祖國」官員蒞臨，此時就讀臺中女中的信貞，也跟著學校學生，一起擁去歡迎國軍。結果一回家，信貞垂頭喪氣地，怎樣也沒想到國軍會看起來那麼樣地邋遢，不是雄赳赳、氣昂昂，而是一支揹著鍋碗瓢盆，髒兮兮的隊伍。原本以為可以對日本人揚眉吐氣了，此時卻反而覺得很沒面子。

但這一幕的失望，掩蓋不了各地歡迎國民政府的熱烈情緒，各地民眾搭建華麗牌樓，以最大的熱情迎接，期待新生活、新政治、新未來。

省籍的高牆

戰爭已過，人民還是處於飢餓邊緣，第一個新年，臺灣社會陷入愁苦中，米價高得不像話。

政府政策顯然出了問題，一方面是無能管理商人居奇囤貨，米價被層層哄抬。而且已經發生米荒了，貿易局卻是進口麵粉因應，而且不是直接配發給飢餓邊緣的百姓，而是賣給大商人。如此一來民眾還是拿不到便宜的麵粉，結果是商人賺飽了荷包，卻解不了民生之苦，窮困人家日子只是更加難過。

臺灣盛產稻米，被日本譽為米倉，此時卻發生米荒，是從未有過的現象，讓人對這個政府失望透了。而此一統治集團，他的權力安排、人事布局，到底是怎麼回事？為何治理不好臺灣？

臺灣人滿心歡喜迎接，心想終於可以擺脫差別待遇，真正當家作主。期待那自日本時代已不斷高聲爭取的政治自由、經濟解放、社會平等，能夠真正地到來，諸種處於殖民地的桎梏能夠鬆綁。但一九四五年十二月，長官公署二十一處首長名單一公布，清一色為外省籍人士，僅教育處長宋斐如為臺灣人。十七縣市首長當中，亦僅有四位臺灣人。但這五位全都是半山（有中國經驗的臺灣人），政府顯然不打算起用本省人才，而當官員又不斷傳出貪腐劣跡時，把臺灣人迎接「祖國」那熱騰騰的心都給澆熄了。

臺灣人熱烈期待能參與公共事務，決定自己的命運，經濟不會如以前一樣只把持在日本人手中，從今以後臺灣人可以自由地做生意。也不會再有屈辱人的差別待遇，我們不會再受限於民族或血緣的門檻，只有日本人能任主管、能為統治者，臺灣人再怎麼努力，卻無公平晉用或升遷的機會。

但這些期待，很快隨著陳儀政府的措施，煙消雲散。陳儀設置貿易局，將所有的生意握在手中；設置專賣局，踏襲日本的專賣制度。而人事的安排，在民族及血緣的高牆推倒後，陳儀豎立起省籍的高牆。從日本政府手上所接收的國營事業，主管率皆以外省籍人士擔任，資深的臺籍員工並無升遷機會；各地方警察局長，也是派任外省人，因為語言不通，開始產生嚴重問題。更不用說行政長官公署或各縣市政府的公務人員，簡任和簡任待遇以上的高階官員，外省籍人士比例高達百分之九十九點一八。

一道省籍的高牆矗立在那裡，讓臺灣人感受到只是再次淪為「被統治者」。

7-2 瘋狂的參選熱潮

身為律師，對統治者犯罪，恐怕只會更加敏感。開始傳出警察動不動就開槍傷民的事件，或是跟日本人買下的房子遭新政府充公等問題。這都是民間與統治者的衝突，而統治者擁有權力、擁有武力，若不依法治而為，該如何是好？

一九四六年年初，出現一連串民眾遭軍警開槍的事件，二月二日媒體披露左營士兵開槍擊斃平民百姓、二月二十一日海軍軍人以手槍威脅區長、四月三日警察開槍殺人。擁槍的軍警，成為社會秩序混亂的源頭。警察是法紀及社會秩序的維持者，該保護人民生命財產，卻反而傷害人民。

連宗身為法律人，對這些法治亂象非常憂慮。一則首席檢察官帶頭貪汙的行為，更讓應該公正廉明的司法系統蒙塵。《民報》一九四六年二月二十一日刊載，臺灣高等法院首席檢察官蔣慰祖，來臺履職沒多久，便濫用職權封押民船，裝載了白糖到福建地區販賣，和商人勾結，圖謀私利。

檢察系統是國家偵察犯罪的機構，負責起訴犯罪，首席檢察官更是整個檢察系統的首長，非德高望重、清廉自持的人格者，無法擔任如此重要的職位。但官箴敗壞至此，實在是令人想不到的。

連宗先生看到中國貪汙的陋習進到臺灣，甚至影響了地方司法的運作。此時也不禁思考個人可以做什麼？

這是他人生第一次，思考參選民意代表。對連宗先生而言，臺灣社會所衍生的新衝突，或各個面向的失衡，乃至法治社會的危機，已不是個人在律師角色上可以改變的。他必須踏出去，從政治上著手，才有可能改變這不斷向下墜落，及臺灣人才不受重視的現況。

思考清楚問題的癥結，他決定投入四月即將到來的臺中市參議員選舉。

1946 年臺中市參議員選舉投票現場（出處：《臺灣省民意機關之建立》，1946 年出版，國立臺灣大學圖書館 提供）

1946 年臺中市參議員選舉投票（出處：《臺灣省民意機關之建立》，1946 年出版，國立臺灣大學圖書館 提供）

當選省參議員

是上天對他另有任務安排嗎？臺中市參議員的選舉，連宗先生落選了，但他繼續投入省參議員的選舉。

縣市參議員是由各地鄉鎮區民代表投票選出的，的確，連宗先生從未在地方上有所經營，不若在日本時代已當選街庄市會議員的候選人，已有相當民意基礎。而省參議員是由各縣市參議員投票選出的，看到臺中市參議員的當選名單，連宗先生相當有信心，因為這些人大多認識他，是知道他的專業、人格與歷練的。

這場選舉，盛況空前，只選三十名省參議員，候選人卻高達一一八〇位。

由於行政統治系統，幾乎沒有臺灣人參與的機會，唯一政治參與的出口，就是民意代表，所以臺籍菁英，瘋狂投入這場臺灣本地最高民意代表的選舉。

報紙所公布的候選人名單，密密麻麻的，像是一份臺籍人才的清單，知名人士無不在列。其中競爭最激烈的三個縣市，依序是臺南縣、臺中縣與臺中市。

臺南縣選四席，候選人四八一人，當選機率只有百分之零點八；依人口比例臺中縣也是選四席，候選人卻有二八四位，當選機率百分之一點四。至於臺中市，四月一日報載候選人是四十一名，到投票前一天四月十四日公布的名單，又擴增到五十四名，但因為只選一席，所以當選機率是百分之一點八。

一起競爭省參議員的臺中市候選人有市參議會議長黃朝清、醫師巫永昌、牙醫師張深鑐，同樣執業律師的張風謨、童炳輝，另有早稻田大學畢業的法學士莊天祿、中央大學法學部畢業的賴遠輝，以及畫家藍運登等，真的是人才濟濟，競爭激烈。

一九四六年四月十五日投票結果，林連宗當選省參議員，代表臺中市唯一的一席。負載著人民的期待，胸中有著無數對臺灣改革的建言，踏上戰後的從政之路。

1946.05.01 臺灣省參議會第一屆大會成立紀念照（林信貞 提供）

臺灣省參議會漫畫，議場位於原臺灣教育會館（今二二八國家紀念館）。（《臺灣新生報》1946.05.01 四版）

1946 年省參議員優待乘車證（廖英豪 提供）

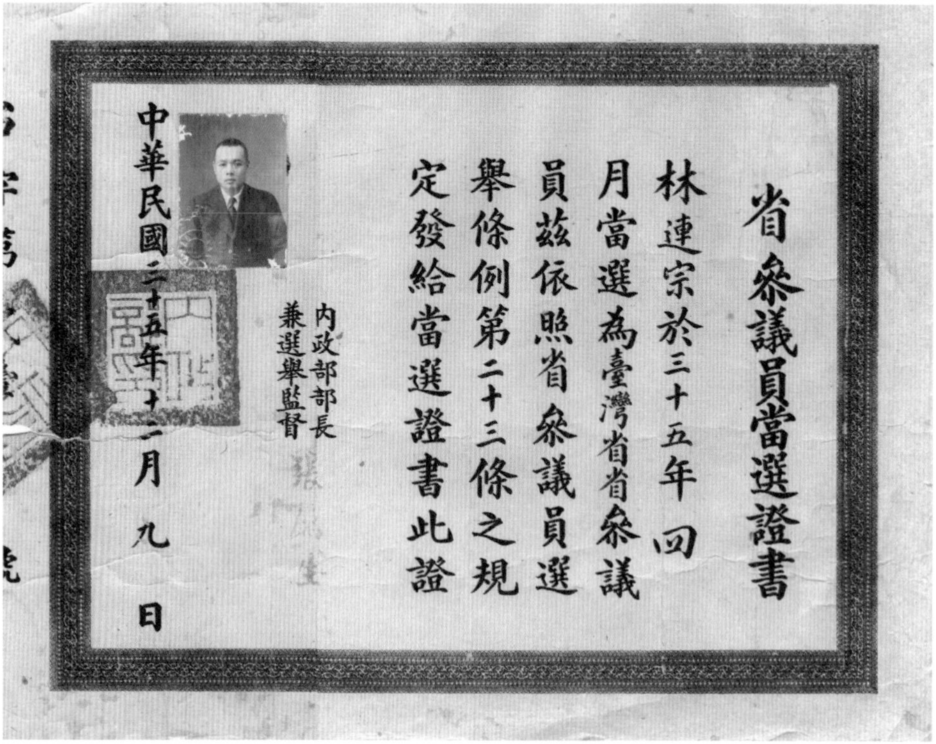
省參議員當選證書

林連宗於三十五年四月當選為臺灣省省參議員茲依照省參議員選舉條例第二十三條之規定發給當選證書此證

內政部部長
兼選舉監督

中華民國三十五年十二月九日

1946 年 4 月林連宗省參議員當選證書（林信貞 提供）

7-3 報紙放錯相片

五月一日省參議會開議，臺鐵以一輛豪華頭等列車，沿線搭載各地的省參議員北上。連宗先生一上車，就被媒體堵住，閃光燈閃個不停，相機喀擦喀擦聲此起彼落，媒體訪問他：您已當選省參議員，請教您要如何使臺灣的未來更好、更理想？

連宗給女兒信貞寫的信，再現了這個場景，他說：

很多報館的攝影記者上來取材照相……一直請教說如何把臺灣處理得更好，父親很明快地回答他們。……父親當了參議員，為了臺灣六百萬的省民，如何做才能使臺灣省民幸福，這個事情我很熱切地在想，一定要向政府進言。

五月一日《臺灣新生報》以整版報導了對三十位省參議員的訪問，斗大的標題是：「協力建設民主臺灣」，報紙上記錄著連宗先生的抱負：

民主政治既為世界潮流，中國即應努力於民主政治的確立。議員係民眾所選出，吾等誓當努力以民意傳達政府，並使人民協助政府。

現今對臺灣最重要的是什麼？其實就是確立民主政治，無法行民主，無異背離世界潮流。

此外連宗先生深切把握民意代表的角色，既由人民所選出，權力來自人民所賦予，職責便應將民意確實傳達政府。而能聽懂民意的政府，依民意而為的政府，就不會是與人民對立的政府。

在這份別開生面的全版報導中，第一次有機會看到每個省參議員的照片，以及他們對臺灣未來的思考。但沒想到連宗先生的照片卻弄錯了，編輯臺的作業出了錯，在他的名字及發言內容中，放了別人的照片。

做為一個政治上的新人，顯然媒體還不那麼認識他。

只是沒想到短短幾日內，連宗先生竟成為媒體評論欄，最常點評的政治人物。而他的質詢內容，一再成為報紙醒目的標題，在各個議員的發言中突顯出來，受到相當矚目。

媒體緊盯議會

開議第一日，重頭戲便是正副議長的選舉，領導臺灣議會設置請願運動的林獻堂先生，德高望重，無疑是眾望所歸。但沒想到投票前，林獻堂卻主動站起來聲明說：「因我年歲實在過大，身體不堪負荷，希望各位別選本人擔任議長！」

大家面面相覷，知道背後有不尋常原因，也或許多位議員已接到當局的特別關切了，要他們配合投票。執政當局運作議長人選的痕跡，赤裸裸地展現在林獻堂的發言中。

選舉結果，議長當選人為黃朝琴、副議長為李萬居，皆為半山。這些人並未在日本統治下一起為臺灣人的平等自由奮鬥過，對抗專制統治的努力與犧牲，也沒有他們的身影。那他們知道此刻臺灣人的心緒嗎？知道臺灣人最難忍受的差別對待嗎？又會與我們同一心緒爭取真正的民主嗎？

其實當那輛豪華列車，飛馳在縱貫線上時，民眾知道，這是只有日本時代皇族來才會搭乘的列車，此時再度現身，搭載的是省參議員。有人開始抱著懷疑的目光了，媒體也察覺到，而在短評中諷刺：我們要看看這些議員是為民喉舌，還是只聽命當局，被摸了頭不說話。

《民報》在五月二日的「熱言」欄評論這次的議長選舉：

議長的選舉，雖有暗中猛烈的策動，但投票人的意志，誰也不得束縛。
參議員諸君啊，你們一出手就出了醜，請你們不要忘記背後有千千萬萬的主人在監視著。
參議會既是民意機關，當然要反映民意，橫溢著民氣才對。
議長當政府代言人，答辯參議員的質詢，這成個什麼樣子？
這回的參議會，似有官氣壓倒民氣的傾向，民眾的監視，不許少。

媒體對正副議長的選舉結果冷潮熱諷，主要是其取得權力的正當性與來源有問題。如果來自民意，很自然地會以民意為依歸；但若是來自當權者，這個議長還能維持監督政府的角色嗎？他主持議事可否公正？而當民意與統治者有衝突時，他又站在哪一方呢？

人民好不容易盼到臺灣最高民意機關省參議會開議，多少的問題要反映，無數的心聲要傳達，立即的改革要啟動。而此時最要監督的就是議長，千萬不能成為當權者的傳聲筒。媒體張開他的眼，也準備他的筆如劍。

開議的第一天，民眾翻開報紙，斗大的標題寫著教育處長范壽康公開演講時說：「臺灣人完全奴化了。」這句話深深刺傷臺灣人的心，日本人來，動不動罵臺灣人「清國奴」；中國人來，又罵臺灣人「奴化」，臺灣人要承受這種屈辱到什麼時候？范壽康的發言在議會惹起軒然大波，郭國基提出應該抗議教育處長侮辱本省人的言論，並要求他前來議會說明。經討論後由議長指派郭國基及蘇維梁兩人調查此事，之後再行討論。

7-4 為民眾淚流

國民政府來臺已半年多，各種弊端叢生，人民引頸期盼，盼議員能夠發揮言責，這點連宗先生深深瞭解。所以「如何使六百萬省民幸福」是他不斷思考的，「一定要向政府進言」是他正積極準備的。

結果議長黃朝琴在主持議事時，將議員的發言時間限縮為五分鐘，而且針對同一個議案只限發言一次。這顯然違反議事規則，因第二十六條的規定是：「對一議案之發言不得超過兩次，每次不得超過十分鐘。而若主席允許則不在此限。」

所以不只議員的發言時間被砍掉一半，交叉質詢也沒有機會。法條所賦予議長的職權，原本是可以打開更大質詢可能的，時間及次數都可以，但黃朝琴不僅沒有，甚至反過來限縮議員的發言時間及次數。

黃朝琴的作為，引起議場內的鼓譟。議員認為這使他們的發言內容，沒有辦法完整，更嚴重的是，沒有辦法真正質詢官員。可知背後的歷史心緒？誠如郭國基所言，這可是被壓抑了五十一年的聲音啊。

議員們忿忿不平，滿腹之言、振衰起弊之議，無法有效表達。會後媒體於現場訪問林連宗，他相當難過，受訪時表示：「我們真對不起人民，真的對不起人民……」說著說著，不禁留下淚來。

他對民心的體會，對人民盼望的承擔，沒想到心中的熱言，湧至喉頭，卻因議長更改議事

◇◇◇發言要求の巨手林立◇◇◇

要求發言的巨手林立（《臺灣新生報》1946.05.03 四版）

省參議會花絮（二）

△大會的第二日、上午爲施政總報告、黃議長開幕、一上台即辯解他並非當局的「代言人」他是立在民衆的立場做事 可是、他的辯解的言辭、還未完全離開咽喉、他已用了他的實踐、證明他的「真相」了。他的第一的實踐、就是「命令」議員一次的發言、要在「五分鐘」以內、對一議案之發言、只得一次。

△按、「省參議會議事規則」第二十六條、規定「省參議員對一議案之發言、不得超過二次每次不得超過十分鐘、但經主席特別許可者、不在此限。」你看！黃議長是何等尊重議員的「發言」呵！他把「議事規則」的最低限、還要打個折半、好一個「立在民衆的立場」的議長！

△對此議長的壓迫議員的言論的「實踐」、如林連宗參議員、悲憤慷慨、在記者的面前、竟滔滔地流出淚來、林氏說、「我對不住民衆、我對不住民衆。」他的真摯誠實的態度、令人興奮、黃議長！你的「作法」已看着「成功」了！

△下午將要分組開始審查會時、大會的辦事人員、奉着一把的請帖送議員諸公、聽說就是范教育處長的「請酒」的帖子、一個參議員高聲喊道 「這位甚麼處長、他還不知道我們昨天的決議嗎！」記者按、昨天的決議就是指那謝絕招宴的決議

△下午的分組審査會、記者在第一組（政治組）拜聽、可是、只分配議案 就費了近一小時、記者不得已乃退出、會場之外、却四周籠罩着黑暗的雨雲。

媒體報導林連宗因議長限制發言，民情不得伸張而淚流。（《民報》1946.05.03 二版）

要握緊貪官污吏
別讓他們從指縫溜去
參議會

報紙以漫畫表現「要握緊貪官汙吏，別讓他們從指縫溜去。」（《臺灣新生報》1946.05.05 五版）

規則，而無機會表達。跟女兒信中所說的：「為六百萬省民的幸福……一定要向政府進言。」遭到如此挫折。

連宗先生的真情摯性，受到媒體注意，也點燃了媒體對此一不合理發言時間的批判。隔日報紙評論與專欄都報導了連宗先生難掩悲傷之情而掉淚，人民深受感動，媒體也為之動容，形成一股要求黃朝琴主持議會時，必須回歸議事規則的強大民意。

何以不用臺籍員警

每日省議會開議，都有民眾湧入，把會場擠得水泄不通。還好五月初，涼風徐徐，狹小的會場稍可忍耐。

省議會開議第四日，議長黃朝琴請了病假。從開議以來，罷免他的聲浪沒有停過，黃朝琴因為是由臺北市選出，臺北市議會甚至開會，提出罷免案。有人對記者說：「黃議長之病你們記者團要負責，是你們的筆鋒太銳利了。」才四天，黃朝琴似已招架不住，由副議長李萬居代理。

今天，由警務處長胡福相報告。警察的問題可是大問題，各個議員滿載著民間心聲，亟欲讓當局做出改變。

《臺灣新生報》一九四六年五月五日，抓了連宗先生的質詢做五版頭題：「本省治安需加緊增強／警察非法尤宜嚴重處罪／高級幹部可登用本省人」。因他的質詢理性有力，能說出人民的感受，若官員有粉飾太平之處，他也能揪出問題，因此受到媒體相當關注。

一、警察本負有維持治安保護民眾的責任，但最近情形警察動不動便開槍威嚇民眾。舉一個實例，報載基隆水上警察分局長持槍橫行，似此胡為，民心何安？不知能否設法防止？

二、以人道立場來說，警察檢舉犯人要嚴正盡責，不可濫施暴行，更不可嚴刑拷打，勒迫成招，採取威嚇政治的方法，這點希望能改善。

三、剛才胡處長報告說，犯罪的檢舉破案，成績達百分之六十五，這樣便叫做很好嗎？犯罪檢舉的成績，就是達到百分之九十五，也不能說是好。比方一百件犯罪中五件是強盜殺人，其餘九十五件是小偷與普通違警，破獲了九十五件小案，卻放下五件強盜，這樣也是百分之九十五，難道可以說是成績很好嗎？所以本員的意見，第一需加強警察力量，要加強警力最好的方法，警察的高級幹部，要採用本省人。蓋本省人，人地熟識，處事自易。倘若用了年輕的外省青年，不特年輕不知人事，經驗不足且人地生疏，處理警務，焉能裕應付如呢？

本省治安務須加緊增强 察警非法尤宜嚴重處罪

高級幹部可登用本省人

省參議會五月四日舉行第四次大會，是日天上微雲，清風習習，國旗飄揚，山川輝映，呈現一幅大自然的蒸春圖畫，本日為警務報告，先由大會秘書長連震東報稱：(一)正議長黃朝琴因病缺席，依法由副議長李萬居為主席，(二)議員出席二十八名缺席二名（黃朝琴，劉傳來）乃朗讀警備司令部，臺南縣參議會，高雄縣長，臺中市長等處對參議會之祝電及宣讀大會致蔣主席及中共之電文，最後報告昨日各議員對柯參謀長之詢問及其答辯之紀錄，八時十五分議員劉傳來遲遲始到，本日上午出席者除議員二十九名外，有警務處長胡福相，長官公署參議吳俊明（胡處長通譯）各報記者來賓傍聽者共約百餘人，八時二十分胡處長出場報告警務，經過通譯，歷費二小時始畢，遂由議員開始詢問。

參議會第四日

林連宗（一）警察本負有維持治安保護民衆的責任，乃最近情形警察動不動，便要開槍威嚇民衆，舉一個實例報告某陸水上警察分局長持槍橫行，似此胡為，民心何安，不知能否設法防止，(二)以人道立場說警察檢舉犯人要嚴正處實，不可濫施暴行，更不可嚴刑拷打，勒逼成招，採取威嚇政治的方法，這點希望能有改善，(三)剛才胡處長報告說：犯罪的檢舉破案，成績達百分之六十五，這樣便叫做很好嗎？犯罪檢舉的成績，就是達到破案百分之九十五也不能說是好，比方一百件犯罪中五件是強盜殺人，其餘九十五件是小偷與普通違警，難道破獲了九十五件小案放下五件強盜，這樣也是百分之九十五，可以叫做很好嗎？所以本員的意見，第一須加強警察力量，要加強警力最好的方法，警察的高級幹部，要採用本省人，蓋本省人，人地熟識，處事自易，倘若用了年輕的外省青年，不特年輕不知人事，經驗不足且人地生疏，處理警務，焉能裕應付如呢？

胡警務處長（一）警察違法胡行事，人民隨時可具事實，報告本處，倘查明屬實，自當嚴辦，至于基隆水上警察分局長事，現尚在調查中，蓋人民方面有理，或水上局長有理，黑白倘未分明，須調查明白後，方可辦理。(二)警察檢舉案件當不能濫用刑法，對于非法暴行的警察，希望提出具體的人名事實，交與本處，一經查明，自當追究，(三)我剛才的報告破案的成績百分之六十五，不是說這樣叫做滿足了，是說比較接收當時，成績好些，至于破案的比率，最理想的，要破了百分之百，最好，可是世界上任何政治完善的國家，也沒有超過百分之九十五的，所以關于破案的努力，我們絕不是，以這樣叫做滿足，至于任用省人為警察高級幹部的辦法，照現在的結果，警察訓練所訓練了不少簽出去，但卻也未見得什麼好成績，雖是如此，本人卻仍是把他們重用上，午十一時十五分休會。

嚴懲知法犯法官吏

警察人員年齡宜應提高

二時十分繼續開會

◆陳文石：明日去電蔣主席慶祝還都

◆決議：通過，交秘書處起稿

◆高恭：澎湖至高雄間旅行需要通行證何由？請速廢除

◆答：過去因有日俘日僑滯留關係而有此辦法，但現已廢除此令。鹽因交通關係，澎湖高雄二縣尚未接到命令，可速令其廢止

◆林為恭：一，治安不良原因何在？二，積極處分貪官污吏有何辦法？三，各地警察機構不與地方政府合作可否使其聽從縣，區長命令？四，昇用原有臺籍優秀警吏如何？

◆答：一，原因有內在的，與外在的。內在的原因，有警吏人數不足，訓練期間過短而素質不良，警察隊設備（如電話，汽車，警艇，軍用狗等）都甚不完備，等，外在的原因有生活困難，失業嚴重，外來流氓增加等問題而來之犯罪增加。二，公務員貪污原因一部份應由人民負責使其不得貪污。但警察亦負其檢舉之責，並希望輿論糾彈與一般人民之檢舉。三，各縣，區長照法律規定可指揮，監督警察局局長或所長，但無任命權。局，所長若有不聽從指揮時，可以究辦。四，此辦法業已有之。對原有臺籍警察成績優良者已予昇用及調訓，並且一年有二次考核

◆洪約白：據上午報告，半年中案件只有九千件，但實際上卻有九萬件以上，請不要少報

◆答：此數目係根據報告而來者，其他不報告案件究竟有多少，不得而知

◆洪約白：人民不報告者，係因警察檢舉成績惡劣（約百分之三），使人民感到報告也無用

◆韓石泉：今後對維持治安有何辦法？

◆答：一，清查戶口。二，組織各縣市情報網。三，權用原來警察。四，劃分警管區使各該管區警察負責。五，嚴厲考核並切實檢舉警察（設巡邏使）六，訓敎

致蔣

南京國民政府主席蔣延期舉行，全國恨感下，自應一心一德，本會第一次大會全令中共提出國大代表大會，藉謀國是，最，寔現民主，如中共，誰是誰非，國人定等，黍為臺民喉舌，特肅電呼籲，敬祈察一屆大會晨江卯

林連宗詢問警務處長胡福相：警察動不動開槍威嚇民眾，如此胡為，民心何安？並要求高級幹部登用本省人。（《臺灣新生報》1946.05.05 五版）

《臺灣新生報》以漫畫「舌戰前的沉思」，表現林連宗〈左二〉發言前的神態。
（《臺灣新生報》1946.05.06）

胡警務處長的答覆是，加強警察力量一年內可以完成，登用本省人士，並不是一下子能做到，現已登用不少本省人。但這回答實在有遠水救不了近火之慨，警察問題叢生，竟要一年才能完成改善，日本時代留下來的資深臺灣員警，就待在各個警察所內，只是不被拔擢，竟回答登用本省人士，不是一下子能做到的。

這問題實在太嚴重，林獻堂繼續質詢：

現在的員警年輕而無常識，自己知識不夠，哪裡能夠辦理社會發生的事件？當然需要相當訓練，且能夠定在二十三、四歲以上才好。警員不可以語言不懂為口實來糊塗工作，做為工作不進行的原因。現在員警有沒有學本地話呢？

透過林獻堂與林連宗的質詢，可以瞭解各地的員警以年輕的外省籍人員擔任，出現嚴重的語言及溝通問題。至於警務處長的回答是什麼，從報紙上看不到，只見媒體諷刺，警務處長的回答實在太冗長了，簡直像警察學的講義，以致郭國基在議場大喊：「不要答覆了，趕緊實施就好！」

而林獻堂今天的質詢真摯有力，而且理路清晰，滿場為之傾聽。關於議長選舉事件，媒體不放過繼續揶揄他的機會：「他說因年邁勿選他為議長，顯然是謙讓了。」

民眾緊盯著對省參議會的動態，各個議員的表現，都成為民眾關切及評比的對象。其中民眾對郭國基及林連宗的喝采，像雪片般地寄到報社。民眾的迴響，確實讓林連宗受到莫大鼓勵，他一人隻身在臺北開會，睡前難掩心情起伏，總會提筆跟女兒信貞寫信，講講心裡的話：

信貞請放心，父親是很認真、很誠實地為省民的幸福著想，也是我必須完成的責任。……至於父親的所為，每天都有激勵的電報或電話打來，讓我非常感激。

重光先生（五月）五日來我這邊，七日回臺中，他也是專程為了激勵父親而來的。臺北的情況，重光先生回去臺中，會到家詳細地告知你們。

請愉快地過日子，父親把經驗加以活用而奮鬥，故請放心。

五月八日　父寄

「把經驗加以活用而奮鬥」，我們看到戰後法律人從政，將自己的歷練與專業奉獻於公共事務的歷程。而連宗先生確實步步就自己所能，積極地奮鬥著，希望改變傾頹的現狀。

7-5 反擊奴化說的挫折

〈加強監視省參議會〉，一九四六年五月八日《民報》斗大的社論標題如此寫著，看來是發生不尋常的事了。

原來是反擊教育處長范壽康的「臺人奴化說」，最後竟在省參議會裡敗下陣來。這件事挫折之大，讓臺灣社會相當不以為然，而連宗先生在給女兒的信裡，更是黯然神傷。

早在省參議會開會第一日，就已做成決議，由郭國基與蘇維梁議員負責調查范壽康的「臺人奴化說」。這段期間兩人前往行政幹部訓練團，拿著《民報》的報導內容，詢問當天聽演講的四九五名學員，這份報導的內容是否屬實？學員們認為除了完全奴化的「完全」兩個字需要拿掉外，其餘報導都是正確的，還推派了代表簽署聲明書以示負責。

調查告一段落，就在省參議會開議的第七日，正是教育處長范壽康負責報告且接受質詢的日子，焦點自然聚集在他的失言風波上。

結果范壽康的回答是，由於當天沒有翻譯在，是誤會他的語意了，他有演講稿，希望可以在議會上宣讀。此時護航的議員一個個登場，先是議長黃朝琴提緊急動議，說是劉傳來（嘉義市選出）有書面動議，請秘書長宣讀。劉傳來說處長絕不會說像報紙所報導的愚劣之言，而且在大操場，沒有通譯，可能是學員聽錯，他建議請處長提出演講紀錄，刊登在報紙上，可以解消民眾的誤會。

隨後韓石泉（醫師，臺南市選出）立即起立，表示贊成劉傳來的動議，黃議長便順勢宣布交付表決。一連串為教育處長護航的行動，搭配得剛剛好，像套好招一樣，節奏明快，毫無猶豫。

重新投票時，竟然有二十四位議員舉手贊成劉傳來的提議，而維持原議，認為教育處長應該道歉的，只剩下四個人：林連宗、郭國基、王添灯、林日高。

一場已調查清楚的失言風波，竟被劉傳來的提案全盤推翻。而其中擔任調查委員的蘇維梁，竟也投票否定自己所調查的結果，更是大傷。隔日《民報》的「熱言」欄重批劉傳來：

本省人完全奴化了
"哲學"處長如是"認識"
團員憤慨決嚴重抗議

（本報訊）台灣省行政幹部訓練團員，因日昨省署范教育處長壽康，在該團演講中放言謂：一、台胞有抱着獨立思想 二、排擊外省工作人員 三、有以台治台之觀念 四、台胞完全奴化 五、台胞對于本省諸工作表示傍觀態度 云云、對此、荒謬謠言、和中傷言辭、全體團員莫不抱着憤怒而熱烈反對、為要矯正其荒唐和輕蔑並喚起全省民眾之注意起見、該團員、決定於本一日、在該團講堂開團員大會、將提出抗議書要求范某釋明演講內容云。

（又訊）對范某此次侮辱台胞之謠言謬論，一般省民聞之，莫不大為憤慨，論議紛紛，將見有所表示、並希望開會中之省參議會對此事情、嚴重調查、徹底追究責任之所在云。

《民報》1946.05.01 二版

范處長暴言證實
郭、蘇兩參議員調查完了

（本報訊）范教育處長之侮辱本省人暴言問題、自本報刊登後、各方議論囂囂、適開會中之省參議會、亦視此為重大問題、在第一日會議中決派郭國基、蘇維梁兩參議員詳細調查昨二日下午四時郭國基，蘇維梁兩氏與各報記者前往行政幹部訓練團，將該團學員數百名、集合在講堂，郭省參議員登壇對本報所載新聞稿、逐條詢問各學員皆一致答覆此為事實、後郭省參議員、要求學員提出聲明書、全體學員即刻推[illegible]將所調查結果報告於省參議會以期徹底追求其責任云。

柯參謀長電賀
省參議會成立

（本報訊）本省警備總部參謀長柯遠芬昨二日電賀本省參議會成立、原電如下：「清延窳敗、訂

《民報》1946.05.03 二版

「臨時製造的紀錄，故不足以掩飾暴言，竟有動議要發表於報紙的議員，醜極！醜極！」

這樣的結果，臺灣社會難以接受，而對連宗先生而言，更是難以置信，他所尊敬的政治上的長輩，或在日本時代參與自治運動的學長，竟然無視於調查結果，反而為教育處長護航。

信貞，父親只做正直的事，不誠實的事絕不會做。世上中有雙重人格的人很多，看八日的民報就會了解。教育處長的適任與否，由二十四名的議員決議，結果教育處長不是惡人。這二十四名議員內，父親沒有參加。

「有所不為」的堅持，展現在他生命的個個時刻。也是只有在跟女兒寫信時，他會吐露心中真正的感受，「世上有雙重人格的人很多」，他驕傲地告訴女兒，這二十四名議員，父親沒有參加。

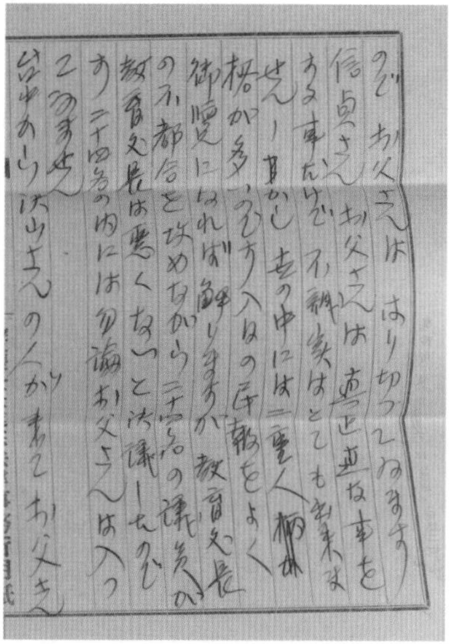

のでお父さんははっきり切ってやります
信貞さん　お父さんは正直な事を
する事だけで不誠実はとても出来ま
せん！世の中には二重人格（人柄）
格が多うございます。八日の民報をよく
御覧になれば解りますが、教育処長
の不都合を攻めながら二十四名の議員が
教育処長は悪くないと決議したので
す。二十四名の内には勿論お父さんは入っ
ておりません

林連宗給女兒信貞的信，流露出對反擊臺人奴化說的挫折。（林信貞 提供）

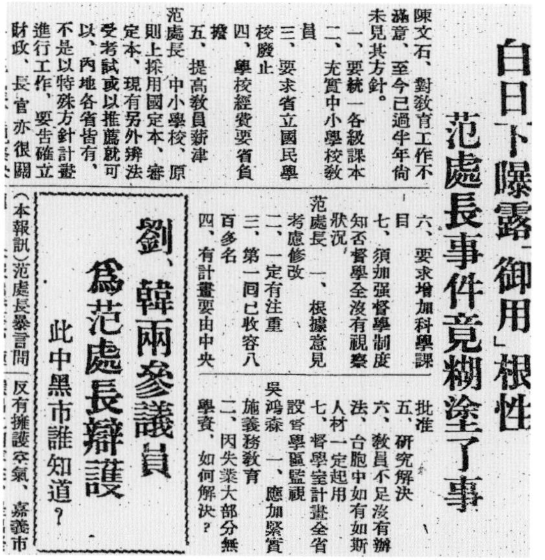

自日下曝露「御用」根性
范處長事件竟糊塗了事

陳文石、對教育工作不滿意、至今已過半年尚未見其方針。
一、要統一各級課本
二、充實中小學校教員
三、要求省立國民學校廢止
四、學校經費要省負擔
五、提高教員薪津
范處長　中小學校、原則上採用國定本、審定本、現有另外辦法受考試或以推薦就可以、內地各省皆有、不是以特殊方針計畫進行工作、要告確立財政、長官亦很關

六、要求增加科學課目
七、須加强督學制度知否督學全沒有視察狀況，
范處長　一、根據意見考慮修改
二、一定有注重
三、第一回已收容八百多名
四、有計畫要由中央批准
五、研究解決
六、教員不足沒有辦法、台胞中如有如斯人材一定起用
七、督學室計畫全省設督學區監視
吳鴻森　一、應加緊實施義務教育
二、因失業大部分無學資、如何解決？

劉、韓兩參議員 為范處長辯護
此中黑市誰知道？

（本報訊）范處長暴言問〔題〕反有擁護空氣、嘉義市

議會追究教育處長范壽康的「臺人奴化說」，最後不了了之，媒體批部分省參議員如「御用」。（《民報》1946.05.08 二版）

7-6 律師站上質詢臺

連宗先生因是律師出身，他的法律素養及專業，在臺灣摸索民主的時刻，顯得特別重要。幾天下來議員採輪流發言的方式，很難獲得官員的具體承諾，這時林連宗對高等法院院長楊鵬的質詢，因同為法律人，專業對專業，條條質詢獲得明確回覆，取得相當實質的戰果。

不管是日本時代從事民族運動的政治犯，應該大赦；或釋放戰爭期間受經濟統制令壓迫的人，都具體獲得高等法院院長楊鵬的承諾。此外還有司法權能否真正獨立？連宗先生步步質問：「何以拘捕公務員時，仍須請示長官？何以法院的判決結果，仍須請示中央？」

媒體對這次的質詢給予高度評價，而這天同時也是開議以來民眾旁聽人數最多的一天。隔天五月十二日的報紙，不管是《臺灣新生報》或《民報》，都以頭題或最醒目版面，報導了這場質詢：

林連宗：依照長官公署組織條例第二十三條，長官有指揮並監督中央直屬各行政機關的權力，關於這一部分，本人認為為了司法權的獨立，司法權不應該由行政機關指揮，如裁判權更不可以。

楊鵬院長：無論任何國家司法權皆獨立，只有司法行政方面才受指揮，裁判權是絕不受其他機關干涉的。

林連宗：日前聽說，有對各地方法院通令，要拘捕公務員時，除現行犯外，需要其長官及高等法院院長的准許，請問原因何在？

楊鵬院長：這是依據民國二十三年，由行政院發佈的一項條例，因恐發生冤枉，阻礙公務員執行職務而訂定的。

林連宗：據刑事訴訟法第一百三十一條規定，人民可以直接提出訴訟。但人民對公務員提出訴訟時，為何不能檢舉？

楊鵬院長：並不是不能檢

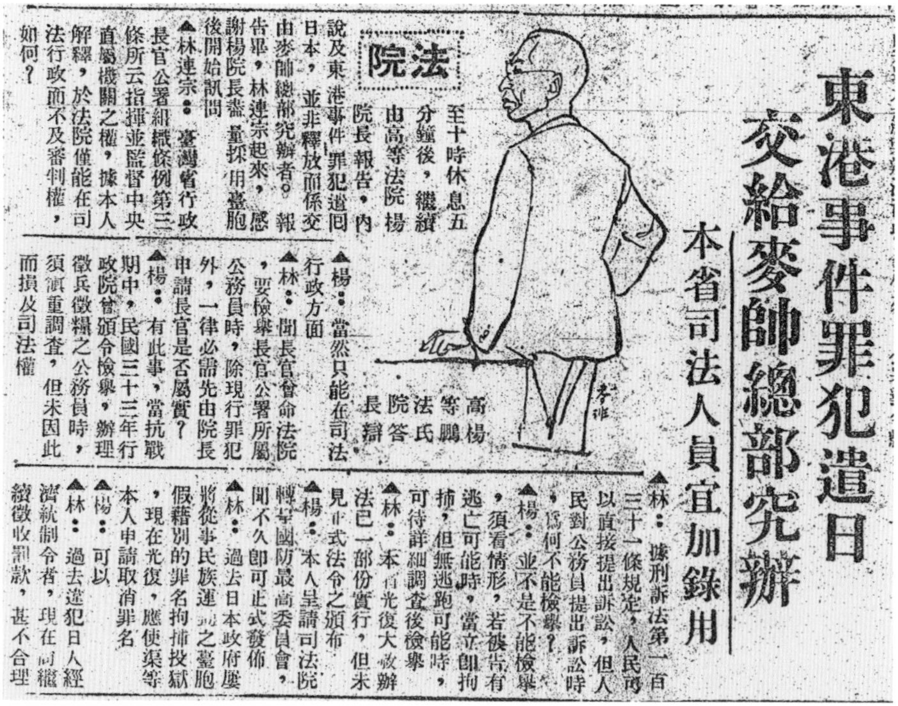

東港事件罪犯遣日
交給麥帥總部究辦
本省司法人員宜加錄用

法院

高等法院院長楊鵬氏答辯

至十時休息五分鐘後，繼續由高等法院楊院長報告，內說及東港事件罪犯遣回日本，並非釋放而係交由麥帥總部究辦者。報告畢，林連宗起來，感謝楊院長盡量採用臺胞後開始訊問

▲林連宗：臺灣省行政長官公署組織條例第三條所云指揮並監督中央直屬機關之權，據本人解釋，於法院僅能在司法行政而不及審判權，如何？

▲楊：當然只能在司法行政方面

▲林：聞長官曾命法院，要檢舉長官公署所屬公務員時，除現行罪犯外，一律必需先由院長申請長官是否屬實？

▲楊：有此事，當抗戰期中，民國三十三年行政院曾頒令檢舉，辦理徵兵徵糧之公務員時，須愼重調查，但未因此而損及司法權

▲林：據刑訴法第一百三十一條規定，人民可以直接提出訴訟，但人民對公務員提出訴訟時，爲何不能檢舉？

▲楊：並不是不能檢舉，須看情形，若被告有逃亡可能時，當立即拘捕，但無逃跑可能時，可待詳細調查後檢舉

▲林：本省光復大赦辦法已一部份實行，但未見正式法令之頒布

▲楊：本人呈請司法院轉呈國防最高委員會，聞不久即可正式發佈

▲林：過去日本政府屢將從事民族運動之臺胞，假藉別的罪名拘捕投獄，現在光復，應使渠等本人申請取消罪名

▲楊：可以

▲林：過去違犯日人經濟統制令者，現在尚繼續徵收罰款，甚不合理

媒體報導林連宗質詢高等法院院長楊鵬（《臺灣新生報》1946.05.12 五版）

舉，需看情形。當被告有逃亡可能時，當立即拘捕，但無逃亡可能時，可待詳細調查後檢舉。

林連宗：因日人過去所判決之犯人罪名常有不正，如思想犯以強盜犯處罰等，希望大赦時，應慎重研究調查本人確實的事情及罪名，以免使人民吃虧。

楊院長：來臺時就已感覺此點，最近還都後不久能發表大赦。

林連宗：過去受日人帝國主義強迫，違反經濟統制令的人很多，現因不能繳納罰金，多被拘留中，能否釋放？

楊院長：贊成，會想辦法請示中央。

林連宗：昨日嚴交通處長關於高雄之一案件，答覆曰：「八月十五日日本投降以後與日人之合同不發生效力。合約成立以前日人為俘虜無法律地位，不能確立合同。關於法院判決之效力，尚要請示中央……云云。」本參議員為要保護法院之立場，請院長發表意見。

楊院長：這事件本人初聞，當調查後回答。但法院所判決之事，非經正式手續上訴外，不得妨礙執行。

《臺灣新生報》的「會場花絮」欄，走輕鬆幽默路線，對議員常有生動的點評，此次提到連宗先生，但卻不是什麼檯面下的觀察或會後的花絮，而是如連宗先生的風格一般，實質地闡述他為人民所提出的合理要求。報紙是這麼寫的：

林連宗先生提出兩點合理的要求，（一）日本時代對於許多政治嫌疑犯，不是以「違反治安罪」來處罰，就是藉口「強盜預備罪」，所以將來大赦時，應該准許政治犯申請。

（二）中華民國三十五年五月十二日

省參議會第十一日

前經濟統制違反者 不久可能從寬赦免

楊高等法院長答

（本報訊）省參議會第十一次大會、昨十一日上午八時再開、到參議員二十九名（黃朝琴欠）暨省署王會計處長、楊高等法院長、法制委員會方主任委員、台灣大學羅校長外數名、傍聽者擁擠爲、開會以來最多

林連宗　日前有聽說、有對各地方法院通令要拘捕公務員時、除現行犯外須要該長官及高等法院長之許准事、原因何在？

楊院長　這係據民國二十三年由行政院發佈之一條例、就是因恐

參議員爲要保護法院之立場、請院長發表意見以解銷處長格之負責人誤會

楊院長　尚未得到消息調查一下、絕對沒有這樣的話、是處長之誤會

林連宗　民法第五編有

高等法院院長答應林連宗，可從寬赦免戰時違反經濟統制的人。（《民報》1946.05.12 二版）

五月十二日議場又從中山堂回到前教育會館，漫畫表現民眾「一句都不願漏聽」。（《臺灣新生報》1946.05.13 五版）

（二）對在日本時代許多違反「經濟統制令」的人，目前尚必須繳交罰鍰，應該予以廢除。

日本統治臺灣末期，自一九三八年起開始強化經濟統制，設置經濟警察，取締違反經濟統制者，並負責物資配給。經濟警察權勢極大，百姓被誣陷的狀況層出不窮。像嘉義詩人賴惠川的竹枝詞中所呈現的：「物資統制令初開，重罰嚴刑萬事哀，打得土番能產卵，請功急報上司來。」飼主所養的番鴨明明不會生蛋，但經濟警察卻誣陷飼主，認為鴨蛋被賣到黑市，違反配給制度。還好上面知道番鴨是有不會生蛋的，才將他釋放，但飼主已遭酷刑蹂躪。

林連宗對高等法院院長楊鵬的質詢，實問實答，兩人都獲得媒體高度肯定。《民報》除大篇幅報導外，也在「省參議會花絮」中評述兩人，他們認為楊院長的答辯熱烈且有魄力，能答應司法機關多採用本省人，讓參議員和旁聽者都感到滿意。而對連宗先生的評論是：「林連宗的詢問，完全表現分門詢問辦法的優點，假使是依舊有的所謂『輪流發言』，一定不能得到這樣充實的內容。」

輪流發言恐怕只淪為各抒己見，議員說得高興，卻無法從當權者身上取得具體承諾。連宗先生這次的質詢，確實立下模範，也讓媒體及民眾同感振奮。因為省參議員，不就是該為人民追回被壓迫的自由與權利？而若司法權向行政權妥協，失去獨立性，如何懲治貪官汙吏？連宗先生的雙重的身分，律師與民意代表，讓他在議壇上，積極爭取並捍衛司法權獨立。

只是媒體也主觀地批評他：「可惜林氏在詢問中間，客氣話說的太多，我們以為那樣的客氣話是不必要的。」

媒體對他其實褒多於貶，但這描述也透露出連宗先生的個性與從政風格。他尊重高等法院院長楊鵬，因他代表的是機關、是政府，而不是個人。要攻防以前，彼此的尊重是絕對必要的。

連宗先生不像郭國基，人稱郭大砲，批判之言毫不留情，直搗政治意識的核心；也不若林日高那般凌厲，直戳做壞事的高官，讓對手一刀斃命。他就像律師在法庭上的辯論一樣，每一句話，每一問、一出手，都暗含取得對方重要回覆的功力。因對方的回覆，常就是官司輸贏的關鍵，這也是律師出身者在質詢臺上很不一樣的地方。

連宗先生因出身專業法律人，當歷史機遇讓他成為民意代表時，他要如何從權力的一方，取回民眾該有的權益。今天，他沒讓大家失望。

信貞，如果妳聽到省參議員這個名字，就會覺得是很光榮的事。面臨議會時，心裡會有很苦惱的感受。父親會鼓起精神。

每日戰場在縮小的樣子，至少為了省民的利益，如果沒有的話，新聞會吵著要攻擊，民眾會激怒，很頭痛的事。就是為了這些很困擾，父親很幸運沒遇到這種事，而受到好的批評，所以請放心。十二日新生報漢文欄的漫畫有畫父親，有沒有像父親呢？

每日上午入場到下午七點，這麼長的時間，父親是很努力地加油。晚上要調查事情，大概到十二點才睡，明天六點又起床，所以睡眠不足。加上那個時候一直坐著工作，飯也沒空吃，所以瘦了很多，但是還是很健康，請放心。

在臺中有很多人論述父親的事情，每天有很多不認識的人打電報或寫信來鼓勵父親。

父親來到今天是第十六天了，每日非常忙，所以無法寫信給妳，覺得很抱歉！信貞妳不太寫信，也覺得很

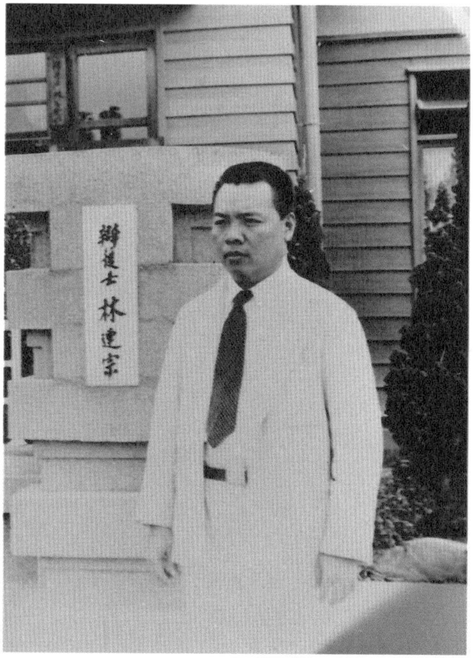

林連宗以律師專業擔任省參議員（廖英豪 提供）

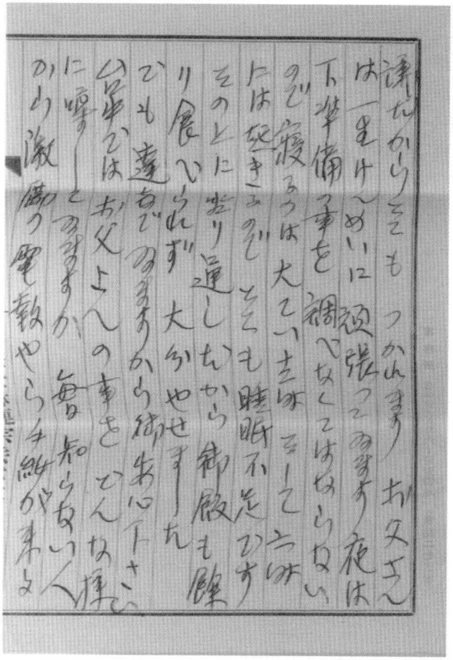
済んだから とても つかれます お父さん
は一生けんめいに頑張って居ます 夜は
下準備の事を調べなくてはならない
ので寢るのは大てい十二時 そして六時
には起きるので とても睡眠不足です
そのうえに坐り通しだから御飯も[illegible]
り食べられず 大分やせました
でも達者で居ますから御安心下さい
台中ではお父さんの事を いろんな様
に噂して居ますが 毎日知らない人
から激勵の電報やら手紙が來ます

林連宗在信中提及：「父親是很努力地加油，晚上要調查事情，大概到十二點才睡，明天六點又起床，飯也沒空吃，所以瘦了很多。」（林信貞 提供）

可惜。父親大概十六日或十七日，我可能會回去，請妳等待。

十二日　父親寄

省參議會第一個會期，即將在五月十五日閉會。連宗先生離家在臺北，已兩個多禮拜，對家人的想念，難以言喻。但沒想到他竟是這般日以繼夜的工作，早上一進議會，忙到晚上七點，之後常要繼續調查事情，到晚上十二點方能休息，隔日一早六點多鐘又要起床。甚至忙到無法吃飯，短短時間，竟已瘦了不少。

確實是在家書中，我們才知道，在這民主啟動的過程中，在臺灣各處陷入政治惡劣的環境時，連宗先生個人戮力以赴的點滴。

第八章

危機時刻的行動

民意代表與律師的雙重身分，讓連宗先生每每在危機時刻，成為民意託付對象。法理基礎乃解決政治困厄的基礎依據，特別是當臺灣內部民意與為政者產生巨大落差時，連宗先生一次次被推派為代表，起身前往南京，將臺灣民意訴求中央，期能抵擋日益蠻橫的臺灣治理者。不論是國民參政員選舉不明票事件，或是臺籍律師資格需經重新認定的問題，連宗先生苦心奔波，一心一意，戮力希望改變臺灣不平的處境。

而此時政府與人民的對立，隱隱然如將爆裂的炸彈，在施政一年的總體檢時，連宗先生為文呼籲要能真實反映人民的意志，才不會是與人民對立的政府，而政權的鞏固不能靠武力，若如日本政府一般，終歸是失去民心，而是必須透過真正的民主。此音繚繞，歷史是明證。

8-1 民意沒有休會期

省參議會第一會期於五月十五日舉行閉幕典禮，這天同時選舉駐會委員。林連宗與吳鴻森、劉明朝、鄭品聰、李友三五人中選。休會期間，駐會委員仍須每兩週開一次會，聽取秘書處或各處首長的報告，並與之討論。政府的監督與民意的傳達可沒有休會期，特別是社會有重大事件發生時，得隨時前往瞭解。

七月間疫情嚴重，自日本時代已經根絕的霍亂、天花等疾病，又在臺灣張狂了起來。政府的公共衛生真沒做好，各地不斷有疫情傳出，民眾死亡的數字在攀升中，連宗先生職責所在，代表省參議會前往瞭解政府的防疫措施。

事情一件接一件來，實在是馬不停蹄，七月底，林獻堂以其年邁，實在不堪負荷議會一整天的會議為由，想辭去省參議員。以林獻堂先生的地位及聲望，若真辭職，無異政治風暴，此事非同小可，連宗先生因與林獻堂熟識，被公推陪同議長黃朝琴，一起前往霧峰慰留。頗經一番勸說後，才使林獻堂打消辭意。

這段期間，不像密集開議的日期，日日被公事所纏繞。有時連宗先生會帶家人一起北上，住在當時圓環附近的永樂旅館，同家人相處，是他最大的休閒，他喜歡孩子們熱鬧地同在一起，所以不只帶著女兒信貞，也把三哥的三個男孩一起帶到臺北住幾天。姪兒俊雄記得，圓環附近的油條特別好吃，叔叔還帶他們去圓山飯店，就是當時的臺灣神社，他們在神社裡追著小鳥玩耍，開心極了。

女兒信貞記得，一九四六年九月二日恰逢她生日，父親帶她坐著省參議員的專用列車，來到省參議會。席間特別介紹她是林連宗的女兒，而且今天生日，沒想到議員叔叔伯伯們，大家一起跟她鼓掌慶賀，讓她感覺十分幸福、十分光榮。也知道父親有很好的人緣，知道他只有這個獨生女，大家對她很好。

林連宗先生（中立者）視察新竹南寮漁港（廖英豪 提供）

連宗父女合照於神社鳥居前（林清欽 提供）

8-2 澀谷事件

戰後，連宗先生所加入的三民主義青年團臺中分團，集結了中部地區各領域的菁英及青年才俊。其實臺灣人何嘗不想組黨？日本統治下都有過「臺灣民眾黨」了，戰後怎會不想組黨呢？但陳儀不給臺灣人組黨的機會，以致號召大家加入三青團的理由就是：「黨外無黨，團外無團。」有理想、想行動，只能透過既有的組織，因此三青團成為戰後參與公共事務，很重要的平臺。許多日本時代文化協會的成員、自治運動的推手及左派人士，都集結在三青團。臺中分團的知名人士包括文化界的推手、人脈關係活絡的中央書局經理張星建，作家呂赫若、巫永福，律師童炳輝、賴耿松，醫師石錫勳，安那其主義者陳崁及舊文協的林碧梧等，皆是重要成員並擔任幹部。

由於規模不斷擴大，也有了成立區隊及區隊長的選舉。《民報》在一九四六年七月十三日報導，三青團臺中分團舉行團慶，林連宗當選為第二區區隊長。第一區隊長為賴榮木（明治大學畢，臺中中區區民代表）、第三區隊長是陳聯美（教師）。

這項任命沒多久，因爆發「澀谷事件」，連宗先生即展開行動。

事情起因於戰後留在日本的臺灣人，因謀生不易，遂在黑市擺攤。日本攤商業者為了爭奪地盤雇用黑社會成員，將新橋的臺灣攤商趕走，而在澀谷黑市營業的臺灣人則常被日警取締。

一九四六年七月十九日，我駐日代表團為了保護僑民安全，以卡車載送這些攤商業者返回住居地，經過澀谷警察署前時，乘坐在卡車前頭的臺灣人與警察爆發槍擊。現場至少兩名臺灣人死亡，另有二十餘人輕重傷，此外還有四十人遭逮捕。何方先開槍無法確定，但一般認為，這是日警的鎮壓陰謀。

「澀谷事件」使臺灣人相當悲憤，同胞竟遭如此慘殺，而這不是單一事件，戰爭結束臺灣面臨國籍及身分的改變，臺灣人在異地受到各種不合理的對待。如在中國，臺灣人已非日本國民，但卻還是被當作敵對的日本人、戰敗的日本人，以致受到排擠、驅趕及搶奪財產；而在日本的臺灣人，已非殖民地的人民了，身分應等同於外國僑民。戰敗的日本，由美軍為主的盟軍佔領統治，所以臺灣人若犯罪，應與其他僑民一樣，不管逮捕或審判，都需經美軍憲兵部隊及軍事法庭處理。但日本政府卻仍以對臺灣人有司法管轄權自居，甚至採取暴力鎮壓及逮捕。

針對「澀谷事件」，日本不只越過司法管轄權，還以慘殺方式對待臺灣人，這自然激起臺灣人非常強烈的不滿與憤怒。

三民主義青年團臺中分團第一時間即展開行動，為「澀谷事件」致電盟軍總部麥克阿瑟元帥及我駐日代表團團長朱世明，電文內容為：

在日臺胞被殺慘案，激起公憤，日人此舉實侮辱臺胞，損我國威，懇請鈞長徹底究辦，

並從優撫恤，保障今後臺胞生命之安全，以符眾望。

對外如此處理，對內也要喚起各團體、民眾及輿論界的力量，務必給政府壓力，促請政府採取有效步驟。由於事關人權問題，連宗先生擔任主任委員的臺中市人民自由保障委員會，也於隔日召開「澀谷事件」對策會議，進一步號召社會各界發聲。

七月二十九日，連宗先生在臺中市參議會禮堂，主持這場會議，各界代表及記者三十多人與會，由他報告「澀谷事件」經過，他痛陳在日臺胞被日警非法槍殺，六百萬臺胞聞訊莫不痛憤。會中大家討論相當熱烈，決定三十一日假臺中戲院召開「澀谷事件」演講大會。演講者有市黨部指導員林金藻、市參議會副議長林金標、青年團主任張信義、《和平日報》社長李上根、婦女界謝雪紅、市商會理事長王金海及《新生報》副主任莊天祿。

在這場會議之前，連宗先生已聯合臺中縣人民自由保障委員會（蔡先於擔任主委），一起發電文給行政長官陳儀，要求政府必須強硬向日本政府問責。《民報》於七月三十一日報導電文內容：

東京日警非法槍殺同胞，聞訊之下，莫不痛憤。用特電請盟軍駐日總部麥克阿瑟元帥，我駐日代表團朱世明團長，東京領事林宛平，向日政府問責，徹底懲凶，撫傷恤死並保障不再有同樣事件發生。

連宗先生擔任重要角色的這兩個單位，一起對「澀谷事件」採取了臺灣人該有的主張，由於背後亦涉及在日臺灣人身分的轉換及法律地位的改變，連宗先生對此一事件著力甚深。透過民間力量不斷發聲，促使政府拿出具體作為，務必改善海外臺灣人受迫的慘況。

而此時的臺灣物價高漲，人民生活困難，貧戶嗷嗷待哺，情況堪憐。三青團決定每個禮拜做飯糰，救濟貧民，所需要的費用不對外募捐，而是全部由連宗先生及第二區隊的三十六個隊員捐充。此一義舉，能夠照顧到的貧戶，估計一六二戶，人數多至六六二人。連宗先生做為民意代表、人權組織及社會團體的領袖，盡他所能，期盼能改善人民的困境。

向麥帥、朱將軍通電
請對日政府問責
台中開澀谷事件講演會

【台中訊】台中市人民自由保障委員會主催之澀谷事件對策座談會、於二十九日下午三時、假市參議會禮堂舉行、到會各界代表及各報記者二十多人、由林主任委員連宗主席、聽席報告澀谷事件經過略謂：在日台胞被日警非法槍殺案件、六百萬台胞聞訊之下、莫不痛憤經熱烈討論、議決訂于三十一日下午三時、假台中戲院、由台中市人民自由保委會會同各團體機關開澀谷事件演講會是日演講者氏名如下、市黨部林金滾、市參議會林金標、青年團張信義、和平報李上根、婦女界謝雪江、市商會王金海、新生報莊天祿。

【又訊】關於澀谷事件、台中市、台中縣人民自由保障委員、日前業已電請行政長官轉盟軍駐日總部麥克師、我駐日代表團團長及東京領事、向日政府問責、徹底懲兇、撫傷恤死並保障不再有同樣事件發生、茲錄原電如次：

東京日警非法搶殺台胞、聞訊之下、莫不痛憤、用特電請盟軍駐日總部麥克阿瑟元帥、我駐日代表團朱世明團長、東京領事林定平、向日政府問責、徹底懲兇、撫傷恤死並保障不再有同樣事件發生、

林連宗主持「澀谷事件」對策會議，要求長官陳儀向日本政府問責。（《民報》1946.07.31 二版）

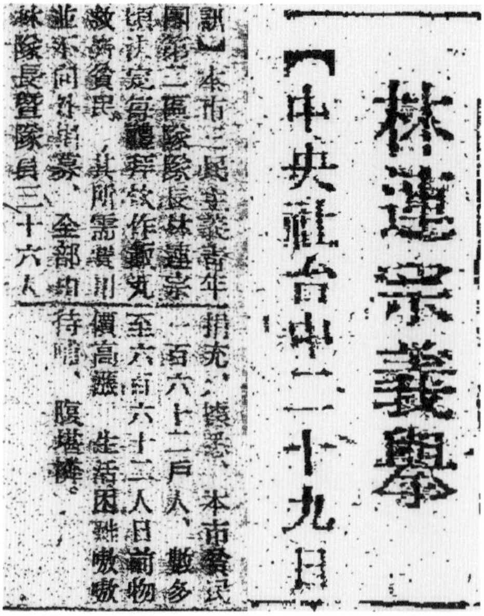

林連宗義舉

【中央社台中二十九日訊】本市三民主義青年團第二區隊隊長林連宗頃決定每禮拜做作飯丸救濟貧民、其所需費用並不向外勸募、全部由林隊長暨隊員三十六人捐充、據悉、本市貧民一百六十二戶、人數多至六百六十二人、目前物價高漲、生活困難嗷嗷待哺、腹堪憐。

三青團第二區隊長林連宗義舉，炊做飯糰救濟貧民。（《民報》1946.07.30 二版）

8-3 為此一年哭

《新知識》雜誌由張煥珪出資，中國大陸的文化人王思翔、周夢江、樓憲擔任主編，發行人是張星建，法律顧問由林連宗、蔡先於及童炳輝擔任，楊逵既寫稿也幫忙邀稿，由臺中中央書局出版。這本刊物，彷彿是臺中知識菁英共同的事，大家一起協力幫忙。

林連宗與蔡先於，還分別以臺中市及臺中縣人民自由保障委員會主任委員的名義，刊登廣告祝賀《新知識》創刊。

但這份刊物，僅發行一期，而且還未公開發行，就被臺中市政府派人在印刷裝訂所查封沒收。後在印刷廠員工掩護下，搶救了部分雜誌，才得以流通在外。

面對執政者對媒體蠻橫箝制，擔任法律顧問的連宗先生，雖聲明「如果侵害其出版言論，或其他法賦權益者，本律師等有依法保障之責。」但碰到根本無視法律的統治者，律師又要如何為人民爭取權益呢？真是萬般無奈。

諷刺的是楊逵在《新知識》雜誌中，發表的文章〈為此一年哭〉，其內容正反映了這遭取走的言論自由。

……說幾句老實話，寫幾個正經字卻要受種種的威脅，打碎了舊枷鎖，又有了新鐵鍊。結局時間是白過了，但是回顧這一年間的無為坐食，總要覺著慚愧，不覺地哭起來，哭民國不民主，哭言論、集會、結社的自由未得到保障。哭寶貴的一年白費了。

朋友罵我太懦怯，他說民主是要老百姓大家去爭取的，聽來不錯，於是，拭了眼淚寫著備忘錄：「自今天起，是爭取民主日，今年是爭取民主年。」我堅決地想，不要再哭了。

再怎麼對政府灰心失望，仍鼓舞自己必須為爭取民主打起精神。楊逵鼓勵著自己，也鼓勵著眾人。終戰一週年，確實是反省的時刻，媒體也製作對政府總體檢的專題。連宗先生受《臺灣評論》邀約，以日文發表，談〈政府與人民的一體化〉，在八月出刊。

若是誠實正直之人，任誰都無法否認政府與人民之間目前尚無作為吧！

應該不會有人反對，為了維持治安、為了實行政策，強化政府的必要措施。因此，有人主張應強化憲兵與警察網絡，但政府與人民之間存在著鴻溝，無論怎麼強化警力，亦屬徒勞無功！這在日本已實施過相關的實驗。日本的警力是世界有名的，但即使如此，對於民眾的背離，仍無法有任何作為。反而是警察的蠻橫無理，造成人民更加與之背離。

於是，彌補政府與人民之間的鴻溝，也就是政府與人民之一體化，將是未來所要面臨的問題。關於此點，日本絞盡了腦汁想要解決，例如：他們所謂的「內臺融和」、「皇民化」等，都是為了達成此一目的所實施的政策。無庸置疑地，此即政府試圖掌握人民的力量，政府試圖控制、利用人民的力量。很明顯地，這也是失敗的實例。

三民主義的民權主義，是人民指使政府，並非政府奴役人民。

所謂人民的政府，是名符其實成為人民的公僕，而人民作為真正的主人，此即蔚為世界潮流的民主主義。真實反映人民意志的政府，才真的是人民的政府，如此政府與人民之間自不存在鴻溝，當然也能獲得人民的愛戴。總而言之，政權鞏固統一的前提，不是依賴脅迫與武力的統一，必須是真正民主的統一。不怠惰於反映人民意志，且能完全消弭違反人民利益的勢力，例如：貪汙、壟斷、獨佔等，唯有是這樣的政府才能博得人民的信賴。

此篇文章是連宗先生很核心的政治理念，他舉日本統治時期為實例，若政府與人民存在著鴻溝，再強大的警力都是沒有用的。日本曾以「內臺融合」及「皇民化」政策，想要讓人民與政府合而為一，但其真正的目的卻是想控制人民、利用人民，結果只是使人心更加背離。

連宗先生不斷提醒當局，唯有真實反映人民意志的政府，才是人民的政府，政府與人民之間才不會陷於對立。他應該是觀察到人民與政府之間的對立，已經是日趨嚴重了。

連宗先生溫厚，理性分析當前的問題，當政府充斥著貪汙、壟斷、獨佔等現象時，那這無異是與人民的利益對立。尤其如果對政府的建言，大家都說破了嘴，政府還是聽不進去，毫無改變，那社會人心在這樣的壓力鍋底下，定會思變，如此一來政局如何可能穩定呢？連宗先生隱隱然也感覺到危機，他提醒政府，要鞏固政權，不是靠武力與脅迫，而是要靠真正的民主。

林連宗擔任《新知識》法律顧問（吳三連史料基金會提供）

《臺灣評論》對政府施政一年總體檢，林連宗發表文章談〈政府與人民的一體化〉。（吳三連史料基金會 提供）

8-4 選舉「不明票」事件

參政會是國民大會成立前的最高民意機關，雖然只是過渡性質，但因屬於中央層級，所以臺灣指標性人物，無不積極參選。由於選舉方式是由三十席省參議員投票決定，因投票人數過少，出現行政權干預投票及賄選等傳聞。八月十六日投票結果出來，爆發嚴重爭議。

主張「聯省自治」的廖文毅原本是當選的，但有一張票「廖」字沾到汙漬；另外楊肇嘉的「肇」字多了一劃，這兩張選票，都被判為「不明票」。產生如此爭議，投票結果懸而未決，監察委員丘念台、民政處長周一鶚及省參議員們開會，決議推派林連宗為代表，前往南京請示中央。

八月十八日連宗先生出發前，特意去看了林獻堂先生，因此次參政員選舉，是他力勸林獻堂出馬競選，也得到眾多省參議員表態支持。但票開出來，林獻堂得十四票，雖是當選，票數卻開的不漂亮（最高票是林忠，得二十二票），連宗先生為此特意前去向林獻堂先生致歉。

「不明票」與中央交涉情形如何，八月二十九日林連宗一抵臺，就被媒體團團圍住。他跟媒體報告說，內政部胡政務次長及楊民政司長，都主張要尊重民意，因此認為這兩張票應視為有效票。但中央的意思是，臺灣地方自治的基礎冠於全國，所以此一判例可做全國模範，為了慎重起見，內政部不敢判斷，將呈請國防最高委員會審議決定。此一委員會為黨政軍最高決策

參議員公務員等
都做不得了
公私行動皆受限制

【本報訊】省署已制頒東時刻與二水車站本線停止公權人登記規則，一開車時刻不連絡，惹起

陳儀政府要求曾參與皇民奉公會者，需停止公權。（《民報》1946.09.04 二版）

參政員選舉不明票
最高國防委會決定
赴京請示省參議會代表
林連宗氏昨返台答記者

【本報訊】關於省參議會選舉參政員投票中廖文毅楊肇家兩票字跡模糊及錯字而發生之效力問題，日前赴京向中央請示之省參議會代表林連宗氏，於二十九日返台，記者走訪即詢請示結果，據稱：

林連宗答記者，參政員選舉不明票，由最高國防委員會決定。（《民報》1946.08.30 二版）

機構，中央的態度如此，只能靜候結果了。但媒體仍進一步追問，連宗先生本身是法律人，那他對「不明票」的看法是如何？

關於參政員並無選舉條例，省縣市參議員選舉條例中，有以字跡模糊不能認識，而為無效之規定。如能准用此規定，廖文毅氏一票雖「字跡模糊」，但尚能認識。英美選舉制度最發達，然選舉訴訟亦最多，按其判為「可以認為同一人」時，該票為有效。雖然我國習慣以「字跡模糊」及「有錯字」之投票均認為無效，但為尊重民意計，尚能認識之投票應認為有效。

這是連宗先生的法律見解，他認為即便我國常以字跡模糊或錯字判為無效票，但不論是英美國家或是臺灣省縣市參議員選舉條例中，都以只要能辨識出為同一人，就可以視為有效票，所以處理此事，應該以尊重民意為最大前提。

記者進一步追問他：「如國防最高委員會決定為無效票時，可否再向司法院爭辯？」連宗先生也就法律面回覆：「在現在情勢下，此乃不可能之事。」

人民確實需要法律見解，做為可否繼續爭取自己權利的依恃。

八月三十一日中央政府來電，結果令人相當挫折，因為廖文毅、楊肇嘉兩人的票，都被判為無效票。廖文毅原本得十三票，是當選的，現在卻變為十二票，需與其他人一起抽籤決定。而楊肇嘉得十二票，本來有機會參與抽籤，卻變為十一票，結果落選。

參議員定額八名，已確定當選的是林獻堂、羅萬俥、林忠、林宗賢。而同票數的有林茂生、廖文毅、杜聰明、吳鴻森、陳逸松五人，需以抽籤決定四人。其實票要投給誰是很清楚的，但中央卻做出這樣的判定，完全不能如連宗先生所建議的「應以民意為依歸」。這不只讓當事人難以接受，更掀起社會莫大爭論。

而當局想控制選舉結果的企圖，一波一波翻動，更大的震撼彈在抽籤前夕拋出。九月四日《民報》報導，省署已制定「停止公權人登記規則」，點名擔任「皇民奉公會」的工作者，必須停止公權。這表示在日本統治時代，凡參與過「皇民奉公會」的人，不得在戰後擔任任何公職，不得為公職候選人、亦不得為公務人員及律師。

這影響的層面將非常廣大，媒體以「如投下原子炸彈」形容所帶來的衝擊。而此時正值參政員選舉結果未定之際，後天即將抽籤決定人選，當局此一動作是否有意針對誰？

新聞出來翌日，林茂生在晚間八時，正式致函省參議會秘書處，申明放棄參與抽籤權利。林茂生知道他所擔任社長的《民報》，因批評時政，早讓當局覺得芒刺在背，陳儀怎會不對著他而來呢？在日本時代，他確實如許多臺灣菁英一般，在無奈中成為「皇民奉公會」幹部，而

林茂生，《民報》社長、臺大文學院代理院長（台北二二八紀念館 提供）

林茂生氏提出辭呈
昨日發表聲明書

【本報訊】在選舉中，得同票數之參政員候選人五名之抽籤，已於六日上午十時，在省參議會會址舉行。其結果林茂生，杜聰明，吳鴻森，陳逸松四名獲選，此已誌本報。緣因林茂生氏，曾於抽籤前夜，對省參議會秘書處提出申明書，自動放棄參加抽籤權利。然因當局方面，以此爲手續不完備，致不予考慮，依照預定舉行抽籤。然當選後，林氏再慎重考慮結果，決定不改初衷，特於昨日再對有關當局，提出辭呈，並發表聲明書如左，由此本問題，已見結束。

鄙人於參政員選舉抽籤決定前，已對民報同人發表辭退決心，即向省參議會提出文書。後參議會以爲手續不完備，不容辭退，於是參加抽籤竟得當選。但鄙人不改初衷，慎重考慮之結果，當選後即提出辭任手續，特此聲明。林茂生

林茂生辭去甫當選的國民參政員（《民報》1946.09.08 二版）

光復那一刻，他曾欣喜於終於可以復歸為人，不用再陷於人格分裂或社會國家的對立中，只是他沒想到的是，新的對立不斷接踵而至。

林茂生決定放棄抽籤，他不要萬一當選之後，還要承受政府的羞辱。此外他也認為，五人當中只要他退出，一來不需要抽籤，二來廖文毅也可以當選。但林茂生錯了，陳儀政府無視他的退出聲明，還是以抽籤決定，而唯一沒抽中的就是廖文毅，陳儀還是依程序宣布林茂生當選。

林茂生為了兌現抽籤前的承諾，發表聲明辭去參政員。這時所有人必然以為廖文毅可以遞補上，但事實上並沒有。一九四七年一月五日，一張國民參政員臺灣代表的合照，回答了這個問題。原本中央核定的名額是八名，但這張照片只有七人，沒有廖文毅。

8-5 臺籍律師資格問題

一九四六年十二月二十五日南京制憲會議閉幕，連宗先生因參與會議已離家一個多月，心中無限惦念家人，但卻無法回臺，他告訴女兒：「妳和媽媽三十一日早上發的車來臺北……父親跟司法院、行政院、考試院交涉工作……所以我跟臺灣代表團三十一日才會回去。」

連宗先生所為何事？明明歸心似箭，但仍須前往中央各司法行政單位，因為真的有更重要的事。那就是如他一般，努力了一輩子的臺籍律師，在戰後竟被國府要求重新參加國家高等考試，而且須以中文應試，通過才能取得律師證照。語言的轉換三、五年的時間少不了，試想一個終身奮鬥有成的法律人，在此刻要如何面對這樣不公平的行政命令，只因仍不熟悉中文，其結果可能是讓他賴以為生的律師執照被取消。

日本時代，能通過司法科高等考試者，實在是鳳毛麟角。每年及格人數至多只有應試者的百分之五，全日本總共約二百名上下，而臺灣人能通過者，每年不過二至三名。所以這批臺籍律師，可說是菁英中的菁英，日本時代更享有與法官及檢察官一樣的地位。

日本與中華民國同屬歐陸法系統，相去不大，關於律師證照，中國許多省分都採取寬鬆的學位及資格認定，唯獨在臺灣做出律師仍必須考試的決定。這當然引發臺籍律師強烈不滿。

連宗先生在九月分當選臺灣省律師公會理事長，一上任面對的就是律師資格因日中政權轉換所面臨的衝擊。

一九四六年九月一日，臺籍律師於中山堂召開大會，由林連宗主持，討論如何因應國府擬以中文考試重新認定臺籍律師的證照。會中律師們一致做出「會員不應試」的強烈意見書，要求「領有日本或臺灣前總督府辯護士證書者」、「經日本高等文官考試、司法科考試及格，或經日本辯護士及格領有證書者」，應予核准免試。

自此連宗先生不斷奔走，以臺灣律師大會總代表的身分開始陳情，透過省參議會，將請願書送司法院、考試院、司法行政部及長官公署，要求准許臺灣省籍的律師免除考試，仍可保有律師資格繼續執行律師職務。

但中央的態度卻是毫無軟化。十月三十一日考試院秘書處給連宗先生的回函是：「應照考選委員會原決定辦理。」等於說國府還是決定透過中文筆試，重新決定日治時期辯護士的律師資格。當時全臺共有六十六位臺籍辯護士，已執業律師的有四十六位，一九四六年取得資格返臺的有二十位。一九四六年十一月一日還是舉行了律師的國家考試，應試者總共二十七人，表示有一半以上的臺籍律師罷考，而考試結果是，只有一個人及格。

試想，對每一位正在執業的臺籍律師而言，這是多麼折磨人的處境，畢生努力所取得的律師資格，竟在此時成為廢紙，未來處於極不安的懸垂狀態。

一九四六年十二月連宗先生人在南京參加國民大會，十二月二十五日會議一結束，他無法回臺，而是前往司法院、考試院及行政院繼續交涉。十二月二十六日他再次以臺灣省律師大會委員代表的身分，發函國民政府，懇請臺灣省籍的原有律師可以免除考試、原有的律師職務可以繼續執行。他的努力，一波又一波，與這些法律人同一命運。

省律師大會
一日於中山堂召開
對律師考試表意見

【本報訊】本省律師大會於一日上午九時假中山堂二樓舉行。到各地

一，要求民國三十五台灣省律師臨時高等考試應考資格中第八項

臺籍律師召開大會，做成律師考試不應試的意見。（《民報》1946.09.03 二版）

1935 年臺灣出身辯護士合照，第二排左一為李瑞漢、左三為陳逸松、右二為吳鴻麒。（台北二二八紀念館 提供）

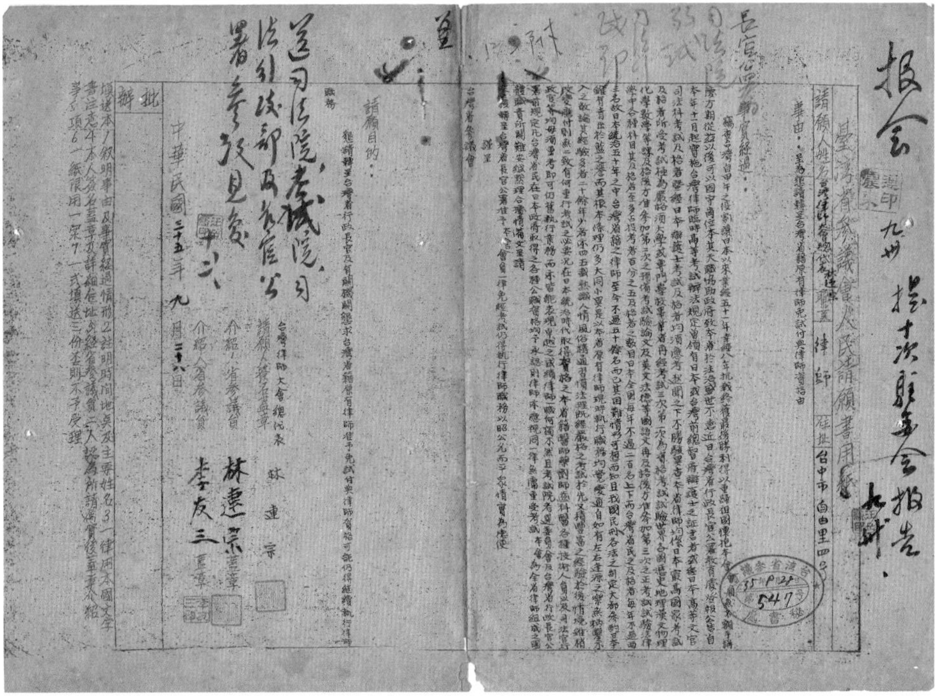

1946.09.28 臺灣律師大會總代表林連宗請願書，懇請臺籍律師免試賦予律師資格。（國家檔案局 提供）

8-6 怎堪司法潰堤

警察本是治安的第一道防線，該是法治的守護者，但國府治臺一年多，該維持治安的警察，搶劫、貪汙、開槍傷民。媒體刊載：「福州出身警官特務長，穿制服堂堂打劫」、「前警局分局長楊錦楓，濫用職權舞弊數百萬」、「警員開槍恐嚇，誤中無辜鄉民，布袋鄉防疫發生糾紛」……。執行公權力的警察，行如盜匪，人民瞠目結舌。

一九四六年十一月十一日所爆發的「員林事件」（員林當時屬臺中縣），將社會的憂慮推至高點。

事件源自鹿港醫師施江西，控告員警許宗喜等人非法傷害，臺中法院鑑於許宗喜屢次拒傳不到，便派法警及看守前往拘提，不料竟遭該局員警開槍，一人遭子彈貫穿頭部，生命垂危。

臺灣社會震驚異常，警察竟敢違抗法院命令！竟因擁有槍枝，而打傷執行法院命令的法警，公權力遭到這樣濫用，槍枝遭如此誤用，不僅使人氣憤，亦令人寒毛直豎。這是警察？還是黑社會綁匪？法院看守甚至被扣押在警察局內。

受命調查的法官吳鴻麒，在十一月十四日的日記中難掩憤怒：

先至彰化基督教醫院，審問負傷法警二人、看守一人。訊問後同往員林，在警察局訊問猶被禁於同局內之法警一、看守十，至晚始完。欲全員放出，在法律上，亦是該當。然該局長不從，真令人髮指……

吳鴻麒法官要求警察局長，釋放被囚禁的法警及看守，沒想到警察局長竟然拒絕，理由是：「縣長不在，無法作主。」該警察局長絲毫沒有法治觀念，甚至直言，他只聽縣長的。

員林事件表現出有武力、有勢力，就不用守法的樣子，這牽動社會很深的危機感，各界紛紛站出來表態。特別是法律界人士

「擁護司法權尊嚴」

對台中縣警察局血案 省垣三團體表示態度

【本報訊】關於台中縣警察局事件，因係台灣未會有之大案件，且對今後台灣政治有重大影響，故各方皆異常矚目，而各有關團體，亦皆紛紛調查，以決定其應取態度，省垣律師公會，人民自由保委會，政治建設協會三團體，各於十九日召開臨時會議討論，並皆有所表示其經過如左。

台北律師公會

台北律師公會，為檢討台中縣警察局事件，於十九日下午三時，在中山堂召開臨時會員大會。到公會長蔡伯汾外會員二十餘名。首由台中律師公會代表童炳輝詳細報告經過後，熱烈討論結果，認為台中縣警察局違法，決議高等法院提出建議，希望依法嚴厲處理，以保司法尊嚴。

人民自由保委會

台北市人民自由保障委員會為討論台中縣警察局事件，于十九日下午四時假中山堂召開常務委員會，到王添灯、陳逸松、蔡式穀、周延壽、蔡伯汾、林桂端、施江南、李瑞[illegible]、陳有輝、顏春和、徐春卿、黃啟瑞、陳增樹、吳春霖及各報記者等三十餘名。由陳旺成主[illegible]，此案影響本省及全國法治政治之超非常事件云，繼由台中市人民自由保障委員會常務委員童炳輝律師詳細說明事件經過，討論結果決議向陳長官、高等法院長、警務處長及憲兵隊，省參議會，表示要求徹底調查真相並公表，擁護正義，維持司法尊嚴，嚴辦兇手，嚴究監督責任者，由陳主任委員指名起草委員五名，並決定向各地人民自由保障委員會呼籲響應，末全員認為勵行提審法保限前最迫切之問題，決議由參會積極推進云。按提審法于本年三月十五日公佈施行，規定檢察局以外機關不得拘押人民超過二十四小時以上。

政治建設協會

台灣省政治建設協會為明台中縣警察局事件真相，特派員前往實地調查，業經返省報告該會，乃於本月十九日下午二時召開

臺北律師公會、人民自由保障委員會、臺灣省政治建設協會，表態擁護司法權尊嚴。（《民報》1946.11.20 三版）

群起力抗，站到第一線，傾全力也要堵住這潰堤的司法權。

連宗先生因身為臺灣省律師公會理事長，又是臺中市人民自由保障委員會主任委員，此事攸關臺灣法治前途，他責無旁貸。但因人還身在南京，參與制憲國大會議，只好委託好友童炳輝律師全權代表，由童律師向大家報告此一事件來龍去脈，並支援各界所發起的譴責行動。

要求確立法治政治的聲量，臺中、臺北兩地齊發。十九日臺北律師公會在中山堂召開臨時大會，由童炳輝律師北上報告事件經過。這時以律師公會為首，再加上人權團體「人民自由保障委

中央重[illegible]員林案

林國大代表來信稱

【台中訊】台中縣警察局與法警看守所發生之血案，聞南京國民政府各界要人，亦甚爲重視，如日前由南京寄返台中童律師炳輝之國大林連宗氏航空訊謂：關於員林血案，謝司法部長

尚無日期。

林連宗給童炳輝律師的信，提及在南京與司法部長溝通員林事件，要求法治政治。（《民報》1946.12.06 三版）

童炳輝律師

員會」、政治壓力團體「臺灣省政治建設協會」，及扮演第四權的媒體「省記者公會」。律師、媒體、類反對黨及人權團體大整合，集所有管道發聲，步步進逼，要求當權者必須確立法治政治，必須捍衛「司法尊嚴」。

就十二月六日的《民報》報導，連宗先生在南京為員林事件發聲，給童炳輝律師的信中提到，他在南京向謝司法部長提出警察跟法院法警衝突的員林事件，中央瞭解此時臺灣同胞紛紛闞起，為法治政治而奮鬥。

賦予臺灣統治者權力的中央政府，有必要知道其所委任者的違法亂行，使臺灣司法權處於崩潰邊緣。而這波強大的社會聲浪及輿論批評，終於迫使行政長官陳儀以「另有任用」名義，調換臺中縣長劉存忠。

第九章 爭普選之路

CHAPTER NINE

在歷史暗夜中，一道強光照入，如何翻轉命運，終於盼到契機。一九四六年底將舉行制憲國大代表選舉，只要憲法通過，民主自由指日可待。連宗先生法律人的背景與省參議員的歷練，是參與制憲的不二人選，十月底他當選國大代表，帶著臺灣民意要求一九四七年六月普選縣市長的主張，啟程前往南京，憲法通過那一刻他難掩心中激動，淚流滿面。

白日忙碌的會議結束後，他每每於睡前提筆跟女兒談心，高興地告訴她憲法通過是民主政治真正的實行，且「國大代表現在大約有一千六百人，其中八十多位是女性。妳現在開始一心奮發來選女代表，女性如果有能力也可以做到大總統。」

為臺灣爭取立即行憲，留在給女兒的書信中，也留在國民大會實錄所記載的第六十一號提案中。毫無猶疑地，行憲普選縣市長成為二二八事件中，人民要求專制政體還政於民的總目標。

9-1 參選制憲國大

陳儀政府一年多來施政惡劣，有識之士無不盼望透過憲法的制定及實施，讓省縣市長早日民選，如此一來才有機會改變官派的統治結構，才有機會換掉貪腐的行政首長。由於戰後的民意代表多採間接選舉，最後出線的人常與民意產生落差，而且投票人數過少易被公署及金錢所操控，因此媒體社論、各縣市參議會、類反對黨如「臺灣省政治建設協會」等，不斷公開呼籲要求制憲國大開放直接民選。中央原先決定由省參議會推薦三倍人選，再由中央圈定，但臺灣輿論強烈反彈，結果仍是將制憲國大交由三十位省參議員投票決定。

連宗先生具有專業法律人及民意代表的身分，不論是自我期許或民意期待，特別是身旁的法律圈好友，都希望他能參選國大代表，認為他是代表臺灣參與制憲的不二人選。連宗先生雖有意願，但他認為必須先尊重林獻堂先生，除非林獻堂不選，他才能選，畢竟林獻堂是政治上的前輩，論聲望、地位及影響力，都是領袖，這是他認為自己該有的政治倫理。

十月二十七日林連宗和蔡先於律師，前往霧峰拜會林獻堂先生，推請他參選制憲國大，但林獻堂九月剛當選國民參政員，此時他覺得不宜再出馬競選，所以不但極力推辭，反而建議林連宗參選。隔日，連宗先生的好友律師白福順及童炳輝去看林獻堂，再一次敦請他出馬參選，但林獻堂還是推辭，並告訴兩位律師他推薦林連宗。看來林獻堂真的無意參選，此時兩位律師才拜託林獻堂先生幫忙打電話拉票，協助連宗先生勝選。

這場選舉競爭激烈，媒體更是砲火連連，因為出馬角逐國大的省參議員，人數實在太多了，三十位當中，竟有十六位登記參選。此時媒體已無法討論個別候選人的人品、專業及歷練是否適任了，而評之以：「此無異球員兼裁判。」

林連宗在這場選舉中脫穎而出，成為臺中縣區的代表，當選候補的則是謝東閔。這場選舉，總共選出十七名制憲國大，臺北縣選出顏欽賢、新竹黃國書、臺南李萬居、高雄林壁輝、花蓮張七郎、臺東鄭品聰、澎湖高恭、臺北市連震東，另有婦女、高山族及各職業代表。

十一月五日連宗先生將啟程前往南京，出發前他先去看林獻堂，向他辭行，席間不免提到周邊朋友因選舉產生的恩恩怨怨。四日臺中市為他開送別會，市長黃克立、副議長林金標、區長林金池等十餘名齊聚，林獻堂也一起作陪。

抵達臺北後，邀約不斷，先是前往中山堂參加法曹界的歡迎會，就法官吳鴻麒十一月六日的日記所記：「法曹界同仁歡迎陳逸松氏當選參政員，林連宗氏當選國大代表。」這兩位是臺籍律師從政的最高民意代表，法曹界對他們充滿期待，許許多多的問題都希望多一份他們的力量幫忙解決。

出發前免不了又是各單位的歡送會，陳儀長官、省黨部主委李翼中、青年團主任李友邦都設宴招待。面對這樣的官場文化，連宗先生在給女兒的信中也不禁說：「其實一天參加三次宴會，對身體的健康有害，所以從今天以後的宴會，父親絕不喝酒，請放心。」

可瞥見的是，代表臺灣前往南京參與制憲大會，是何等重要之事，各界充滿期待。《民報》社論更期許能對地方自治的單位有所討論，究竟是以省為單位，還是以縣市為單位？期盼能在制憲大會中有所交鋒、激辯。《民報》社論的主張是，目前的三民主義雖以縣市為單位，但若能如美國一般，以省為單位，給予省較大的自治權、獨立權，如廖文毅所倡議的「聯省自治」，應更適切於臺灣！

9-2 凌晨四點鐘的通知

很特別的是，連宗先生之前的家書，多以日文書寫，參加國民大會期間，出現不少封信開始以中文書寫。開議前，他仍以林連宗律師事務所的信紙寫信，這是他自己帶去的；但開議後，他每每以印有國民大會紀念版的信紙寫信，常常兩到三天就會寫封信給女兒，因此留下許多開會期間的動態。

十一月九日他們搭乘國大代表專用的特快車，抵達南京報到，先是領取一個國大徽章，紅白青的色澤燙上金邊，美麗勝過勳章，是要掛在胸前的，連宗先生因此留下一張帶有國大徽章的照片。

而一開始就拿到三十日的餐券，可以在南京市三十多家指定的餐廳自由用餐，看來這是一場馬拉松式的會議。連宗先生描述他所住宿的地點是：「南京中山北路華僑招待所第二〇六號房。」大小就跟他女兒的房間一樣大，「跟學生旅行一樣，極為簡便。」信裡雖然聊家常，但連宗先生總會流露出自我的要求與自覺的尊嚴，他告訴女兒：

制定憲法乃一國歷史上重大之事，參加制憲代表亦是歷史上留有重大意義的人物，國大代表當要自重，不待多言，對這點可以免介意。

十一月十二日是莊嚴隆重的開幕典禮，制憲會議選了國父孫中山的誕辰開幕，具有高度象

林連宗胸前掛著國大徽章的照片（林信貞 提供）

臺灣制憲代表與監察委員丘念台（前排右五）合照，中間排左二為林連宗先生。（廖英豪 提供）

國民大會臺灣代表於南京國民大會堂前合影（林信貞 提供）

徵及意義，只是這麼慎重的大事，居然也有了變化。十二日凌晨四點，連宗先生忽然接到政府急報，說開會要延三天。

其實之前已有跡象，知道開幕大典恐有變化，因為除了國民黨之外，各黨派參與制憲會議的情形一直不樂觀。凌晨四點連宗先生既被吵醒，也無法再睡了，索性起床寫信，停筆在凌晨五時。

今天他描述了南京因要開國民大會的關係，所以警戒非常森嚴，憲兵在街上各處立哨，特別是大會堂周遭戒護森嚴，他們所住的招待所也有憲兵警察，徹日徹夜警戒。政府派有六十輛大型公共汽車，專供一千多位國大代表使用，出入相當方便。

連宗先生還跟女兒描述，開會的大會堂跟臺北市公會堂（中山堂）大同小異，禮堂裝置了數百盆的菊花，壯觀美麗，筆舌難盡。但也不禁抱怨中國的衛生問題，即便是國大代表所住的旅館，仍是「廁所不潔、入浴不便」，可知中國的衛生水準，與臺灣仍有相當落差。

關於制憲大會的開幕典禮竟有變化，連宗先生也描述了他的憂心：

在大會召開之前，國民黨、共產黨、各黨派之間的接觸非常頻繁，因國民黨以外的黨派尚未表示參加，大會如期召開抑或延期開會，實屬未料。

因一直還在跟其他政黨做政治協商，制憲大會能不能如期召開，看來還是有變數。十二日開幕典禮取消，也太嚴重了，因應的方式改由主席蔣介石帶著國大代表前往中山陵向國父孫中山致敬。十三日是由吳鐵城（黨秘書長）、陳立夫（黨組織部長）、陳誠（參謀總長）三位出面招待臺灣代表，十四日則是主席蔣介石的招待會。

連宗先生描述這場聚會：「在茶席上蔣主席講很多話，尚有蔣宋美齡女士和一流的政治家、軍人同席談話。白崇禧、宋子文、孔祥熙、吳稚暉、居正，同席的人都有登記名字，但都不認識。」這是連宗先生與這批黨政要員第一次的會面，而他對這位主席的第一印象是：「講話相當有元氣。」

終於在十五日早上十點，制憲國民大會正式開幕了，出席代表共有一千三百五十人，相當地盛大。面對這歷史的一刻，天雖冷，連宗先生的心情是熱烈而激動的，他告訴女兒：

依這次大會做訓政的終結後，做為憲法的根據而制定憲法，從此進入憲政時期，這件事在歷史有很重大的意義。

「從此進入憲政時期」，確實這是過去的終結，另一個未來的開始，而對臺灣更有重大影響。因憲法給了我們要求縣市長直接民選的契機。

父親的摯愛

此時南京氣候異常寒冷，連宗先生的臉面出現嚴重凍傷，刺痛異常。遠在異地，公事繁重，對家人的思念不言而喻，他頻頻問女兒：「妳的三餐有多吃青菜嗎？沒有時要請媽媽多買一點才好。妳的愛犬如何？有長大？取名字？或是逃走了？」那種想多知道點家人消息的心是很強烈的。

此時南京開始下起雪來了，離他上次看到雪，竟已十七年過去。那是他還在東京念書的時刻，覺得相當懷念。

浪漫的他，看到此時樹葉全染成了紅葉，也不禁想說，如果有機會到郊外，就可以拿到漂亮的紅葉送給女兒了。有空檔時，他也想著幫女兒買帽子、買大衣、買手錶、買字典、買鞋子、買樂譜、買毛衣……。還細心地比較，大衣和風衣上海比較新型、比南京好，所以回程時到上海才買。還畫圖問女兒，是二吋半的高跟鞋好，還是一吋的普通鞋好呢？哪一種她比較喜歡？

身體的問題，也只能跟家人說，他連日不停地開會，竟感染了「目針」（長針眼），可知連宗先生身處異地的疲倦及工作的繁忙。制憲會議自審查會召開以來，開會時間從上午九時到十二時，下午三時到六時，但幾乎每場都超過時間。據連宗先生所記：「國大代表們大家議論相當熱烈，夜間時常在中央黨部再開高談會，每天都非常地忙碌。」

而原本預定十二月十二日要結束的憲法草案審查會，因修正太多，一時之間還結束不了，而十三日起要召開的大會，也一再延期。

一再延期，因為憲法草案在審查會修正太多，未得小數黨同意，再在綜合審查會討論中所致，未得再開大會，十九日閉幕絕無可能，延至十二月二十七、八亦未定。現在，因對修改要準備的關係，每天都是很忙。

連宗先生自十一月初赴南京開會，恐怕至十二月底才能返臺了，一去近兩個月。這是對國家未來的大討論，對人民權利義務的全盤思考，一場高度濃縮的政治大會。

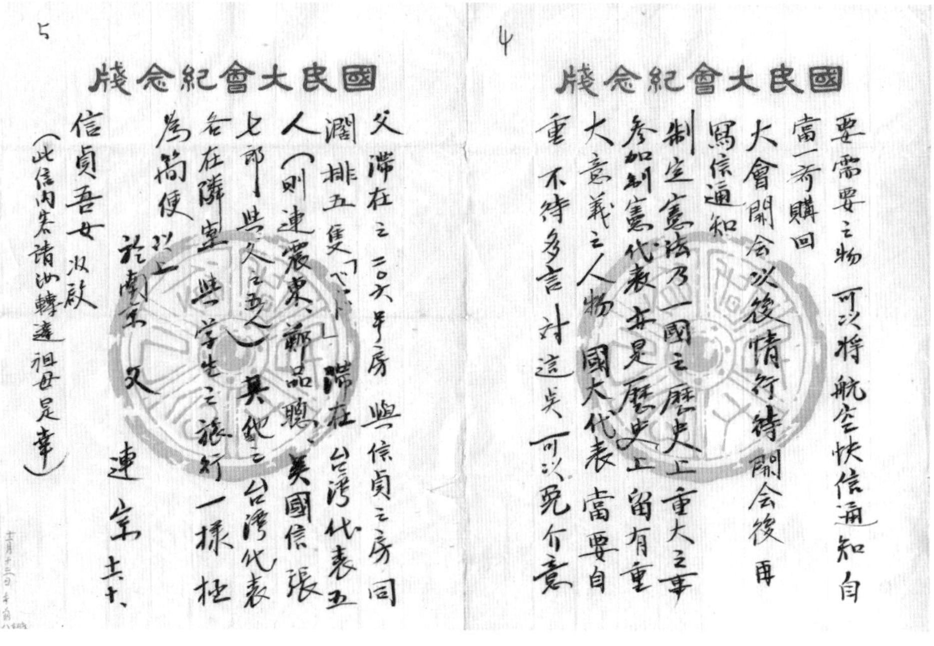

國民大會紀念箋

要需要之物 可以將航空快信通知自
當一齊購回
大會開会以後情行待閉会後 再
寫信通知
制定憲法乃一國之歷史上重大之事
參加制憲代表亦是歷史上留有重
大意義之人物 國大代表當要自
重 不待多言 對這矣 可以免介意

國民大會紀念箋

父滞在之二〇六号房 與信貞之房同
潤排五隻「ベッド」 滞在台湾代表五
人（即連震東、鄭品聰、黃國信、張
七郎 共父之五人） 其他之台湾代表
各在隣室與学生之旅行一樣 拉
為尚便 以上
於南京 父
信貞吾女 收啟 連宗 十二、十八
（此信內容請汝轉達祖母是幸）

林連宗給女兒林信貞的信函中言：「制定憲法乃一國歷史上重大之事，參加制憲代表亦是歷史上留有重大意義之人物，國大代表當要自重，不待多言。」（林信貞 提供）

9-3 依憲選女總統

十二月一日連宗先生的信裡流露出相當的愉悅，他很開心女兒來信告訴他，以第一高票當選臺中女中的學生代表。今天他問信貞，憲法的草案刊登在報紙，妳看了沒有呢？也試著跟女兒說幾句重點：

憲法從大會通過到實施，真的是民主主義政治的實行，在臺灣省長、縣長、市長全部都民選，在中央大總統以下全部民選。

在臺灣省縣市長民選，指日可待，連宗先生首要告訴女兒這件事。非常特別的是，他跟信貞提到國大代表中，有八十多位是女性，還期勉她奮發努力，依據現在的憲法，女性有能力也是可以當到大總統的。

國民代表現在大約有一千六百人，其中八十多位女性。妳現在開始一心奮發來選女代表，女性如果有能力也可以做到大總統，請奮發。

做為法律人，他深知憲法通過，這部民主國家的根本大法，將給予人民什麼樣的權利。依照憲法，何男女分別之有，女性只要有能力，有朝一日一樣選總統，這都是受憲法保障的。這一刻連宗先生的欣悅無以言喻，因為看到臺灣將有機會改變，而他的下一代也有更寬闊、更自由的未來。

9-4 何時還政於民

一九四六年十二月十八日這天的家書，連宗先生記述了相當重要的事：

憲法制定後，實施憲法日時尚未定，所以我們臺灣代表是要求在臺灣即時實行，為此要使各省選出代表理解的關係，吾們臺灣代表招待全國記者及各省代表，再三說明使其理解。

要求憲法在臺灣即時實施，如何轉動這樣的可能呢？背後的思考與支持的力量又是如何呢？

一九四六年九月間，「臺灣省政治建設協會」邀請連宗先生加入，這批出身自日本時代臺灣民眾黨的社會運動家，於九月二十七日臺中分會的成立大會上，首次提出臺灣縣市長民選的時間表，要求一九四七年六月普選縣市長！在思考臺灣困境的時刻，這成為有力的突破點，而且為各方所認同，所以不只連宗先生加入，律師張風謨、白福順、童炳輝等都一起參與了政建協會，民主運動所需的法理論述，有了律師群的助陣。

政建協會所引領的爭普選運動，更進一步在組織拓展上獲得支持，其力道之強，在九月二十日到三十日之間，連續十一天成立十一處分會，此一「沒有黨名的黨」快速在各地成立分會。每一處分會的成立都是群眾大會，日本時代的臺灣民眾黨辯士重登講壇，提出民主運動的方向，企圖為困頓的時局提出解方，要求專制統治者還政於民。

在這個大方向上，連宗先生的腳步沒有停歇，他更將此一訴求帶到南京制憲大會現場，與臺灣代表展開遊說工作，主動招待全國記者及各省代表，告訴他們臺灣因處境特殊，陷入政治僵局，即便憲法實施的日期尚未公布，但，憲法既已通過，請大家瞭解並支持臺灣即刻實施！

更重要的是，他們正式提案，要求「自憲法公布之日起，定期六個月內實施」。這就記錄

1946.12.18 林連宗信函，透露臺灣代表招待全國記者及各省代表，遊說請其支持臺灣立即行憲。（林信貞 提供）

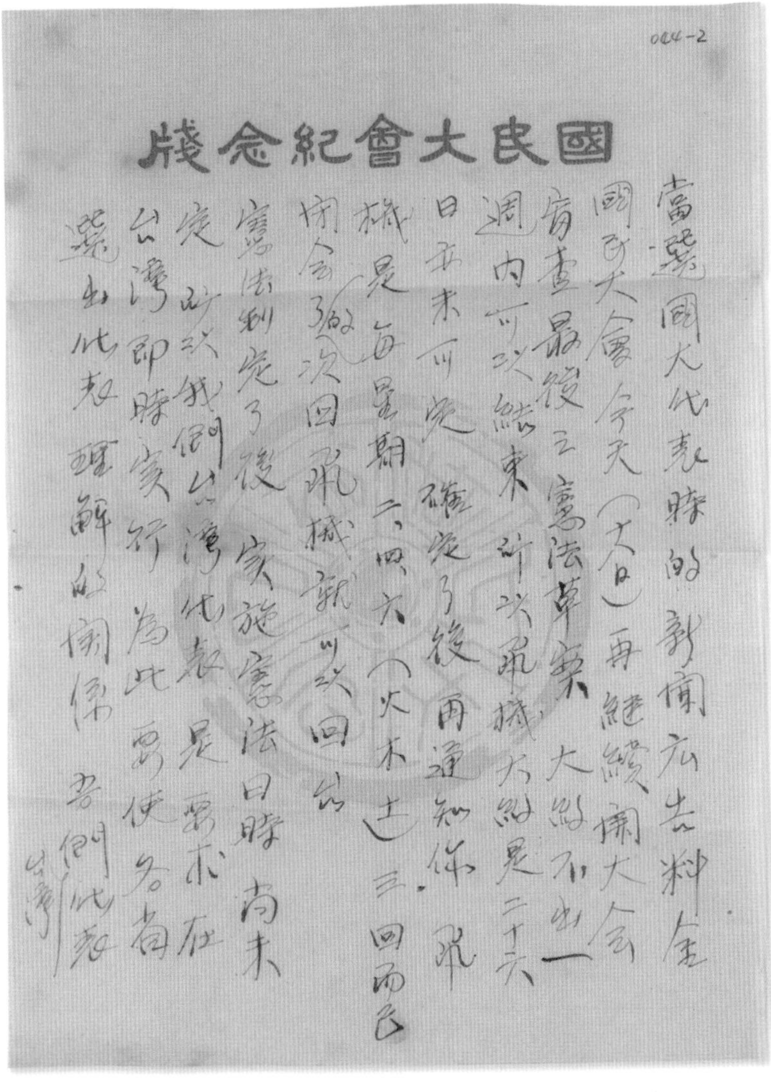

0024-2

國民大會紀念牋

當選國大代表時的新聞廣告資料全
國民大會今天（十八日）再繼續開大會
審查最後三讀憲法草案，大約不出一
週內可以結束，所以飛機大約是二十六
日或未可定，確定了後再通知你。飛
機是每星期二、四、六（火木土）三回而已，
閉會了的次回飛機就可以回台。
憲法制定了後，實施憲法日時尚未
定，所以我們台灣代表是要求在
台灣即時實行，為此要使各省
選出代表理解的關係。吾們代表
台灣

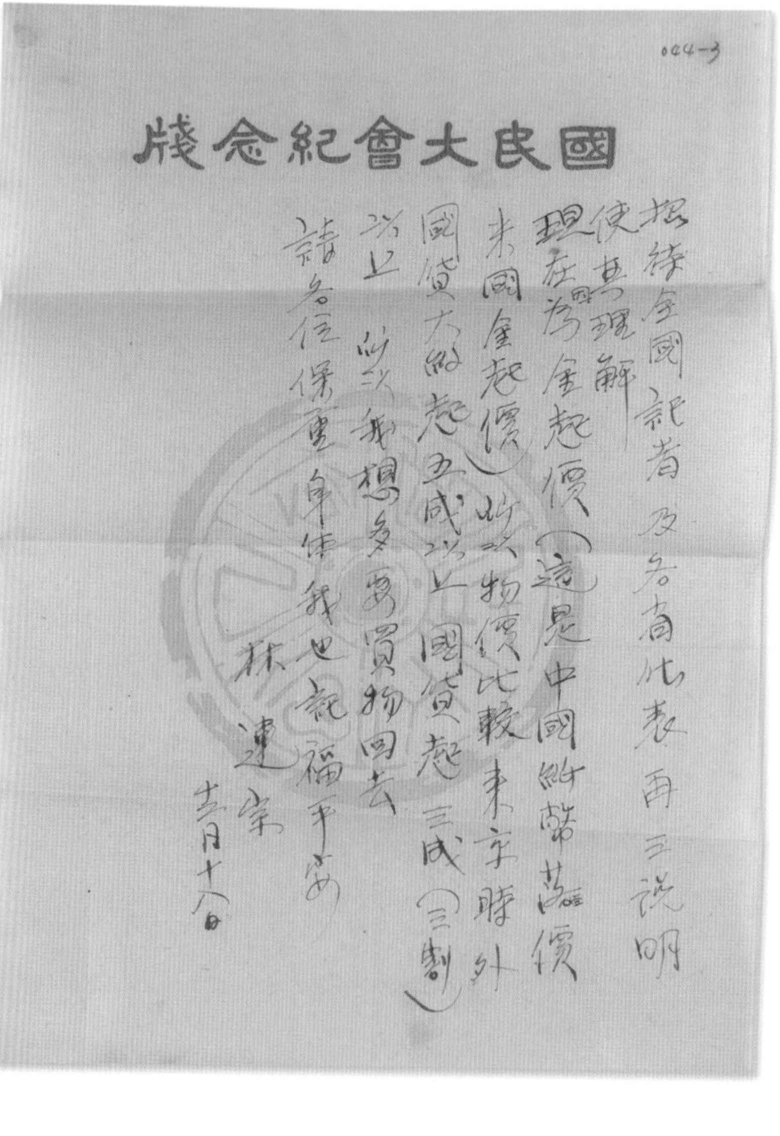
國民大會紀念牋

據緣全國記者及各商代表再三說明
使其理解
現在為金起價（這是中國紙幣落價
來國金起價）比以物價比較來臺時外
國貨大約起五成以上 國貨起三成（三割）
以上 所以我想多要買物回去
請各位保重身体 我也祝福平安
林連宗
十二月十八日

在國民大會實錄第八三一至八三三頁中，是為第六十一號提案：「陳代表煥章等七十一人提憲法制定後，應由本大會公決施行日期及施行程序，交國民政府辦理，以期早奠國基而符民意案。」

提案內容闡明了因目前國共鬥爭，政局不穩，深恐憲法雖制定而未能實施。從五五憲草公布以來，已經過十年了，中間迭經修正，國大召開一再延期。今天憲法已經制定，可是卻又不立即明訂施行的程序，只說由下屆國民大會行使，時間並沒有訂定，這將使得群情疑惑，揣測橫生，全國人民大失所望，所以現在就應決定憲法的施行日期及施行的程序。

連宗先生等七十人的聯名提案，具體建議憲法施行的時程：

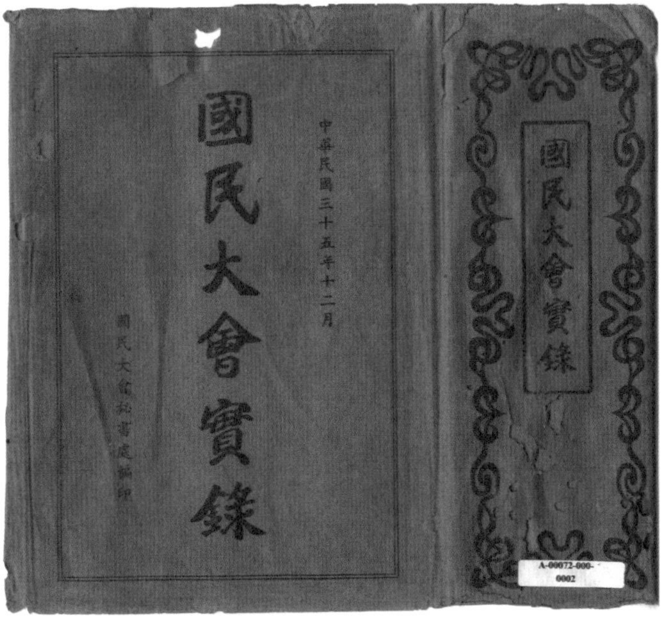

1946 年 12 月由國民大會秘書處印製的「國民大會實錄」（林信貞 提供）

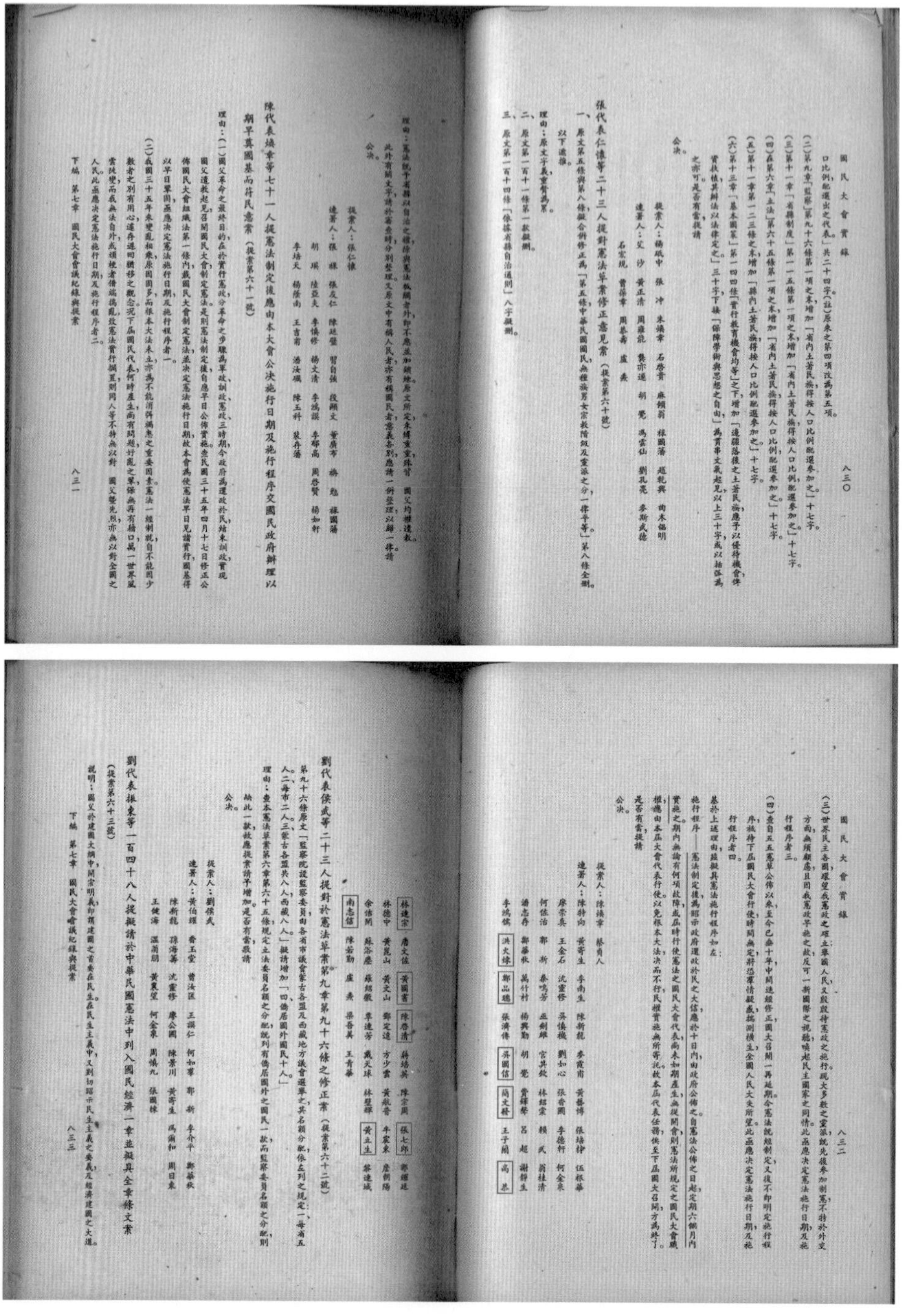

1946 年國民大會實錄中記載，林連宗等臺灣制憲國大聯合各省代表，提出憲法應於頒布後六個月實施的議案。（台北二二八紀念館 提供）

憲法制定後，為昭示政府還政於民之大信，應於十日內，由政府公布之。自憲法公布之日起，定期六個月內實施之。

是否真能還政於民，什麼時候才願意還政於民，可想像對權力握在手中的人而言，是有千百個不願意，連宗先生所參與的提案，直搗問題核心。而此一「自憲法公布之日起，定六個月實施」的訴求，呼應政建協會所捲起的爭普選運動，更在二二八事件期間，成為臺灣社會不斷爭取的共同目標。

但其實這份提案的連署，並非臺灣代表全員參與，連署的有林連宗、張七郎、洪火煉、鄭品聰、高恭、黃國書、吳國信、林壁輝、簡文發、陳啟清、南志信十一位。未連署的是李萬居、顏欽賢、連震東、謝娥、劉明朝、紀秋水六位。

9-5 民選危險說

就在制憲會議審議期間，十一月二十日長官陳儀在臺北賓館舉行記者招待會，記者問他：「有人批評陳長官的政策為國家社會主義……我國社會尚有許多封建作風，故應首先實行民主政治。本省縣市長何時能見民選？」

陳儀的答覆不是何時行憲臺灣就何時民選，而是：「……本省人雖有良好技術及苦幹精神，但許多人尚用日語、日文，為建設中國的臺灣，首先要使本省人學習國語國文。現在要實行縣市長民選，實在危險得很，可能變做臺灣的臺灣。……」

陳儀認為臺灣人因為尚無法流利使用中文，若現在就舉行縣市長民選，將會非常的危險，將使臺灣變做臺灣的臺灣。意思是臺灣人尚無法流利使用中文，所以還不能舉行縣市長民選，若現在就實施縣市長民選將使臺灣為臺灣人所擁有。

這一席話讓臺灣社會相當震驚，沒想到語言竟然被上綱到成為縣市長民選的門檻。此時正值制憲期間，憲法即將通過，但陳儀的發言讓人相當不安。

一九四六年十二月二十五日中華民國憲法通過，連宗先生人在現場，激動落淚，我們終於跨入進步的民主時代，同入世界潮流之林，半世紀以來無法享有平等、民主與自由的臺灣人，終有解放的一天。但回望臺灣，好像不是這麼一回事。

十二月二十八日大家從報紙看到，陳儀政府正在擬訂「地方自治新計畫」，提及以三年為期，還不知道具體內容是什麼，大家在不安中屏息著。結果就在憲法公布後兩個星期，陳儀發佈「臺灣省地方自治三年計畫」，明文規範縣市長在一九四九年才能普選。

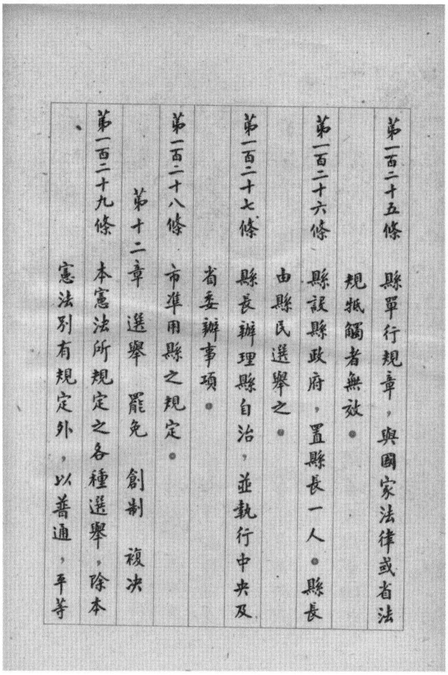

第一百二十五條　縣單行規章，與國家法律或省法規牴觸者無效。

第一百二十六條　縣設縣政府，置縣長一人。縣長由縣民選舉之。

第一百二十七條　縣長辦理縣自治，並執行中央及省委辦事項。

第一百二十八條　市準用縣之規定。

第十二章　選舉　罷免　創制　複決

第一百二十九條　本憲法所規定之各種選舉，除本憲法別有規定外，以普通，平等

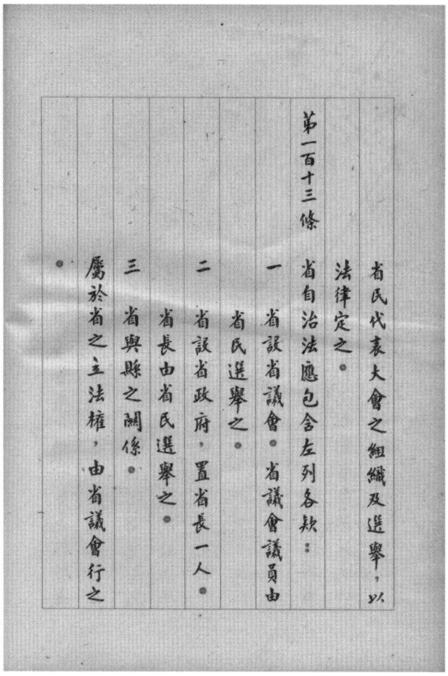

省民代表大會之組織及選舉，以法律定之。

第一百十三條　省自治法應包含左列各款：

一　省設省議會。省議會議員由省民選舉之。

二　省設省政府，置省長一人。省長由省民選舉之。

三　省與縣之關係。

屬於省之立法權，由省議會行之

國民大會實錄，憲法第一百十三條，省長由省民選舉之。（林信貞 提供）

憲法第一百二十六條，縣長由縣民選舉之。（林信貞 提供）

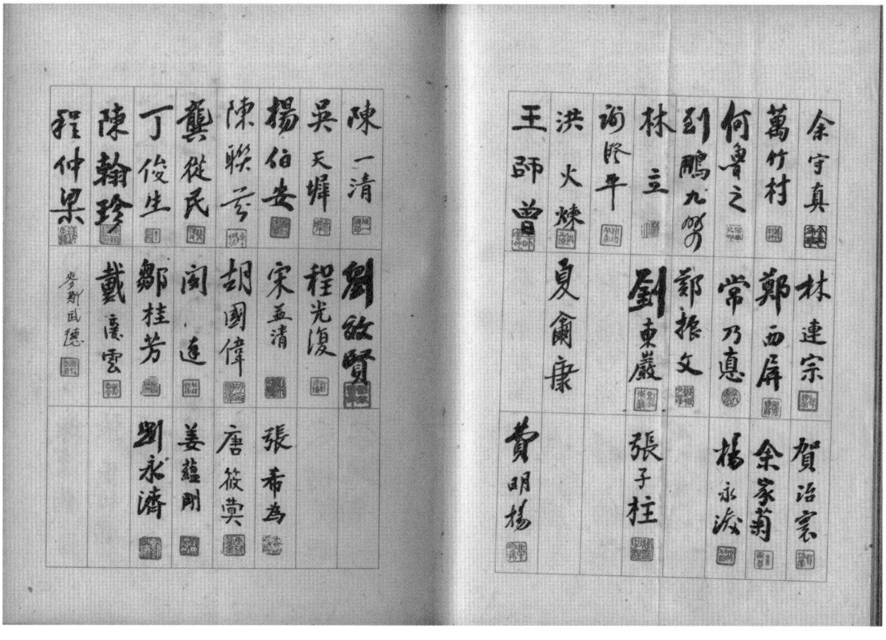

連宗先生（最右行第二列首）在憲法條文最後簽名用印（林信貞 提供）

事實上中華民國憲法在一九四七年一月一日頒布，同時宣布該年十二月二十五日實施，但陳儀卻妄自將縣市長普選時間延至一九四九年，屆時還會用什麼理由延期或取消，都是無法預料的。陳儀此舉與臺灣社會要求立即實施縣市長民選的民意大相逕庭，政建協會帶頭，出面反對地方自治三年計畫。

日本時代自治運動的參與者，重上街頭，一場又一場的演講在寒冬中展開，廖進平講「（憲法）制必行，行必實」，張晴川講「擁護憲法、打倒貪汙」。天雖冷，但對走向民主之路，卻有巨大的熱情。政建協會組織「憲政巡迴列車」，分南北兩隊展開地毯式演講，呼召民眾起身要求縣市長立即普選。

面對此一變局，連宗先生在臺中展開合縱連橫，結合所有可能結合的團體，擴大所有能影響的力量，與三青團、臺中縣市黨部及地方仕紳舉辦「行憲座談會」。使用行憲兩字，其目的已不言而明。會後他們發佈共同聲明：「**自治三年計畫違憲，政府需於行憲日以前完成省縣市長之選舉。**」林連宗身為律師及制憲國大，具有高度說服力，發出第一個批判陳儀之舉違憲的聲音！

第十章

關鍵二二八

CHAPTER TEN

在推動縣市長普選的過程中，不斷遭當局扣上「臺獨」及「排斥外省人」的帽子，隱隱然有危機浮動著。

二二八事件爆發，全臺人民起義，不接受這一而再、再而三拿槍對著人民的政府。連宗先生在第一時間即掌握問題根源，認為除實施縣市長民選、任用有經驗的本省籍人士外，無以安定臺灣。此一主張也貫穿二二八事件，成為人民代表與陳儀政府談判的條件。

他最後的身影穿梭在與高等法院院長楊鵬交涉各項司法改革，而其中最關鍵的就是人事問題。開大門走大路，三月八日全臺法律界人士召開會議，推舉法院及檢察處人選，留下連宗先生最後戮力爭取司法權獨立及任用臺籍法律菁英的遺痕。

10-1 熱心憲政非反政府

就在十二月三十日制憲國大完成任務，束裝返臺之際，突然在南京《中央日報》看到一則臺北通訊，不尋常地報導：「臺人思獨立，思歸屬某國，常忘記祖國，排斥外省同胞，惟怕武器等等。」臺灣制憲代表積極行動，要求加速行憲還政於民，是否已危急某些人的權位，而欲扣帽子出手打擊？

稍稍敏感的人都能意識到，這則報導既製造了臺灣人與新政府之間的對立，也製造了人民之間的省籍裂痕，甚至暗含須端出武器教訓臺灣人。連宗先生很嚴肅地看待這則報導，因為這樣的說法若積非成是，將陷臺灣於危險中。

制憲國大決議嚴正駁斥，在一九四七年一月二十日於《民報》發表「謹告全國同胞書」，申明熱心憲政並非反政府，臺灣人排斥的是貪汙的外省治理者，而非一般來臺外省同胞，此一說法是貪腐官員企圖縱動政府壓制臺灣人以固其權位：

……

二、臺民在乙未已建立民主，思想甚自由進步，聞京中將頒憲，自以本省對建國大綱所述自治條件，早已具備，希望早日實行地方自治，省縣市長民選，此點是熱心憲政不得視為反對政府。

三、臺人所最排斥者，為外省來臺之貪汙腐敗官僚，而非一般來臺之外省同胞。對於外來良吏名賢，每集眾歡迎挽留之不暇，惟貪汙腐敗者，受排擠恐難立足，故借排外以掩劣跡，而招聲援。又用獨立、親美、左傾、怕武力等消息，以縱動政府，使其用高壓對臺人，以自固權威。一面來臺視察之團體要人等均少機會與紳民接近，此輩尤足盡其挑撥離間之能事，此實於國族有最大危害。

四、臺人自明末以來，因處民族鬪爭前線，確已養成強烈革命性，常反抗壓迫、崇拜正義……自淪于日，亦武裝及政治革命，不下二、三十次，不懼任何強大武力，壓迫愈甚，反抗愈強。……

這是一篇相當能展現堅定民主意志的聲明，更深刻說出臺灣人的集體情感。而之前陳儀說如果現在就縣市長民選，將會非常的危險，將會變成臺灣的臺灣，現在又出現「臺獨說」，不能說兩者間沒有關連。而背後其實是赤裸裸地對省縣市長民選後，自己即將失去權位的恐懼。而由於陳儀政府，幾乎只任用外省籍人士擔任高階官員，各地官派縣市長的用人也是如此，但所用人員卻不斷傳出貪腐問題，當臺灣人對他們的貪腐行徑及惡劣施政反彈時，他們卻生出「排斥外省人」的說法。

所以不管散播臺人有獨立思想，或是排斥外省人的言論，不免都與此時正積極推動的省縣市長民選有關，所以制憲國大在「告全國同胞書」直接挑明說：「省縣市長民選，此點是熱心憲政不得視為反對政府。」

但也可以看出，推動省縣市長民選，因直接危及現任統治者權力，因此受到相當大的阻撓，乃至讓推動者陷於某種程度的危險，似有各種「罪名」打算加諸在他們身上。

二二八事件前夕，政府及其所派官員，最大的恐懼便是依憲法實行縣市長民選。而對臺灣人而言，突破政治困境，換掉貪腐的統治階層，也唯有依靠省縣市長民選，方有改革契機。

中華民國三十六年一月二十日

臺人最排斥貪汚
希早日地方自治
國大臺代表發文告同胞

【本報訊】現有一部份外省同胞對台灣及台胞認識尚缺明瞭，殊有故意挑撥離間之搗亂者，擅作謠言，以致重加隔膜常有所聞，實堪遺憾，前年十二月卅日南京中央日報通訊版台北通訊所特載顯有侮辱蔑視台胞。在京中之國大本省代表全體甚為憤慨，即刻對該社抗議，以「謹告全國同胞書」闡明台胞愛國至誠之微衷，以求永解同胞之誤會。

謹告全國同胞書

司令部，於本一月十九日上午八時在該部大禮堂舉行，國父紀念週，計到總部暨特務營軍官大隊等官佐四百九十餘人，由柯參謀長領導行禮如儀後，請國防部兵役局徐局長思平講演，首述中國歷代兵役制度，次闡釋新兵役法之

臺灣制憲國大發表「告全國同胞書」，闡明推動憲政非反政府，臺人所排斥的是貪汙官員，不是外省同胞。（《民報》1947.01.20 三版）

10-2 政治判斷

一九四七年二月二十七日槍聲在繁華的大稻埕響起，原來是配槍的經濟警察在查緝私菸時，用槍托擊傷了賣菸女。民眾憤怒於警察的暴行，圍了上去，警察邊走邊鳴槍，結果流彈又打死了不相干的大稻埕居民。這不是第一起事件，一年多來，該維持秩序的警察動不動就開槍傷民，這次人民不讓，要求交出肇事員警，抗爭到深夜仍不願離去。

當晚政建協會成員廖進平、黃朝生、張晴川、呂伯雄等，就在旁邊的萬里紅食堂開會，從一月中開始他們週週開群眾演講會，因長官陳儀企圖以「地方自治三年計畫」阻撓縣市長立即普選，他們正凝聚民意展開反擊。之前政建協會已為澀谷事件、米荒問題及員林事件發動遊行及演講大會，蔣渭川甚至因演講內容遭公署控告，這群起自日本時代的自治運動者，是臺灣本地根生的社會運動家，也是戰後群眾運動的主要帶領者。當晚他們決議聯合學生及大稻埕、萬華兩地支持者，發動示威，前往長官公署抗議。

二月二十八日一早，以死者家屬為主的遊行隊伍到肇事的專賣局前抗議，但始終沒有人出來接受請願，另一支隊伍則前往長官公署陳情，沒想到剛接近時，就遭到公署衛兵開槍掃射。

公務員昨日開槍打死人，所犯的錯尚未道歉，今天就又對老百姓開槍，孰可忍，孰不可忍，可以縱容一個不斷拿槍對著人民的政府嗎？

年輕人闖入附近的臺北放送局（廣播電臺），直接進到播音室，拿起麥克風廣播，把政府掃射抗爭民眾的消息，傳到各地。

文明與法治的界線，被政府自己破越而過，政府對手無寸鐵的人民開槍，那人民只能坐以待斃嗎？面對蠻橫的統治者，路上開始出現碰到外省人就毆打的現象。由於陳儀只用外省人擔任高階官員，使外省人與統治者劃上等號，此時成為民眾洩憤對象。情況變得相當混亂，而陳儀處理的方式不是為警察開槍打死人的事道歉，請人民冷靜，而是變本加厲地宣布戒嚴。恐怖的畫面在臺北街頭出現，軍隊開始進入市區，掃射驅離聚集的民眾。

連宗先生人在臺中，第一時間透過

「恐怖的檢查」，描繪二二八事件。（黃榮燦作，日本神奈川美術館 收藏）

1947.02.28 上午遊行群眾來到專賣局臺北分局前抗議（《中國生活》，台北二二八紀念館 收藏）

專賣局前抗議及圍觀的民眾，愈聚愈多。（《中國生活》，台北二二八紀念館 收藏）

電台知道臺北發生激烈的群眾抗爭，這可不是新聞播報，而是民眾直接進入電台，取得麥克風播音，才讓消息傳出來的。大家都能意會到情況嚴峻，人民的怒火已經抵擋不住了。

連宗先生意識到這不是一時突發性的行為，而是長久以來的激憤使然，坊間議論騷然，人心洶湧澎湃。第一時間他思考該如何面對變局，和幾位政界及律師圈的朋友通電商量後，決定在三月一日早上十點召開人民團體聯席會，集結民意後行動。

臺中縣、市參議會，臺中縣、市人民自由保障委員會，臺中律師公會、臺中市商會、臺中縣農會，大家都到了，都有代表過來。連宗先生發揮他最大的影響力，不管是人民自由保障委員會或律師公會，都是他可以溝通和影響的。

事件剛發生，第一時間自然會聚焦在事件的處理上，如嚴懲凶手、撫卹傷亡等，但連宗先生有很不一樣的思考，他認為此次導致民意如此高漲，人民非要回正義不可，乃至一連串與政府的對抗，其實源頭還是這一年多來對政府施政的不滿，所以一定要痛定思痛，從源頭處理，藉此一新政治。所以除了支持臺北市議會對陳儀的六項要求外，據《新生報》報導，又追加了兩點：

一、剋日準備實行憲政，提早選舉省縣市鄉鎮長，實行地方自治，結束行政長官公署。

二、改變向來無視民意，而且不切合實際的作風，即刻改組各級幹部，起用熟識本省情形的人才。

結束行政長官公署、舉行省縣市長民選、起用熟識本省情形的人才，是連宗先生診斷事件後所提出的藥方，這麼早地，在三月一日這個事件剛發生的時間點上。此時事件尚在發展中，各地方一一響應臺北的抗爭行動，全臺陷入大規模的混亂中，是一直要到三月四日，各地秩序恢復，有機會啟動政治協商時，才逐漸往這樣的共識匯集。而不只臺中的聯席會議，推舉連宗先生北上面見陳儀，表達訴求；臺北做為政治中心，處委會已開始運作，一開始雖以北部的民意代表為核心，但也逐漸走向全臺合體的方向了。

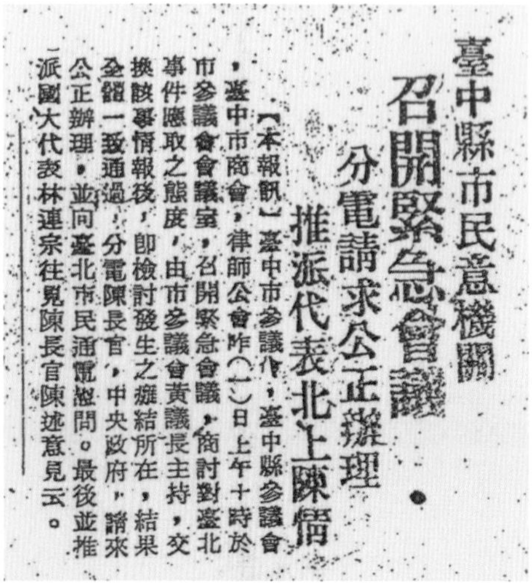

臺中縣市民意機關
召開緊急會議
分電請求公正辦理
推派代表北上陳情

【本報訊】臺中市參議會，臺中縣參議會，臺中市商會，律師公會昨(一)日上午十時於市參議會會議室，召開緊急會議，商討對臺北事件應取之態度，由市參議會黃議長主持，交換該事情報後，即檢討發生之癥結所在，結果全體一致通過，分電陳長官，中央政府，請求公正辦理，並向臺北市民通電慰問。最後並推派國大代表林連宗往見陳長官陳述意見云。

3月1日臺中縣市民意機關召開緊急會議，推派林連宗北上向陳儀長官陳述意見。（《和平日報》1947.03.02）

尅日準備施行憲政
改變不切實際作風
臺中人民團體聯席會意見

一、尅日準備施行憲政，提早選舉省縣市鎮鄉長，實行地方自治，結束行政長官公署。

二、改變向來一切設施，無視民意，而不切合實際之作風，即刻改組各級部門，起用熟識本省情形之人材。

二二八事發，臺中人民代表提出行憲方能解決問題。（《臺灣新生報》1947.03.06 二版）

台中三六[illegible]變亂始末記二

（台中卅日參電）台北二二八事变消息当晚傳佈中部，
翌（一日）晨台中縣市及彰化市參议会召開緊急聯合
会議响應，并派林連宗（國代、台中律師公会会長、政治野心家）
晉省向陳儀長官提出兩項要求：（一）起用本省人才，
（二）民選省縣市長。二日上午十時由台中政治建設協會分会召
開市民大會，由謝雪紅（女，年四十六岁，彰化人，共黨匪
台中委員，現任台中建國工藝職業校長）主持，乘機私事
件，盡破壞政府之能事，會前即有各種小傳單，詆
毀政府，排斥外省人，會後煽動遊行，毆打外省
公教人员，市政當局平素缺乏聯繫，無力阻止，市
長黃克立臨事擅離職守，化裝乞丐出逃，警

中央社內部稿件，提及3月1日臺中推派林連宗向陳儀長官提兩項要求：起用本省人才、民選省縣市長。（林德龍 提供）

10-3 臺中激烈動盪

二二八的民眾反抗，如熱流湧至各地，三月二日臺中已陷入激烈動盪。一早八點群眾在臺中戲院開市民大會，演講結束後，決定上街遊行，一隊走向前臺中縣長劉存忠住處，另一隊走向肇事的專賣局及平時不得人心的警察局。官方見此，出動兩輛裝有重機槍的軍用卡車，沿路以機槍掃射，雖是朝空鳴放，但無異為群眾示威添加柴火，使得人民更加憤怒。

據《興台日報》報導，至劉存忠住處的民眾，遭屋內的人開槍射擊，造成一死二傷，群情激憤，民眾最後將劉存忠押往警察局。《人民導報》報導，民眾搜查劉存忠住宅，發現百元臺鈔八大皮箱，群眾認為他是剛卸任的公務人員，哪來如此大量的現鈔，可謂貪汙證據確鑿，當場毆打劉存忠。之後將人及物證一起送交處理委員會，轉由法院拘押辦理。

而至警察局示威的隊伍，要求全部武器必須封鎖，街頭已有倒臥血泊乃至犧牲的民眾了，不容警察一再開槍傷害人民。局長江風當場立即接受民眾要求，交出所有武器。

市內秩序相當混亂，陸續傳出外省官員遭毆打的事件，縣市參議員及各界仕紳相當憂慮，出面成立「臺中地區時局處理委員會」，呼籲民眾冷靜，並承擔起維持治安的工作，號召本省籍員警、消防隊員及市民共同組成治安隊。

到處滾滾燙燙，政府沒有好的舉措，民眾也不斷對抗。三月三日早上，國軍驅載貨物車到時局處理委員會時，又開槍射擊，導致人民一死二傷，軍隊再度枉傷人命，使民眾深受刺激，到處衝突不斷。晚間六時情況更加惡化，出現手榴彈及槍擊事件，市民犧牲的人數不斷攀升。

這段期間，信貞看到父親一下進、一下出，忙進忙出，不時聽到爸媽在討論事情。父親要前往臺北時，交代她：「現在因為查緝私菸引起了紛亂，爸爸做為民意代表，不能不盡快到臺北一趟，協助處理事情，妳要乖乖和媽媽一起顧家，我若處理完事情馬上就回來。」那時天好冷，信貞記得媽媽幫爸爸幫穿上西裝，送他出門，她只跟爸爸說：「你要快些回來喔！」

家人不敢流露出擔心，更不敢阻擋連宗先生，妻子林陳鳳深深知道先生的責任心。但當聽見槍聲呼嘯而過時，憂慮也只能藏心底。

受臺中民意託付，連宗先生出發到臺北，此外要求國大代表、省參議員一起參與處理委員會的通知，也頻頻催促了。

臺中清算汙吏
搜查劉存忠家中
發見臺鈔八大箱
【本報訊】臺中民衆日前包圍警察局，局長江風當立即接收民衆要求，交出
臺南輪將來臺
【中央社訊】中興輪（六）日下午，由基隆駛汕頭，

甫卸任的臺中縣長劉存忠，住宅遭民眾包圍，搜出臺鈔八大箱。（《人民導報》1947.03.08 一版）

10-4 詭譎的政治談判

二二八事件一發生，各地烽起，青年學生無不站出來，各地警察局及專賣局，成為抗爭對象，貪官汙吏的住家也遭民眾襲擊，許多地方陷入無政府狀態。此時戰後選出的民意代表及各地仕紳，紛紛站出來，成立地方處理委員會，協助穩定秩序。而臺北的處委會不斷與政府交涉停火，希望軍隊不要再開槍刺激民眾，到三月四日方才平靜下來。

長官陳儀面對全臺燃燒的反政府抗爭，終於放低了姿態願意進行政治協商，政建協會代表蔣渭川與陳儀會談時，提出先將長官公署改為省政府，進而實施縣市長民選，以此做為改革一切問題的開始。陳儀以這屬中央職權的理由拒絕了，但卻拋出歡迎各界提出改革意見，而且不只各縣市參議會可以提，民眾也可以提。陳儀此舉表面上看似歡迎民意，但實質上則有意削弱並分散「縣市長普選」的政治壓力，因若全部民意聚焦於此，他將出現無法迴避的困境。

此時省參議員王添灯建議應該全臺合體，各地的處委會應該團結起來，集結力量，跟陳儀政府進行總談判。至於重新組織的處委會，需要組織大綱，並重新選舉常務委員，此時半山李萬居推薦律師陳逸松承擔此一任務。但根據國防部軍事情報局的檔案，陳逸松其實在三月四日已遭警總吸收運用，在他所設計的組織大綱下，重新選出的常務委員，幾乎多是政府的協力者：如連震東、黃國書、陳逸松、黃朝琴、李萬居、周延壽等。至於原先在二二八事件處委會中擔任要角的政建協會成員，陳屋、張晴川、黃朝生、李仁貴、蔣渭川及廖進平等全數出局。三月六日連宗先生雖然也當選處委會的常務委員，但這時的處委會已遭分裂，而且已多為政府的協力者所掌控。

二二八事件處委會
正式選出常務委員
派員監理臺灣銀行業務
煤炭千噸運市廉價配售

【本報訊】臺灣省二•二八事件處理委員會，昨（六）日下午二時假臺北市中山堂補開正式成立大會，出席委員及民衆傍聽三百餘人。主席王添灯領導行禮如儀，由陳逸松宣讀組織大綱，廣開民衆紛紛發表意見，並有宜蘭方面一青年代表到會報告宜蘭情形，即選擧常務委員，其名單如次：

國民參政員　林獻堂，陳逸松。

國民大會代表　李萬居，連震東，林連宗，黃國書。

臺北市參議員　周延壽，潘渠源，簡檉培，徐春卿，吳春霖。

省參議員　王添灯，黃朝琴，黃純青，蘇維梁，林爲恭，郭國基。候補常務委員洪火煉，吳國信，名單發表後，王添灯宣讀向中央及全國廣播二，二八事件眞相，全文及事件處理經過，該文將以國語，閩南語，客語，英語廣播，並通過派員監理臺灣銀行，至五時許閉會云云。

【本報訊】二，二八事件處理委員會宣傳組發表：（一）煤炭一千噸將運市限售，價格以二月二十八日以前減百分之三十。（二）電話公司派員在街，修理電話，民衆要加以保護。

林連宗當選二二八處委會常務委員（《臺灣新生報》1947.03.07 一版）

10-5 法律人的行動

面對戰後統治者犯罪的問題，法律人站在第一線，比誰都更知道其中的嚴重；而司法權不彰，這當中的挫敗感與對未來的憂慮，也比誰都來得深重。

原任職京都裁判所的檢察官王育霖，一九四六年返國，也想同新生的臺灣一起奮鬥，他任職新竹地方法院，面對新竹市長郭紹宗涉及貪腐案件，卻在查辦他時，遭警察在混亂中把搜索令搶走。事後以他辦案未有搜索令為由，強加壓力讓他去職，這讓一個嚴守正義、有心辦案的檢察官，真的無比挫折。又如檢察官張光祺留下遺書說：「……檢舉新竹鐵路警察瀆職、新竹市長郭紹宗瀆職以來，與上方感情大有出入……」三十四歲，抑鬱而終。隻字片語，留下長官對他偵辦官員貪汙的阻撓。

律師站在保障人權的一方，看到統治者對人民的侵害，特別是警察在社會生活中，不為法治的守護者，反成侵害人民財產、生命的威脅者。而官員貪腐，是此時最大的危機，司法竟然束手無策！

司法界人士及全臺律師們，團結起來，也欲藉此時機改變每況愈下的環境。

而這不只是對司法體系的診斷，更在尋求政治的出路，因為民主政治如何能少了司法權的監督與制衡；掃除貪腐、清廉政治，又如何可以少了司法權的審判與仲裁。否定法治政治，無異變質為專制政治。而徒法不足以自行，此時執掌司法權的人，其人格、專業、操守能夠真正捍衛司法權嗎？這恐怕是更大的問題。正因如此，二二八事件發生後，國民參政員聯名致電中央時，所建議的處理方法，其中之一就是：「各級法院、首席檢察官，儘量錄用省民。」

許許多多的問題都指向人事的任用。

在全臺各界紛紛提出興革建議的時刻，全臺法律人也投身其中。集結全臺民意，最後完成的三十二條改革議案，內容中有非常多項涉及人權保障及司法界的人事改革，從這些條文中，都可看出連宗先生及法律界人士參與的深度。例如：

六、法制委員會委員須半數以上由本省人充任，主任委員由委員互選。

七、除警察機關之外不得逮捕人犯。

八、憲兵除軍隊之犯人外不得逮捕人犯。

九、禁止帶有政治性之逮捕拘禁。

十、非武裝之集合結社絕對自由。

十一、言論、出版、罷工絕對自由，廢止新聞紙發行申請登記制度。

……

二十一、各地方法院院長、各地方法院首席檢察官全部以本省人充任。

二十二、各法院推事、檢察官以下司法人員各半數以上省民充任。

其中「各地方法院院長、各地方法院首席檢察官以本省人充任」，與國民參政員所提的方向是一致的，也表達出當時急迫的心聲。

而「各法院推事、檢察官以下司法人員各半數以上省民充任。」這是臺人民族主義嗎？不是的，透過法官吳鴻麒先生的日記，才知道新到外省籍推事，根本法律專業有問題。他在一九四七年一月八日的日記中，描述了法官在工作上的困擾：

合議庭張推事全無意見，梁推事又無法律知識。難辦，感覺不快。如此無法律智識者不可以為法官也。

連宗先生沒有認為這些內容是紙上談兵，他開始採取行動，埋首於這樣的改革建議中。要讓政治走向清明、廉能、破除貪腐惡習，就要能敢辦貪官，敢於糾舉犯罪官員，那就必須重新安排人事，讓司法權獨立。而不是來一個法院院長，一半以上人員聘用自己家的親戚；或如偵辦犯罪的首席檢察官竟利用權勢營私。現在不只不要再有各地法院院長牽親引戚的現象，更要拿回起訴貪官汙吏的司法權。

我們看到他的身影，穿梭在這些改革議案及人事建議的處理上。法官吳鴻麒在一九四七年三月七日的日記，留下連宗先生努力的痕跡：

下午二時許在律師公會開會，處理委員會委員林連宗與高院長交涉結果，大部分既接受。具體案，明日再議。

連宗先生與高等法院院長楊鵬交涉什麼？兩位已在省參議會的質詢上交鋒過，給民眾留下深刻印象。就吳鴻麒所言，林連宗的身分是二二八處理委員會的委員，而三月七號這天，也正是三十二條改革議案提出的時間。連宗先生所談，可推斷就是三十二條議案中，與司法改革有關的部分，以及當中觸及的人事問題。

那楊鵬的態度是什麼？連宗先生交涉的結果是楊鵬「大部分接受」。也因為如此，律師李瑞峯回家時難掩興奮地告訴太太：「若能照著這樣改，真的很好，真的很好……。」

至於「具體案，明日再議」，是什麼部分需要具體化，才能再進一步討論呢？三月八日吳鴻麒日記記錄了接續的狀況：

下午一時半起開會至五時閉會，對人事方面討論，尚未有完善之結果。……

其實此時在處理的就是最關鍵的人事問題。同一天的同一場景，《民報》也做了報導：

> 據悉：自二二八事件發生以來，高等法院楊院長決定對各法院及檢察處人事，加以根本調整，儘量起用本省人。八日下午三時，省垣律師公會諸會員及高、地兩院推、檢事，在該院開磋商會，擬就人事名單，呈交楊院長以便呈請中央核示云。

開大門走大路，這是全臺律師，與高等法院及地方法院的法官及檢察官們，共同參與的一場大會。自事件發生以來，高等法院院長楊鵬已承諾，調整各地方法院及檢察處的人事，儘量起用本省人，連宗先生在與他交涉後，帶回楊鵬如此的承諾。而今天這場會議，便是要進一步推舉全臺法律人同意並建議的人事名單，《民報》在三月九日以重要版面報導了這場會議。

但其實依在會議現場的吳鴻麒日記中所記：「對人事方面討論，尚未有完善之結果。」意思是會議雖針對人事問題有所討論，但尚未有最後抵定的名單，或說這也還不是最後真正的結果。而根據《民報》的報導，法律人知道即便他們提出了建議名單，最後還是得呈請中央做最後決定，因為制度就是如此。只是此刻，法界人士不放棄任何一個可以表達意見的機會，也覺得命運必須掌握在自己的手中，而不是再如之前一般，任由統治者決定，而導致無邊的災禍。

但這場會議結束後呢？如吳鴻麒所記：

> 夜十時餘起又槍聲四起，激烈異常，如此無秩序，將來無多希望也。……

會議開到下午五點結束，結果晚上十點多的時候，槍聲大作。他們不知道的是國民政府所派軍隊，已經從基隆登岸了，軍隊開槍，掃射進入市區。

掃射為了什麼？威嚇。為什麼用掃射的方式？是認為所有人都是暴民嗎？可是此時只有等待改革的人民，不是嗎？

如果你我生活在那個時代，三月八日一起床，早餐桌上，你我看見的報紙是頭版頭條登載著：「長官公署將改為省政府、各廳長儘量任用本省人士、縣市長訂七月一日實施民選。」這是陳儀長官在三月六日晚上八點半的廣播，三月七日的報紙來不及刊出，所以在三月八日出刊。連宗先生他們迎著希望，在當天下午召開了法律人的大會，但怎麼會在晚間情況就改變了呢？

磋商法院檢處人事

【本報訊】據悉：自二・二八事件發生以來，高等法院楊院長決定對各法院及檢察處人事，加以根本調整，儘量起用本省人。八日下午三時，省垣律師公會諸會員及高地兩院推檢事，在該院開磋商會，擬就人事名單，呈交楊院長以便呈請中央核示云。

3月8日律師公會會員、法官及檢察官等開磋商會，推薦各法院及檢察處人事，成為林連宗受難的主要原因。（《民報》1947.03.09 一版）

10-6 最後的鋼琴本

事實上在事件初起，三月二日的時候，陳儀就已經向國民政府主席蔣介石請兵了。三月五日當我們從報紙上看到陳儀端著笑臉，說有改革意見大家都來提時，同一天，他已經收到蔣介石的派兵手令了：「陳長官：已派步兵一團、憲兵一營，限本月七日由滬啟運，勿念，中正。」陳儀在三月五日下午五點五十分收到。

若大軍三月七日才從上海出發，到的時間最快是月八日了。但三月五日、六日嘉義民兵將軍隊圍堵在水上機場內，獲得軍事上的優勢，而且各地處委會都已經組織起來，統一口徑要求政治改革。此時陳儀沒有辦法不答應縣市長普選的。陳儀眼看人民力量來勢洶洶，在三月六日晚間透過電台宣布縣市長訂七月一日民選，更在三月七日致電各縣市參議會，如果人民覺得現任縣長不稱職的話，現在就可以下去改選。《新生報》三月八日以頭版二題報導了這則電文：

現各地秩序，逐漸恢復，該縣市縣市長如人民認為稱職，希即全力協助恢復地方秩序，繼續執行職務，若是人民認為不稱職，可由該會或會同其他合法團體，共同推舉三名，逕報候選圈定，希於電到三日內辦竣，逕報公署核辦。

是要等到五十年後，民主化檔案開放後，我們才能看到，原來同一天他在辦公室中，拍電報給蔣介石：「一團兵力，不敷戡亂之用，除二十一師全部開來外，再加開一師，至少一旅……在最短期間，予以徹底肅清。」

這是當年的統治者，在同一天的兩張臉孔、兩份電文。他明明知道現各地秩序逐漸恢復中，但卻對蔣介石報告說，現需「戡亂」。

而三月七日集結全臺民意，彙整而成的三十二條改革議案，在與陳儀會談時，他一改之前溝通的誠意，暴怒對待建言。不管他的說詞是什麼，認為「政府在各地之武裝部隊，應自動下

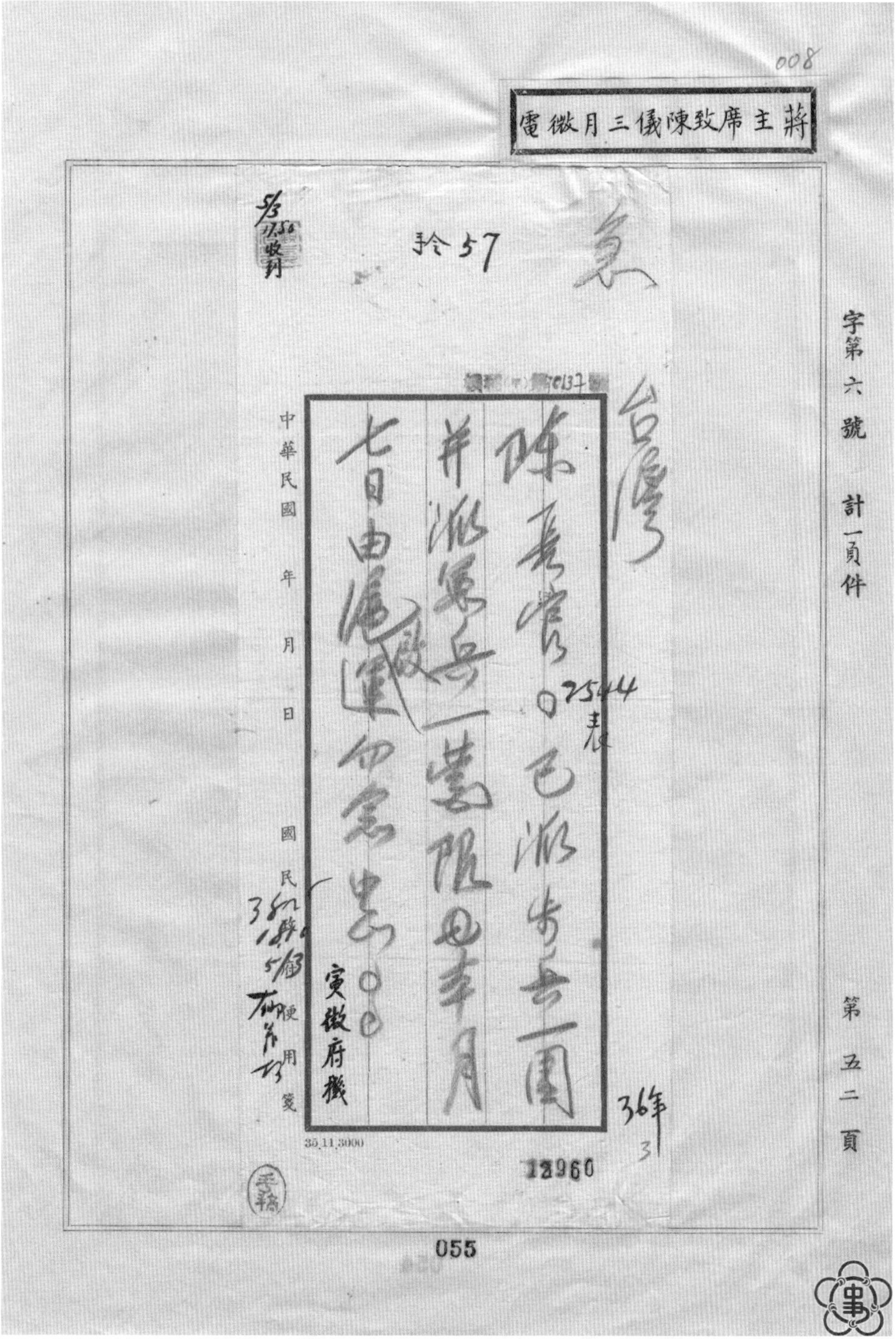
008

蔣主席致陳儀三月徵電

急

手令 57

台灣
陳長官 ○2544
已派步兵一團
并派憲兵一營限本月
七日由滬啟運勿念
中正
寅徵府機

中華民國 年 月 日
國民政府便用箋

字第六號 計一頁件

第五二頁

36年3

12960

055

國民政府主席蔣介石派兵手令，軍隊將於 3 月 7 日自上海啟運。（國史館 提供）

令暫時解除武裝」及「警備司令部應撤消以免軍權濫用」已經超過改革範圍。但誠如王添灯所說，我們不過是給他建議。

且部隊解除武裝，是從事件發生以來，一直在處理的重點，因為政府一面答應進入政治協商，但從未停火過。三月四日雖各地秩序穩定下來，但在嘉義仍發生軍隊用迫擊炮轟打市區，造成人民家中坐，卻遭擊斃的慘況；三月六日晚間陳儀雖廣播承諾縣市長民選，但彭孟緝卻在高雄展開無差別掃射。此時政府真有誠意和談，當然要先放下武器，否則怎麼談？

處委會看陳儀的態度如此悍然，內部也開始產生分裂了，開始責怪認為不該提出這樣的建議。但其實這都不是重點，真正的原因是，大軍即將抵達臺灣，陳儀將展開武力鎮壓。但此時不是秩序正逐漸恢復嗎？如此一來，陳儀根本沒有可以宣布戒嚴的條件，那他要如何進行軍事接管？所以此時他必須布置出可以宣布戒嚴的動亂狀態，必須將民主改革者塑造成顛覆政府政權的人，必須將三十二條改革議案說成「叛國」議案。

三月八日下午，軍隊自基隆登岸，大軍一到，情勢翻轉直下。

此時連宗先生何在？他在三月八日五點開完會後，並未返回臺中，而是寄住在好友李瑞漢先生家中。李瑞漢是臺北市律師公會的會長，也是連宗先生在日本中央大學時的好友，二二八期間，兩人共同為司法改革及人事問題並肩作戰。

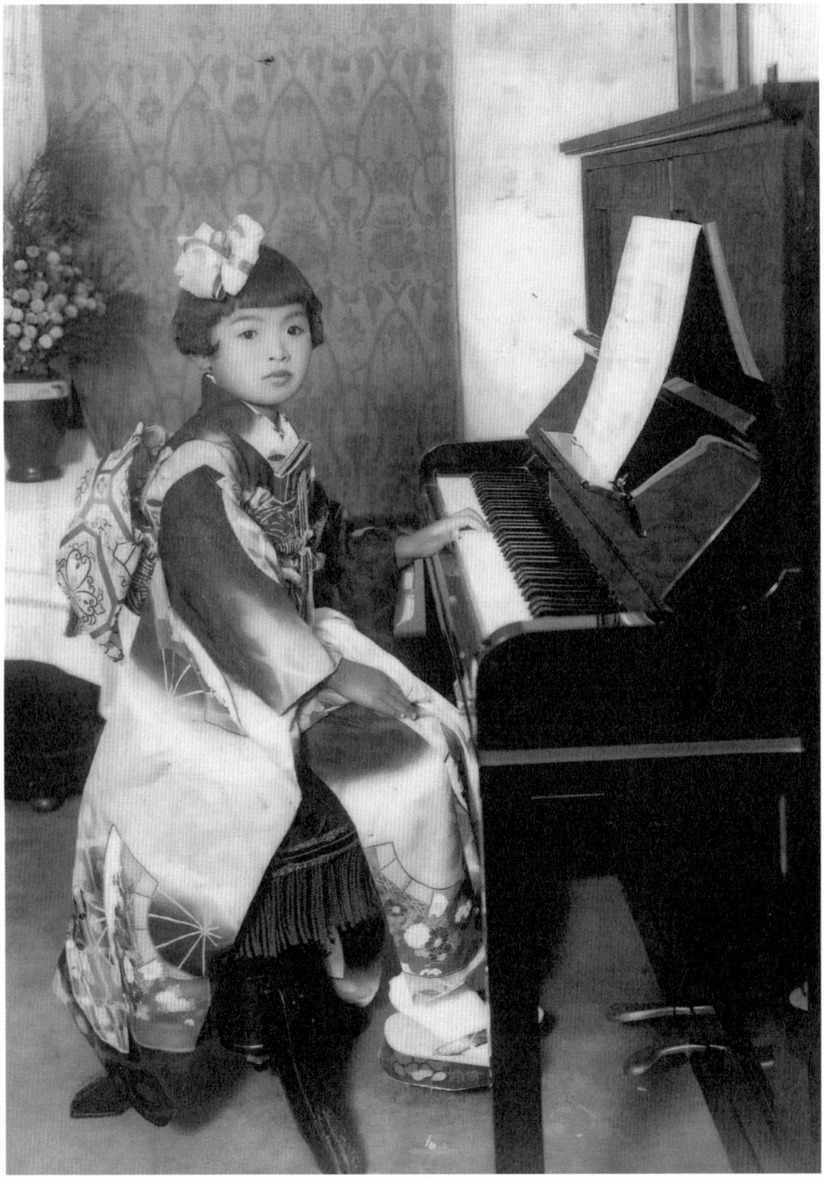

女兒林信貞自幼學鋼琴，著禮服之照片。（林清欽 提供）

這天是禮拜六，開完如此重要的會，有大大的進展，心情的輕鬆不在話下。兩人從李瑞漢的律師事務所走出來，連宗先生說，他想幫女兒買樂譜，因事務所在中山堂對面，鄰近衡陽路，這兒有最大的樂器行。兩人逛到附近，連宗先生幫女兒買了樂譜，瑞漢先生則買了繡花線，他十一歲的女兒月美，正著迷於繡花。

一回到家，瑞漢先生遞給女兒禮物，告訴她，今天帶了一個很傑出的歐依桑來喔，他家有個漂亮的小女生，學鋼琴，他們家有鋼琴。月美很高興，看到手上拿著好幾本樂譜的長輩，人長得黑黑的，就是林連宗先生。

用過晚餐，準備就寢之時，有了不一樣的變化，如吳鴻麒日記所記，晚上十點多時，臺北市槍聲大作，激烈異常。這槍聲確實並不尋常，他們沒想到自己的安危，只擔心好不容易進入的改革協商、和平談判，會不會又有什麼變化？大家在不安中睡去。

第十一章

何以遭密裁

CHAPTER ELEVEN

三月九日臺北陷入封鎖狀態，收音機被切斷，電話也不通。蔣介石所派軍隊抵臺後，陳儀換了一張臉，一改之前和平協商的態度，下令戒嚴，進行全面軍事接管。

連宗先生因交通中斷無法返回臺中，寄住好友李瑞漢律師家中，三月十日四位便衣及一名軍憲，以「長官（陳儀）請你們去開會」為由，將連宗先生及李瑞漢、李瑞峯帶走，從此一去無回，家人再也無法得知任何消息。妻子林陳鳳怎麼尋找、怎麼陳情，都沒有任何回音，甚至絕望到請官方告訴她，如果連宗先生已經亡故了，是不是也讓我們知道？但，沒有，政府只給她黑暗的阻絕及沒有盡頭的空白。

民主化後檔案揭露，「陳儀令憲兵駐臺特高組秘密逮捕國大代表林連宗」，這是陳儀有計劃地下令密逮、密裁，暗殺為臺灣奮鬥的菁英領袖。誰無父親，長年活在不知其忌日為何，亦不知其遺體何在的痛苦中。

11-1 封鎖狀態

三月九日連宗先生原打算啟程返回臺中，出門後，卻是處處有交通管制，火車也無法行駛，才知道原來已經宣布戒嚴了。這時他會面臨什麼樣的狀況呢？

三月九日法官吳鴻麒日記記載：

寒威凜冽，溫度在五十五度（約攝氏十三度）左右，從早起槍聲不斷，人心不安，路上行人稀少，如此無秩序、不安之社會，待至何時，始能恢復耶，不禁嘆息。無線電、電火皆中斷，全不明市上消息，又夜無電火，難過恐怖中之一夜。鄰家張婦人來，謂若有危險，請過來避難，真感激不盡。

從早上開始槍聲沒斷過，不只電話線被切斷，也無法收聽無線電廣播，這無異是讓每戶人家陷入被隔離的狀態。為什麼要這樣？其實就是不讓人民之間再有辦法串連，甚至可以像之前一樣透過廣播呼召行動。只要人民力量無法快速集結，也就形成不了大的對抗力量，政府軍隊要掌控全局就相對容易。

這其實是準作戰狀態，但要對付的是誰？這個政府把人民視為敵人，把一心期盼政府改革的人，視為「叛亂」。

李瑞漢先生的女兒李月美記得，三月九日是禮拜日，這天圓山方面傳來陣陣碰碰的槍彈聲，情況之嚴重，全家人都趴在地板上，當然包括借宿於李家的連宗先生。她說比二戰末期美軍B—29轟炸機轟炸臺北，還來得驚心可怕。

而如吳鴻麒所記「全不明市上消息」，對連宗先生及其他人而言，也是一樣的狀況。這天，電臺無法收聽，甚至都停電了，而且因早上六時宣布戒嚴，通信機關也進入軍事管制，連宗先生想跟家裡打個電話都沒有辦法。人民完全陷入情勢不明的封鎖狀態，隔天八點多吳鴻麒還是照樣出門上班，直到各路口禁止通行，才知道原來已經宣布戒嚴了。

同樣地，這一刻大家也不知道為什麼突然之間槍聲大作，還有軍隊已經抵臺鎮壓了，當然更不會知道自己就是政府所欲逮捕的對象，如果有些許意識，大可開始逃離、藏匿、避風頭。但對林連宗及李瑞漢等法律人而言，大家所做之事，光明磊落，以致根本沒有任何危機意識，雖聽到槍聲，雖知道戒嚴，但所擔心的恐怕還是前兩日所談的改革會不會功敗垂成，臺灣有沒有機會走出暗夜。

大家在不安中度過了一天，隔天三月十日吳鴻麒日記記載：

> 寒氣逼人，溫度竟降至五十度（攝氏十度），立春多日，還係威寒迫人，亦可謂變態的氣象。八時餘出勤，奈因禁止通行無奈折回，昨日無線電中斷，不知是戒嚴中。大路禁

止通行，且時聞槍聲，再現出恐怖時代。下午全部在家，又過了不安的一天。

「再現出恐怖時代」，即便大家不知道發生什麼事，但氣氛之恐怖，不停歇的槍聲，是人人都有強烈的感受。那此時連宗先生會面臨什麼樣的處境呢？

秘密逮捕

許多來臺北參加三月八日律師界大會的友人，都聚集在李瑞漢律師家中，特別是從臺中北上的法律人，除連宗先生外，還有法官饒維岳及律師許乃邦、童炳輝三人。他們都因交通中斷，無法返回臺中。

就李瑞漢之妻李邱己妹的憶述：三月十日一早八點多，李瑞漢的人力車伕如往常來家裡詢問今天是否要用車。因丈夫沒有外出準備，又處戒嚴紛亂中，便叫他趕快回去。但沒想到十點多時，車伕六歲的孩子突然跑過來說：「先生！先生！我父親不能再來替你拉車了。」李瑞漢問：「怎麼了？」小孩回答：「給兵仔打死了。」

李邱己妹前去查看，只見車伕脖子被槍尾刀刺了個大洞，滿身鮮血地陳屍在廚房爐灶邊，看了令人十分難過。發生這樣的事，大家覺得意外而震驚。其實這不是意外，這是當局要斷掉瑞漢先生任何可能逃離的方式，只是這群法律人仍一心無邪，以致毫無警覺。

戒嚴時難以外出買菜，黃昏時隔壁鄰居送來兩尾魷魚，李太太就煮了魷魚粥，要給客人們一起食用。這時連宗先生在客廳與瑞漢先生談話，瑞峯律師與其他人則在相連的隔壁房子裡。五點多天色灰暗，臺北下低溫，魷魚粥才剛煮好，沒來得及吃，就來了四個穿私服的人和一個憲兵軍官。

李邱己妹回憶這一幕，她說，憲兵軍官穿著長靴子，進門沒脫鞋就踏上塌塌米，先問李瑞漢是誰，接著問林連宗，連宗先生遞給他名片，表明自己是制憲國大代表。來的人說：「長官（陳儀）要請你們去開會。」又問李瑞峯在這嗎？於是把在隔壁的李瑞峯一起叫過來。我們說還沒有吃飯耶！他們則說，沒有關係，去那邊吃。

因為說是要開會，穿便服的瑞漢先生，就換上一套黑色西裝，並結上領帶。連宗先生與瑞峯律師，因是客人，原本就穿著外出服。他們一踏出門，實在太冷了，氣溫才十度，李邱己妹進去幫瑞漢先生拿件大衣披上。就這樣，看著三人被停在鄰長許火車家門前的軍用吉普車載走。

瑞漢的長子榮昌，十五歲，很擔心地跟在後面，走出大門沒幾步，瑞漢先生用日文跟他說：「榮昌，沒事的，你快回去！」

當晚，李邱己妹把稀飯熱了又熱，就是等不到他們開完會回來。不安中她打電話給連宗的太太林陳鳳，告訴她連宗先生和瑞漢兄弟被軍憲帶走了。

11-2 突如其來的事件

以往連宗先生一離開家，三天兩頭就跟女兒信貞寫信，這次卻一反常態，家人無法得知任何消息。也確實，從三月五日開始即展開高密度的政治協商與討論，乃至司法界大會的召開，局勢不斷變化中，連宗先生一直在處理極重要的事，片刻不得閒，到三月九日欲返家時，已碰到戒嚴，鐵公路中斷，電話不通。信貞說，他們母女倆曾試著要探聽爸爸究竟去了哪裡、在臺北的行程是什麼，卻都無從得知。和媽媽只能在家乾著急，每天都拿香在家門口拜拜，一邊拜、一邊哭，可是爸爸就是沒有回來。

直到有一天晚上，李瑞漢律師的太太打電話到家裡，她說：「糟糕了！連宗先生和瑞漢、瑞峯在我們家被憲兵抓走了，說是長官要找他們去開會。但是到現在都沒回家，可能不是普通的事情，這下糟糕了……。」

接到李太太的電話，信貞和媽媽才知道原來爸爸去了李瑞漢律師家，而且被帶走了，兩人開始感覺到十分害怕。他們完全沒有辦法判斷是怎麼回事，心想沒做什麼壞事、也沒有犯罪，為何抓人？實在無法理解。

過了一夜，第二天早上，還是沒有回來。三月十一日，報紙恢復出刊，打開《臺灣新生報》一看，陳儀長官下令解散處委會，理由是：「近日之行為越出要求改革政治範圍，幾近背叛祖國，陳儀長官今（十）日下令予以解散。」

從三月九日宣布戒嚴後，三月十日報紙並未出刊，十一日陳儀全面掌控局勢後，《臺灣新生報》成為官方發言機器。

連宗先生及各界民意代表、地方仕紳，對臺灣改革稍有理想者，誰沒有加入處委會？此時跟他們扣上「背叛祖國」的帽子，言下之意就是說他們要求獨立。打從要求縣市長直接民選以來，或要求臺人自治時，陳儀就充滿失去權力的恐懼，一直往臺獨的方向做文章，乃至在軍隊抵臺後，痛下毒手。

所以真的是陳儀長官邀他們去開會嗎？這會一開，已經第三天了，瑞漢太太無一刻能放下心來，她跑到大稻埕找陳逸松先生，見到他太太，問她陳先生在家嗎。她答說，在呀！這讓她更加疑惑了，因為同樣是律師，而且陳逸松還是參政員，處委會的事他介入更多，是重要代表，為什麼陳逸松沒有參加陳儀長官的會議呢？

再怎麼不願意相信，也知道這真的不是去開會，而是已經被逮捕了。開會是不折不扣的謊言，真正的事實是：這是一場秘密逮捕，沒有搜索令、沒有罪名、沒有犯罪事實，是毫無任何法律依據的逮捕行動。

慢慢地，十天左右，漸漸聽到更多消息，很多人的先生都被「叫」去了，沒有回來。檢察官王育霖、律師林桂端、臺大文學院代理院長林茂生、省參議員王添灯、臺北市議員徐春卿、黃朝生、李仁貴、陳屋，醫師施江南，淡水中學陳能通校長等等。

那秘密逮捕之後呢？家屬連先生是被哪個單位逮捕，都無法知道；人究竟被帶往何處，也無法知道；是生是死，完全無法知道。無處有光，絲毫的訊息都沒有，只留給社會無邊的恐懼，為臺灣發聲的人「被強迫失蹤」了。

11-3 無邊的尋找

林陳鳳不斷北上，與先生失蹤的幾位太太一起到處找人，有時信貞也和母親一起去。與當局者關係良好的「半山」，成為希望所在，她們去拜託議長黃朝琴、去找監察委員丘念台，甚至向負責調查二二八事件的閩臺監察使楊亮功陳情，但是都沒有得到任何正面的回答，有的直接對她們說：「不知道，妳們回去吧！」

李邱己妹說：「我們這些舊時代的婦人，耿直得很，別人怎麼說，我們就怎麼做。除了流淚、哭泣、束手無策外，只有把眼淚擦一擦，回來。」

這是一條完全走不通的尋夫之路。

原本身體已經纖弱的林陳鳳，憂慮至極，根本吃不下飯，體重剩下不到四十公斤。連宗先生顯然是被政府逮捕，但人究竟在哪裡呢？連去哪探視都不可得。若真犯了什麼政府不允許的事，不是也可以進入司法程序審判嗎？

三月十六日，傳出法官吳鴻麒的遺體在南港橋下發現，屍體都被打爛了。三月十三日穿便衣者兩名到他上班的法院，說：「柯（遠芬）參謀長要請你去談話。」吳鴻麒毫不懷疑，就隨他們去了。

同樣陳屍於此的有八個人，還有日本時代司法、行政兩科高考及格，擔任專賣局菸草課課長的林旭屏、醫師鄭聰等。為何在南港橋下？因當局者原本是打算棄屍，任水漂流而去的。海港、溪流，成為政府妄殺人命，毀屍棄屍的所在。而浮屍更成為不知先生何在的家屬，心中最大的惡夢。

三月十七日，國防部長白崇禧奉命來臺「宣慰」，此時臺灣各地被濫捕關在監獄中的人，彷彿獲得一線希望，因為白崇禧宣布所有遭關押者，需依法審判。但這是跟陳儀之前一樣的兩面手法嗎？還是真的？

三月二十三日白崇禧與林獻堂會面，這讓林陳鳳燃起一線希望，因連宗先生與林獻堂相當熟識，不僅曾為其委託律師，連宗先生從政後，尊林獻堂為政治上的前輩，參選制憲國大時，亦得其推薦，兩人是有相當交誼的。隔日林陳鳳即前往霧峰拜會林獻堂。

就林獻堂三月二十四日記所記：

素貞引林連宗之妻來，託保釋其夫，即以提出呈文於部長之事告之。

林獻堂在昨日與白崇禧會面後，便要秘書葉榮鐘呈文給白崇禧，希望保釋連宗先生等人，林獻堂在三月二十三日的日記中留有紀錄：

使榮鐘寫呈文於白部長，以保釋林茂生、林連宗、陳炘、阮朝日、吳金鍊，於十九日亦曾提保釋書於柯（遠芬）參謀長矣，未知他等之命運如何，恐就中或許保釋，或不許保釋，亦未可定也。

所以當林陳鳳拜託他保釋連宗先生時，他把已請葉榮鐘寫陳情文的事告知。這時大家以為，人就是遭政府關押了，所以才有一連串對於保釋的努力，但這還是依法律而為的思維與努力，但行秘密逮捕的陳儀政府，心中有法律嗎？人究竟在哪？還是已遭處決？密不透風地不讓任何人有任何訊息。

尋夫遭詐騙

遭便衣及軍憲帶走後，開始有「便衣」到家裡來說：「連宗先生現在被關在某處，我已經和顧門的人談好了，妳們只要用錢疏通，就可以和他見面了。」來的人好幾組，有的說他被關押在東本願寺，也有人說是在臺北的某座橋附近，但若是想要救他，就必須拿錢出來。信貞說，為了救爸爸，媽媽只好向銀行借錢，類似的事情發生過不下六、七次。一開始有人找上門來，都傻傻地上當，把錢給了他們，後來才發現這些人根本不知道爸爸的下落。信貞描述那六神無主，頻遭詐騙的過程：

比如說爸爸被關在東本願寺那個人，要媽媽拿出一筆錢來，便帶我們去見他，但卻胡亂帶著我們四處走，然後趁機溜走。也有報說在基隆的某處被槍殺，用袋子裝著將投入海裡，要我們拿出錢來，才帶我們去。結果都是假的，目的就是要來揩油。也不想想看，我們已經這麼悽慘了，還要來詐騙！而來騙的人有認識、也有不認識的，都是臺灣人。

這幾乎是所有先生「被強迫失蹤」後的處境。

而聽到先生「在基隆的某處被槍殺，用袋子裝著將投入海」，不管是真是假，心中怎麼可能不痛苦。利用家屬心中的焦慮，詐騙錢財，政府不依法而為，以如此方式讓人失蹤，給了邪惡之人斂財的機會。而這是一個個已然失去經濟支柱的家庭，此時的騙財，猶如壓垮整個家庭最後的稻草。

林獻堂的努力

就林獻堂四月十二日日記所記：

林連宗之妻來，託盡力保釋其夫連宗，有人說他已鎗斃矣。

無法知道連宗先生遭槍斃的消息從何而來，但此時絕望與痛苦，折磨著林陳鳳。她跑去見林獻堂，拜託他盡力保釋連宗先生，期盼被槍斃的消息不是真的。而若能透過申請保釋的程序，就算被駁回，也還有一線希望知道人究竟在哪裡。

林陳鳳所提的消息，讓林獻堂頗為憂心，在四月三十日的日記，留下詢問柯遠芬相關消息的對話：

柯參謀長來訪，問林茂生、陳炘、林連宗，他言無此案件。噫！彼等確已死矣。

有機會當面見到柯遠芬，他是臺灣省警備總司令部參謀長，就是他們在負責抓人的。柯遠芬回答林獻堂，沒有連宗先生等人的案件，林獻堂沉痛地在日記中寫下：「彼等確已死矣。」

柯遠芬的回答，讓林獻堂深感問題嚴重，他決定親自前往警備司令部。五月二日日記記載：

萬俥、正霖十時同訪警備司令部第二處長林秀欒，問林茂生、陳炘、林連宗、阮朝日、吳金鍊、施江南之被拘在於何處，他言現被拘留中者無此人。噫！彼等皆已死矣。

林獻堂找了國民參政員羅萬俥及霧峰林家人、行政長官公署參議林正霖陪同，一起前往警備總司令部，直接拜訪第二處處長林秀欒，詢問連宗先生等人現在拘留在哪裡？即便林獻堂親自出馬，得到的回答仍然是，現在警總拘留的人犯當中，沒有這些人。林獻堂在日記中再一次沉痛地表示：「噫！彼等皆已死矣。」

這是林獻堂先生的政治敏感度及判斷。人是不會憑空不見的，如果連負責逮捕人的最高單位都否認，甚至沒有立案、也不在任何地方被拘留的話，他心中怎會不知道，人是被秘密處決了。

時間一天一天過去，「被強迫失蹤」的臺灣菁英毫無消息，官方的態度如此密不透風。而各地公開槍殺民意代表的消息陸續傳出，嘉義在三月二十五日，於火車站槍殺醫師潘木枝、盧鈵欽、畫家陳澄波及柯麟四位市參議員，屏東副議長葉秋木、臺南縣參議員黃媽典一樣被公開槍殺示眾。

這個政權只想讓臺灣人民恐懼，深深恐懼，從此再也不敢反抗他。而以「強迫失蹤」的方式對待臺灣菁英，秘密逮捕之後暗殺，更是令人不寒而慄的做法。

好幾個月過去了，連宗先生的好友，同為中央大學畢業的葉榮鐘先生，難掩心中悲戚，留下詩作〈弔連宗兄〉：

人物中洲失此才，誰將策馬繼登臺。輪囷膽藉危難見，旋踵禍隨名位來。
小別驛亭成永訣，何時華表任徘徊。論交頗有惺惺惜，抆淚臨風奠一杯。

連宗先生是臺灣重要的政治領袖，他走後，誰能繼他擔任這樣的角色？他在國家危難的時候挺身而出，殺身之禍竟隨他扮演舉足輕重的角色而至。榮鐘先生到車站送他北上，沒想到竟成了永別，兩人的交誼，對彼此的能力與才華惺惺相惜，不捨連宗先生已逝，不禁臨風拭淚。

而連宗先生二月二十八日，剛去看過陳虛谷先生，當主人的，多麼期盼能再看到他驅車前來的身影。詩人陳虛谷，也是連宗先生的姻親，留下〈連宗約過不果作〉：

斜日將沉海，嘉賓未蒞止。登高望遠方，不見車塵起。

盼呀盼地，夕陽已西沉，怎麼樣地都未能等到連宗先生。想爬到更高的地方看看，怎麼樣地都看不到客人驅車前來的車塵揚起。與連宗先生曾相約再見，卻再也沒有結果。如此含蓄之作，也隱含著一直都未能找到連宗先生的牽掛。否則，如果知道人已去世，又如何會繼續盼望著呢？又怎麼還會登高望遠，期盼客人的車塵揚起呢？

11-4 謊言還要多久

尋找連宗先生的陳情書，一次次地石沉大海。明明是便衣與軍憲以軍用吉普車把人帶走，但每一個單位都說，沒有逮捕這個人。

謊言一：已逮捕卻發布通緝

一九四七年三月十日人已遭逮捕，但四月十八日警總發布「二二八事變首謀叛亂在逃主犯名冊」，下令憲兵第四團加緊通緝歸案。這份名單將連宗先生視為「叛亂」首謀，填上的罪名為：「一、二二八事件處委會委員，二、策動臺中地區暴動，與偽

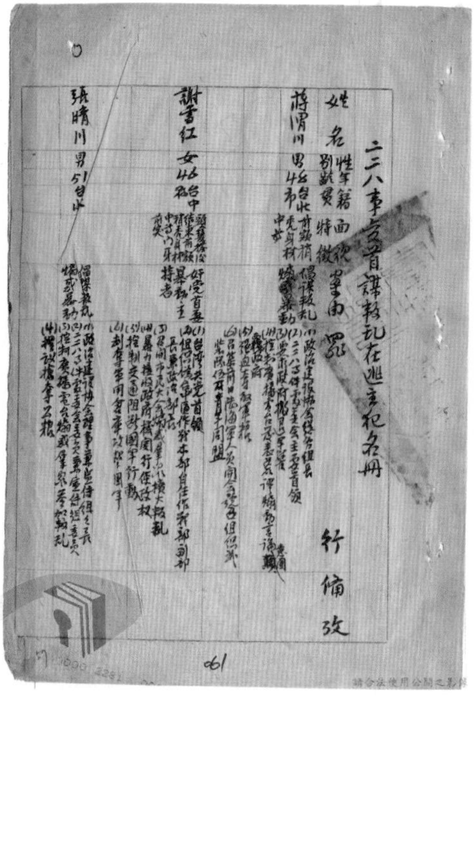

臺中作戰本部謝雪紅等勾結。三、要挾接收臺灣高等法院。」

二二八處理委員會是協助穩定秩序，處理政治協商的單位，竟成通緝罪名。第二點，事件期間連宗先生在處理的是全臺政治改革的大方向，在為縣市長民選與司法權獨立奮鬥，而且人大部分時間待在臺北，與臺中地區的聯繫度是相當有限的，如何與謝雪紅「勾結」？而且他是走協商路線的人，不是主張武裝者，怎麼策動暴動？第三，他在取得高等法院楊鵬同意法院院長及檢察官任用本省人士後，召開全臺法律人大會，推舉人事，開大門走大路，向中央遞送民意，又何來「要挾接收臺灣高等法院」？

妄加的罪名背後只透露出，當權

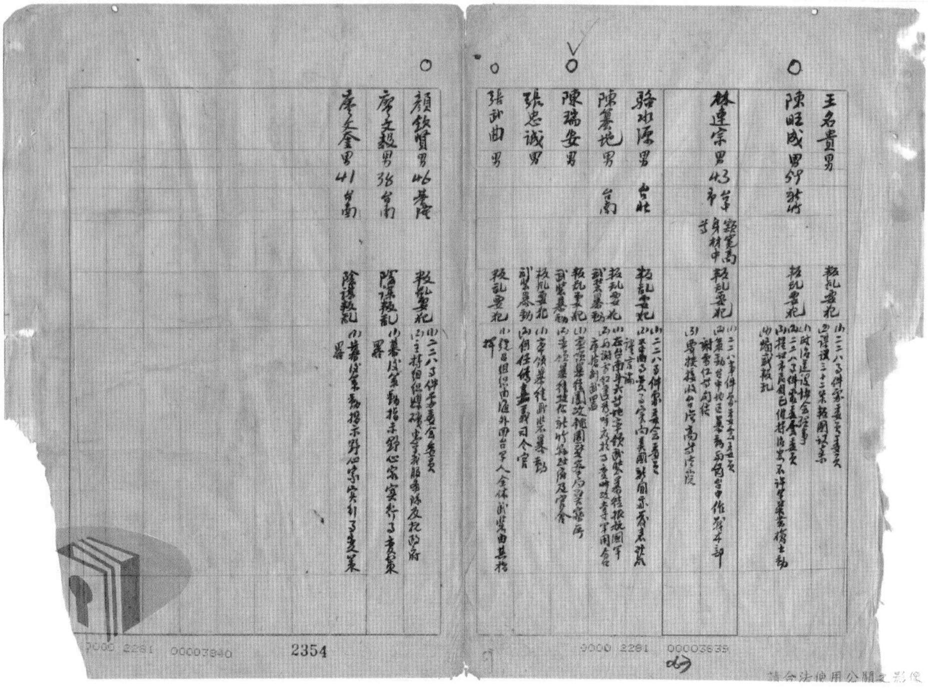

林連宗已遭逮捕，但 1947.04.18 警總發布「二二八事變首謀叛亂在逃主犯名冊」，卻謊列林連宗，下令憲兵第四團加緊通組歸案。（國家檔案局 提供）

者恐懼的仍然是改革，甚至是司法界人事的撤換。

陳儀政府三月十日晚上已將人逮捕，此時卻仍佯裝毫不知情，以發布通緝的方式，掩飾他們施行秘密逮捕的非法行徑。

謊言二：虛應家屬陳情信

看到連宗先生被通緝，家屬心中作何感受？明明人已被憲兵第四團及便衣帶走。三個月下來，林陳鳳飽受折磨，之前不斷探聽消息，拜託各方有影響力的人，全無任何回音。有「便衣」帶來連宗先生已遭槍斃的消息，那起碼讓家屬迎回遺體吧，但一樣只是被騙去大筆金錢而已。

七月十四日林陳鳳決定再寫陳情信，她請連宗先生的二哥林連波過來幫忙。信貞記得在爸爸事務所裡，二伯父青白的臉色中帶著緊張和憤怒，和媽媽一面流淚、一面動筆寫陳情書。

為什麼淚流？因為如果連宗先生真的已經死了，也請告訴我們吧。

……本年二月二十八日本省發生二二八事件，當時氏夫連宗在臺中市被本地方縣市參議會諸公推派上北，而即代表地方民意向省垣有關當局陳情該案，請嚴辦兇犯、盼望善處。據悉事畢遂擬即日回中，適因火車交通中斷，不得已逗留在臺北市中山區寓褒里第一二一號友人李瑞漢之處，暫作起居之所。迨三月十日下午五點半鐘，在上記居址與李瑞漢及其弟李瑞峯三人逍遙餘光之際，突有第四團憲兵乙人偕私服人員四人前來該處，稍談片刻，旋被傳喚該三人同行外出以來，業經三月有餘，迄今杳無信息。氏婦朝夕心神不安，雖經屢次向各處查詢，均屬徒勞，痛苦難言。前日觀閱報紙有刊登氏夫姓名尚在通緝中，遂使氏婦莫明其因，倍增愁慮痛苦。倘氏夫能尚在押者，氏婦當能安心靜候法紀之裁判。茲要知悉氏夫連宗是否在世？特將本省二二八事件氏婦所悉之其有關行動暨失蹤確切之情形，不諱一言，盡情剖露。懇請查核，迅賜查辦，並請惠賜指示，俾氏

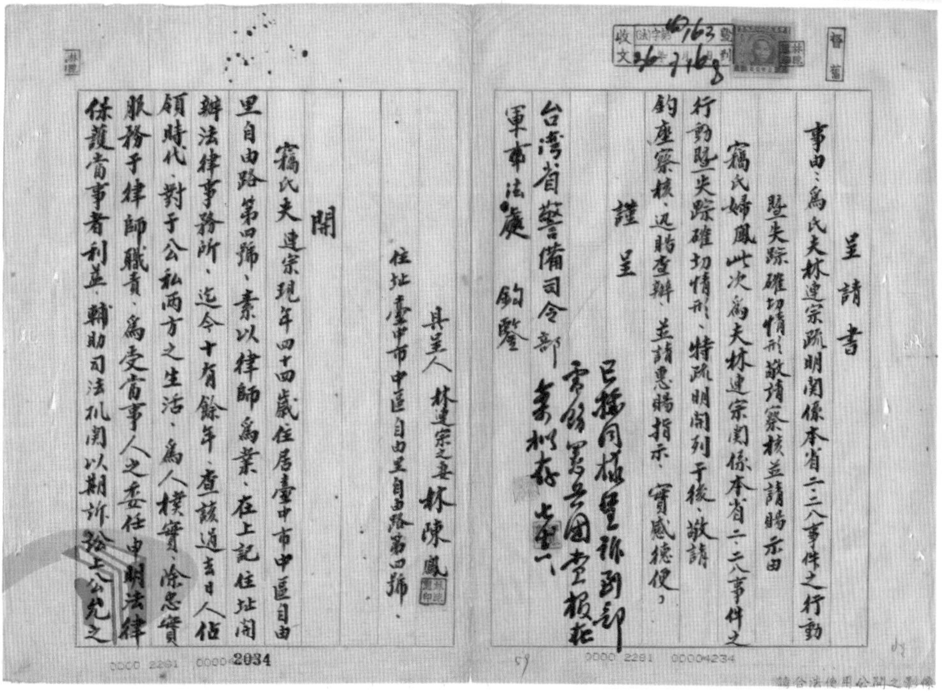
呈請書

事由：為氏夫林連宗疏明關係本省二二八事件之行動暨失蹤確切情形敬請察核並請賜示由

竊氏婦鳳此次為夫林連宗關係本省二二八事件之行動暨失蹤確切情形，特疏明開列于後，敬請鈞座察核、迅賜查辦、並請惠賜指示，實感德便。

謹呈

台灣省警備司令部

軍事法庭　鈞鑒

具呈人　林連宗之妻　林陳鳳

住址　臺中市中區自由里自由路第四號

開

竊氏夫連宗現年四十四歲，住居臺中市中區自由里自由路第四號，素以律師為業，在上記住址開辦法律事務所，迄今十有餘年。查該過去日人佔領時代，對于公私兩方之生活，為人樸實，除忠實服務于律師職責，為受當事人之委任申明法律保護當事者利益，輔助司法機關以期訴訟上公允之

1947.07.14 林連宗妻林陳鳳呈請書（國家檔案局 提供）

結果外、未嘗被任各種大小公職、迨光復以來、甫
被選任為省參議暨國大代表等職、其胸中一片
精誠、誓願遵照國父遺囑、奉行三民主義為宗旨
斷無有其他不穩思想、其事實可徵證之於在
各地巡迴講演憲法大會之行動也、嗣對于本年
二月二八日本省發生二、二八事件當時氏夫連宗在
臺中市被本地方縣市參議會諸公推派上北、而即
代表地方民意向省垣各有關當局 陳情該案請
嚴辦兇犯、盼望善處、搭悉事畢遂擬即日
回中 適因火車交通中斷 不得已逗留在台

60　0000.2281　00004236

北市[redacted]友人李瑞漢之處
暫作起居之所 迨三月十日下午五點半鐘在上
記居址與李瑞漢及其弟李瑞峯三人消遣餘光
之際、突有第四團憲兵乙人偕私服人員四人前
來該處、稍談片刻 旋被傳喚該三人同行外出以
來、業經三月有餘、迄今查無信息、氏婦朝夕
心甚不安、雖經屢次向各處查詢、均屬徒勞
痛苦難言、前日觀閱報紙有刊登氏夫姓名尚
在通緝中、遂使氏婦莫明其因、倍增愁慮痛
苦、倘氏夫能尚在押者、氏婦當能安心靜候法

2035

0000 2281　00004237

紀之裁判、茲要知悉氏夫連宗是否在安、特
將本省二、二八事件氏婦所悉之其有関行動暨
失踪確切之情形、不諱一言、盡情剖露、懇請
察核、迅賜查辦、並請惠賜指示、俾氏婦得早
知其一身上之情況、實戴雲天之至德、以上所
陳是實、斷無欺誑之詞、伏乞垂鑒、是禱

中華民國三十六年七月十四日

61　2036

0000 2281

婦得早知其一身上之情況，實戴雲天之至德……。

這封陳情信向警備總部、省政府、憲兵第四團……不斷地發送，希望能告訴家屬連宗先生在哪裡。「茲要知悉氏夫連宗是否在世？」家屬甚至已有最壞打算。

這封陳情信，先透過省參議會，在七月十九日轉呈臺灣省警備司令部，憲兵第四團團長張慕陶在七月二十六號回函：

悉查林連宗本部於三月十日下午並未指派任何憲兵率領便衣前往拘捕……當時局勢混亂，該林連宗究被何人逮捕抑或乘機脫逃，經本團一再詳查迄無下落。

真的是這樣嗎？那為什麼一九四七年六月六日，新任臺中市長李蓊呈給臺灣全省警備司令部的名單——「臺中地區參加二二八事變首謀主犯詳細名冊」，在林連宗的欄位上註記：「已被警備總司令部捕辦中」？

官方是有連宗先生遭警備總司令部逮捕的紀錄的，為何從柯遠芬到張慕陶一概否認，他們也知道於法，沒有可以逮捕連宗先生的任何理由，而竟以祕密逮捕之後暗殺的方式對待。

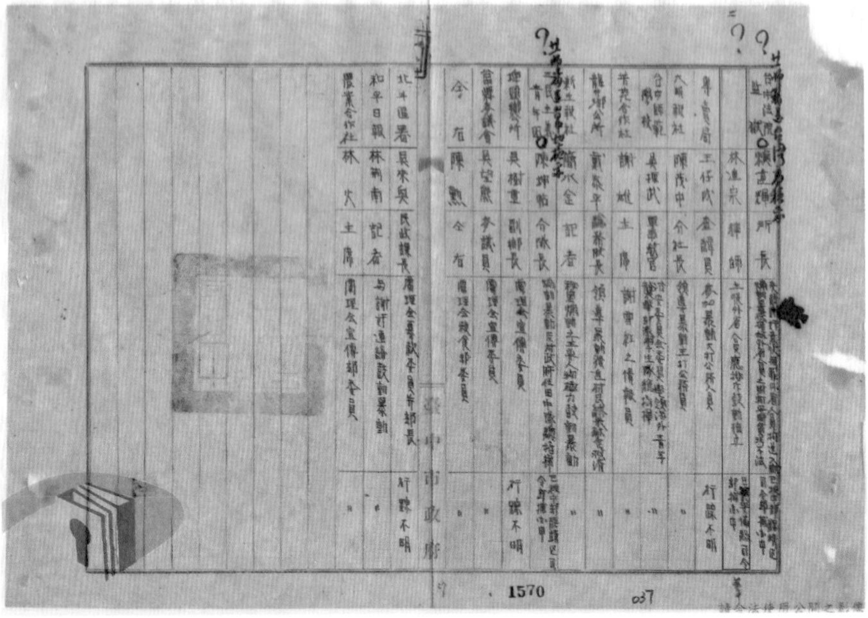

1947.06.06 臺中市政府呈報名單，於林連宗上註記：「已被警備總司令部捕辦中」，戳破官方未逮捕人的謊言。（國家檔案局 提供）

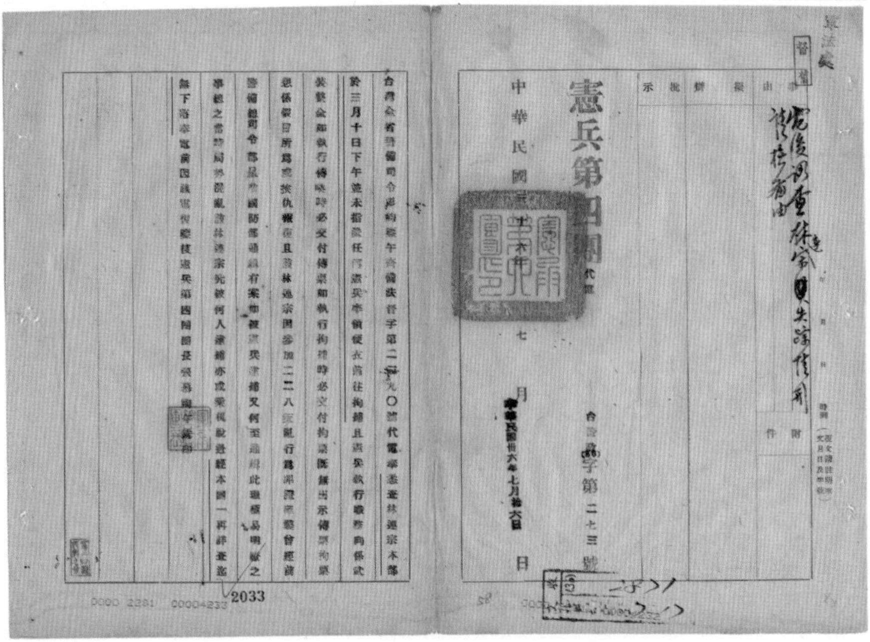

檔案紀錄著謊言，1947.07.26 憲兵第四團團長張慕陶回函：「悉查林連宗本部於三月十日下午並未指派任何憲兵率領便衣前往拘捕……經本團一再詳查迄無下落。」（國家檔案局 提供）

謊言三：已處死卻不讓家屬知道

信貞說，她們就這樣積極地找尋一年多，即便被騙去許多金錢，在以後的日子裡也是每日不斷地期待，不敢放棄任何一絲希望。

但政府是如何凌遲二二八受難家屬的？

一九四九年蔣介石來臺後，國家安全局於一九四九年十一月二十八日，二二八事件結束約二年多，編成「正法及死亡人名冊」、「逃逸人犯名冊」、「自新分子名冊」、「曾被捕或已釋放分子名冊」、「現在逍遙法外分子名冊」，整理出大批與二二八有關的名單，作為五〇年代白色恐怖繼續監控的對象。

其中「二二八事變正法及死亡人犯名冊」中，第一位列的是張七郎，第二位列的是林連宗。但為什麼政府從不讓家屬知道，讓他們過著不知先生屍體何在、不知忌日為何的日子？誰沒有父親，要忍受這樣的折磨？不知其屍體何在，復又無墳可拜。

檢察官王育霖的弟弟王育德，在「兄哥王育霖之死」一文中提到：

因為沒有見到屍體，我的兄哥究竟何時死去的，至今仍然不詳。兄嫂每天揹著剛出生

的嬰兒，徘徊在臺北市郊曾出現屍體的地方，毫無畏懼地辨識每具屍體……。

我們家始終沒為兄哥舉行葬禮……辦葬禮沒屍體或遺骨是不成的。可是也由於父母及其他兄長的掛念，我們最後還是在寺廟為他辦簡單的法會。那場法會也是在不知兄哥的忌日下完成的……。

為什麼兄哥非要被逮捕、被槍殺不可呢？我至今仍不知其確實的罪狀。

一九九四年，當二二八得以突破禁忌，受難家屬開始接受訪問時，李瑞漢之妻李邱己妹說：

ET24

台灣省「二二八」事變正法及死亡人犯名冊

ET24

138

001
228 20

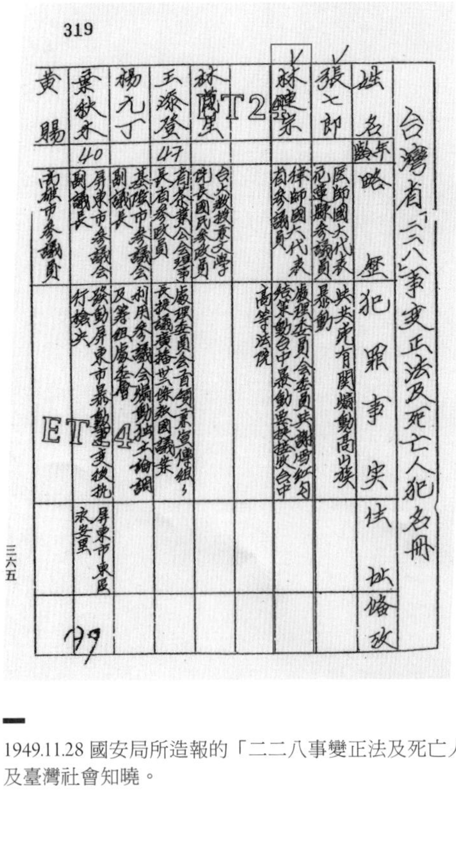
319

台灣省「二二八」事変正法及死亡人犯名冊

姓名	年齡	略歷	犯罪事実	住址
張七郎		医師國大代表 花蓮縣參議員	與共產有關煽動高山族暴動	
林連宗		律師國大代表 省參議員	處理委員会委員與謝雪紅勾結策動台中暴動	
			高等法院	
林茂生		台大教授兼文學院長國民參政員		
王添登	47	省茶業公会理事長省參政員	處理委員会首領兼宣傳組長提議廣播共同議案	
楊元丁		基隆市參議会副議長	利用參議会煽動独立論調及籌組處委會	
葉秋木	40	屏東市參議会副議長	發動屏東市暴動逞兇搶劫打槍兵	屏東市東區永安里
黃賜		高雄市參議員		

ET24

三六五

139

1949.11.28 國安局所造報的「二二八事變正法及死亡人犯名冊」中，列有林連宗先生，卻始終不讓家人及臺灣社會知曉。

四十多年來心裡頭老是想著，丈夫何時會回來？是被關在哪呢？還是已經……一直等待著，直到今天還是在等待。雖然已經四十多年了，但是沒有看到屍體以前，怎麼能相信他已經死了呢？怎麼能呢？心頭始終存著一絲希望……。

這是遭政府強迫失蹤，至今不知遺體何在的受難者，其家人無盡的等待。

11-5 密裁名單

一直要到民主化後，檔案打開來，我們才能看見，原來三月十一日，長官陳儀親手寫下一份密裁名單。為什麼這麼說？因為名單上共列有二十位，其中除了臺鐵的王名朝，屍體在基隆港發現外，另外十六名臺籍菁英，都是家屬口中從三月十日起被帶走後，一去無回的人。也就是今天所知遭秘密逮捕後暗殺，不知遺體何在的名單。

這份名單在大溪檔案中，是陳儀呈報給蔣介石的第一份名單，也是二二八事件所有的名單中最早的一份。是陳儀親手以毛筆字一個一個寫下的。

到底是誰在密裁名單上？這份名單包括三大類的人，一是媒體領袖，二是類反對黨成員，三是法律界領袖。

法律界的三位正是，林連宗、李瑞漢、李瑞峯。是最早被帶走的。

媒體界的是：林茂生，《民報》社長；艾璐生，《大明報》發行人；宋斐如，《人民導報》社長；吳金鍊，《臺灣新生報》總編輯；阮朝日，《臺灣新生報》總經理。

至於類反對黨，其實就是「臺灣省政治建設協會」成員，包含臺灣信託的董事長陳炘、醫師施江南、臺北市議員黃朝生、李仁貴及前民眾黨中央執委廖進平。

還有反對日產標售的臺北市議員徐春卿、二二八處委會主要的領袖、省參議員王添灯，及延平學院的教授徐征。

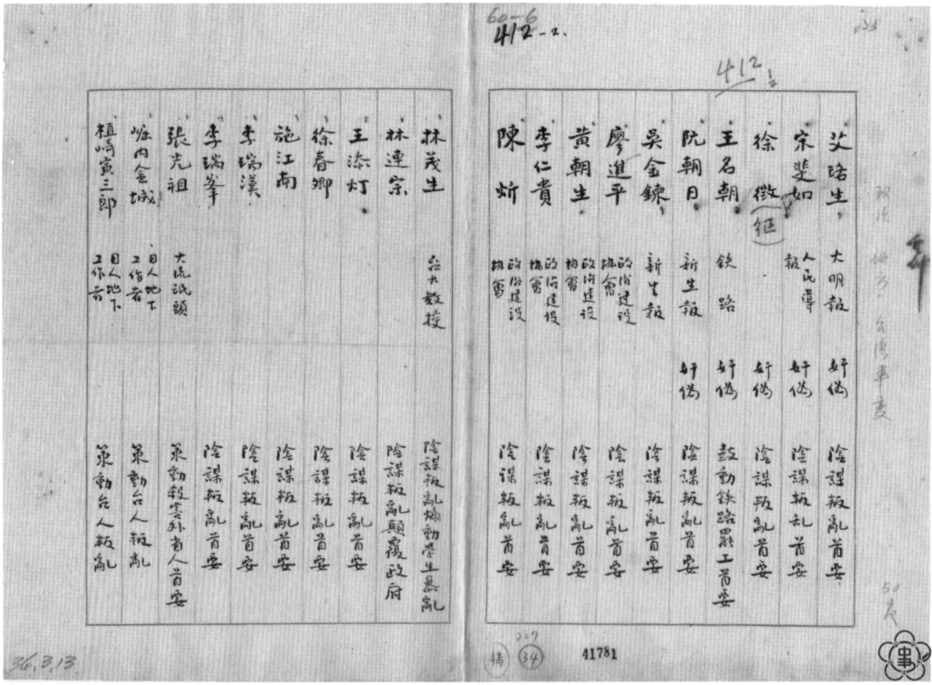

412-2、

艾璐生	大明報	奸偽	陰謀叛亂首要
宋斐如	人民導報	奸偽	陰謀叛乱首要
徐徵（征）		奸偽	陰謀叛亂首要
王名朝	鉄路	奸偽	鼓動鉄路罷工首要
阮朝日	新生報	奸偽	陰謀叛亂首要
吳金鍊	新生報		陰謀叛亂首要
廖進平	政治建設協會		陰謀叛亂首要
黃朝生	政治建設協會		陰謀叛亂首要
李仁貴	政治建設協會		陰謀叛亂首要
陳炘	政治建設協會		陰謀叛亂首要
林茂生	台大教授		陰謀叛亂煽動學生暴亂
林連宗			陰謀叛亂顛覆政府
王添灯			陰謀叛亂首要
徐春卿			陰謀叛亂首要
施江南			陰謀叛亂首要
李瑞漢			陰謀叛亂首要
李瑞峯			陰謀叛亂首要
張光祖	大流氓頭		策動殺害外省人首要
宮内金城	日人地下工作者		策動台人叛亂
植崎寅三郎	日人地下工作者		策動台人叛亂

41781

36.3.13

1947.03.11 陳儀呈蔣介石的第一批名單，即是遭「密裁」者，為臺灣媒體、政治及司法改革領袖。（國史館提供）

林連宗生前最後官方證件照，於1946年左右拍攝。（廖英豪提供）

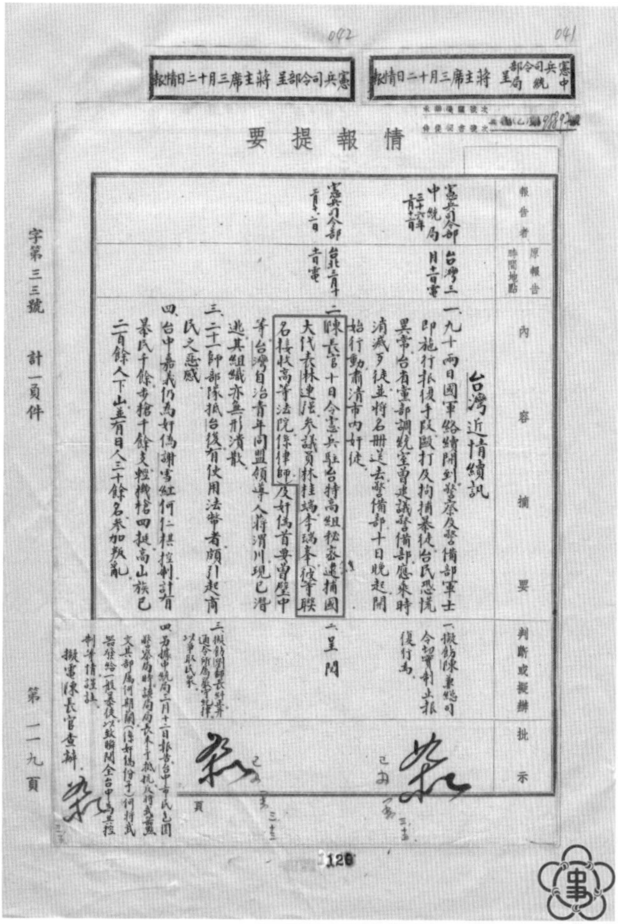

憲兵司令部 中統局 呈蔣主席三月十二日情報

情報提要

報告者：憲兵司令部 中統局

台灣近情續訊

一、九、十兩日國軍絡續開到，警察及警備部軍士即施行報復手段，毆打及拘捕暴徒，台民恐慌異常，台省黨部調統室曾建議警備部應乘時消滅歹徒並將名冊送去，警備部十日晚起開始行動，肅清市內奸徒。

二、陳長官十日令憲兵駐台特高組秘密逮捕國大代表林連强參議員林桂端、李瑞峯（彼等聯名接收高等法院，係律師）及奸偽首要曾璧中等。台灣自治青年同盟領導人蔣渭川現已潛逃，其組織亦無形消散。

三、二十一師部隊抵台後，有使用法幣者，頗引起商民之惡感。

四、台中嘉義仍為奸偽謝雪紅、何仁棋控制，計有暴民千餘，步槍千餘支，輕機槍四挺，高山族已二百餘人下山，並有日人三十餘名參加叛亂。

判斷或擬辦：

一、擬飭陳兼總司令切實制止報復行為。

二、呈閱。

三、擬飭陳長官對幣通令所屬嚴予禁止，以爭取民心。

字第三三號 計一頁件 第一一九頁

1947.03.12 中統局呈主席蔣中正情報：陳長官 10 日令憲兵駐臺特高組，秘密逮捕國大代表林連強［宗］參議員、林桂端、李瑞峯（彼等聯名接收高等法院，係律師）……。（國史館提供）

最後三名，一為流氓，二為日本地下工作者。這是威權統治者慣用的手法，他將菁英領袖與其放在一起，同列為陰謀叛亂首要，想要抹黑為運用暴力及與日人勾結。

只是鴨蛋再密也有縫，三月十二日一份中統局給蔣介石的情報，揭露陳儀秘密逮捕連宗先生等臺灣菁英的過程。

陳長官十日令憲兵駐臺特高組秘密逮捕國大代表林連強（宗）參議員、林桂端、李瑞峯（彼等聯名接收高等法院，係律師）。

這份文件，證實了連宗先生等人，是遭陳儀下令秘密逮捕的，陳儀是有計畫地密捕、密裁臺灣菁英。三月十三日，陳儀請蔣介石允許他使用軍法審判：「臺灣因非接戰地區，不能援用軍法，普通司法寬大緩慢，不足以懲巨凶奸黨。……擬請暫時適用軍法，使得嚴懲奸黨分子，以滅亂源。」陳儀也知，於法他不能使用軍法審判，但仍要蔣介石同意。但這些臺灣領袖，甚至連這違法的軍法審判都沒有，而是以最慘無人道的暗殺方式對待，至今不知遺體何方。

第十二章

沒有終點的守喪期

CHAPTER TWELVE

不知連宗先生何在的痛苦折磨著家人，母親總淚流難過地說：「他去做海龍王了！」基隆港浮屍的畫面是這樣折磨著不知孩子何處的母親。

妻子林陳鳳日日妝扮整齊，唯獨那紅胭脂，她始終無法點上去，守喪總有盡頭，但一年、二年、五年、十年過去了，不知連宗先生何處的苦，讓守喪彷彿沒有終點。

一杯冰啤酒配鮮魚，是夫妻倆的美好時光，一日竟擺上兩個酒杯，彷彿連宗先生待會忙完了，就過來陪她吃飯了。當孫子把玩手風琴時，思念隨眼淚汩汩流出，恍如連宗先生立在眼前，拉著手風琴，夫妻徜徉在他們最愛的音樂中。

12-1 連宗母親過世

連宗母親林蔡爽，在事件過後，由於擔心孩子的下落及安危，陷入深深的憂傷。究竟人在何處？是生，是死，都不知道。

政府在各地逮捕、殺害二二八參與者的消息傳來，大家心中無比刺痛，因為這是為人民努力的人，竟遭到如此對待。連宗的好友、臺中地院的饒維岳法官也被逮捕了；日本中央大學的學弟湯德章律師，在臺南遭公開槍決；臺中一中的同班同學、同一時期在中央大學念書的陳金能律師，在高雄市政府開會時，被彭孟緝所派軍隊掃射死亡；中央大學的學長王清佐律師，遭嚴酷刑求。戰後臺籍法曹的命運，竟是如此悲淒。

怎麼承受得起日日的思念與擔憂？一日連宗母親因血壓升高竟無法正常行走，家人趕緊請連宗妹婿過來幫母親看病，醫師搖搖頭說，這症狀是受心情影響，無藥可醫。思念不停、擔憂未止，連宗失蹤後六個月，一九四七年九月二十日母親林蔡爽在悲傷中過世。

三哥建宗曾跟媳婦說，母親為連宗失蹤幾乎哭瞎了眼睛，不知兒子到底身在何方，常難過地說：「他去做海龍王了！」

基隆海港處處浮屍的畫面，是這樣折磨著不知兒子身在何處的母親。

李瑞漢律師的女兒李月美，每每聽聞二二八受難者所受的折磨，就痛苦難當。她說她只期盼父親如果真的是被槍殺了，希望是當場被打死，不要忍受種種的活罪，像被活埋、鐵線穿掌而過、投海……等等。她希望父親能夠維持「死的尊嚴」，身體沒有遭到凌遲割裂，能夠穿得整整齊齊地。軍隊的殘忍暴行在各處傳開來，凌遲著不知父親何處、不知先生何處、不知孩子何處的受難家屬。

軍隊如土匪

事情發生後，連宗住家不斷遭到監視，家人也被跟蹤，信貞同母親及阿嬤便搬到二伯家住。二伯家位在彰化八卦山坑仔內，因地理位置的關係，很少有人進出，是比較安全的環境。接連而來的清鄉，規定所有鄰長都要出具證明，保證家戶中沒有二二八的起事者及武器，若有包庇就採連坐法，以同等罪名論處，氣氛肅殺而恐怖。連宗的二哥林連波是鄰長，是得出具證明的人，三哥建宗一家也移居到這裡，家族一起避難於此。至於連宗先生臺中市自由路的事務所兼住家，則拜託信貞的堂哥幫忙看顧。

祖母過世後，信貞和母親再回到臺中市的住家時，發現家裡已面目全非。不僅被士兵強行侵入，弄得亂七八糟，房門及上好的神明桌及家具都被毀壞。家裡因士兵的搜查變得十分凌亂，衣服被翻箱倒櫃，櫥櫃弄得滿是坑洞，甚至搬走有價值的古董，沙發、花瓶、屏風……。士兵還住進來，形同侵佔，幫忙看顧的堂哥說，他阻止這些中國士兵，告訴他們房子的主人不在，不能讓他們進入，但是他們不理會，逕自跑到屋內煮東西吃，最可惡的是，他們竟用槍射殺了信貞養的狗……。

信貞的悲傷與憤怒噴湧而出，這簡直就是土匪，像戰敗的散兵游勇的行徑，而這就是所謂保家衛民的國軍嗎？這就是祖國嗎？

軍隊如此行為，但《和平日報》一九四七年三月十七日報導：「臺中國軍紀律嚴明，市內家戶懸旗歡迎」、「臺中軍政機關聯合公告，決保護人民生命財產。」這時的媒體，還能告訴我們真相嗎？

是自己的住家，但信貞與媽媽根本不敢住，因不知何時又會有亂來的軍人闖入。信貞非常生氣，最後決定報警，一直到警察趕走士兵後，母女倆才回到家中居住。

12-2 在孤絕中前進

畢業後信貞去找林獻堂先生，希望安排她到彰化銀行工作。林獻堂知道連宗就這個女兒，是他掌上明珠，連宗還曾把她帶到省參議會來，大家都見過連宗的「糖霜丸」（心肝寶貝），這時怎麼可能不幫忙？這也是他可以為連宗先生做的一點事。

而失去父親豈只是想念的痛苦及不知何處的折磨，此時更是失去經濟支柱，為了貼補家用，信貞只好把心愛的鋼琴變賣了。這是很痛苦的決定，信貞後來到李瑞漢叔叔家拿父親的遺物，是什麼呢？就是父親幫她買的鋼琴樂譜，那是最後留有父親溫度的東西。從她四歲起，深愛音樂的父親，就栽培她彈鋼琴，家裡也是非常、非常少數擁有鋼琴的人家。戰爭期間，一九四三年（昭和十八年）李香蘭所主演的電影到臺中來拍攝時，要在「臺中座」（電影院）進行音樂表演，還到林家借鋼琴，但這時她們卻悽慘到必須賣掉鋼琴⋯⋯。

二二八事件結束，一九四九年蔣介石政權來臺後，臺灣隨即進入白色恐怖時期，報紙時時有政治犯被槍決的消息，全臺灣籠罩在高壓管制中。信貞絕口不再提家裡發生的事情，也刻意不跟媽媽提起爸爸，父親突然消失的恐懼，讓她們得比誰都「安分」，即便思念滿滿、憤怒滿胸，也只能壓抑。父親的事提了又如何？所有的努力都用盡了，既沒有下落也沒有結果，只是讓媽媽傷心，她也傷心。

受難家屬某種程度，都陷入既孤絕又自我封閉的狀態，親友因恐懼而遠離。她們母女怎會不懂大家在想什麼呢？「如果繼續和他們家來往，可能會被當作是連宗先生的『同黨』，萬一也被軍警抓走就糟了」、「中國政府這麼亂來，連宗先生這麼有名、那麼優秀的人，沒有事情都被抓走了，萬一我們去看妳們，三更半夜被捉走，豈不是倒楣透了。」

高壓政治是如此扭曲著人性與友誼，她們也瞭解。人情冷暖點滴在心頭，日子就是母女相依為命了。

連宗先生有幾位常常往來的好友，如饒維岳法官、蔡先於律師、白福順律師、童炳輝律師、許乃邦律師等等，幾個人感情很好。以往常常到家裡按門鈴要找連宗，有好多次都是信貞去應門，在連宗先生出事之後，他們不畏當時人人自危的氛圍，仍然會前來關心連宗妻兒。

特別是童炳輝律師，他知道連宗先生在九泉底下，一定放心不下她們母女，一定牽掛著她們母女，而且家裡人丁這麼單薄，真的是無依無靠。信貞已是適婚年齡，連宗在，一定也想著幫女兒安排終身大事了，這是他該幫老友的。

童律師在臺中一中上下期的好友廖繼輝醫師，他的弟弟廖繼彰，正就讀臺大醫學院，非常非常地優秀。廖家兄弟個個傑出，是很好的人家，童律師便積極安排繼彰和信貞相親。仍就讀醫學院的暑假，在童炳輝律師及大哥廖繼輝陪同下，繼彰到信貞家拜訪，他對信貞的第一印象是既活潑又開朗，有說有笑，也知道她鋼琴彈得很好，還跟彰化銀行的同事，受邀到臺中放送局演奏。

廖醫師知道信貞是二二八家屬，但他完全不害怕也不介意，他只覺得這麼優秀的一個人遇難，真的很可惜，他們在一九五〇年結婚。

連宗先生珍愛女兒信貞，留下慈父身影。（林信貞 提供）

孩子的出生，終於為被孤立的母女倆，打開新的生活。長女美玲、次女慧媛、長男逑佑、三女幸雅相繼出生，林陳鳳有孫子相伴，照顧孫子成了生活的重心。而最小的孫子英豪，更是她晚年重要的陪伴，她要信貞答應她，如果有兩個兒子的話，第二個兒子要改姓林，廖醫師知道岳母的心情，也答應讓英豪改姓林，好傳承連宗先生的香火。

12-3 沒有終點的守喪期

林陳鳳的教養要自己天天必須打扮整齊，每天起床後，在鏡前將自己裝扮好，唯獨那最後的口紅，那最後的紅胭脂，她始終、始終點不上去。她沒有辦法，為自己點上紅胭脂。

在孫女美玲的記憶中，外婆是不點胭脂的，還有，外婆也不跟人家出去吃飯。歡樂，似乎不再屬於她。

不是一年、兩年，而是五年、十年、二十年……。

為丈夫守喪，或許一年、兩年。但不知連宗先生何處，甚至未能見到連宗先生的遺體，林陳鳳的守喪彷彿沒有盡頭……。

大孫女的記憶，阿嬤總是喊她「大鬼」，這是一種很微妙的心理，好像要給自己壯膽量，也像是一種示威，外人別想要再來欺負我們！阿嬤常會對著空氣喊說：「待會你阿伯就要過來了！」阿嬤顯然不是講給她聽的，而伯父當然也沒有出現。會不會有人想對他們不利，這樣的恐懼始終埋在心底，她更不想讓人家知道屋子裡，只有她一個女人家，帶著一、兩個小孫子。

警察三不五時就到家裡來，看看有什麼書？有什麼雜誌？字條上寫什麼？翻翻這、看看那。明明是家，卻沒有自己的隱私，隨時要被檢查、被看管，隔幾日又要被問話。多少二二八的受難家屬得燒掉先生的遺物，因不知是哪一件東西，或哪一封信函的哪一句話，要再成為當局興風作浪，甚至逮捕家人的藉口。

對林陳鳳而言，她也必須帶起統治者的眼光檢查自己，連宗先生的遺物什麼可以留，什麼必須毀去，她必須確保沒有一頁文字、沒有任一句話，會讓家人再被帶走。在蔣介石來到臺灣後，我們只有進入全面被監控的白色恐怖時代，報紙不時刊登押往馬場町槍決的名單，二二八遭關押的人，躲過一劫，卻在白色恐怖中遇難。

我們的歷史難以傳承，因為知道了彷彿就像被詛咒一樣，是會帶來危險的。威權統治者以各種方式，不讓二二八反抗的故事被聽見，其中對受難家庭的監控，無一刻放鬆。

無止境的騷擾，在日常生活裡；看不見的精神壓迫，連呼吸都失去自由。日復一日、年復一年。

屋裡的回憶

大門一進來左側是連宗先生的律師辦公室，總是很神秘，門深深鎖著。這裡是回憶的秘境，封存著林連宗一生的點點滴滴，而那只屬於林陳鳳一個人。

常陪著阿嬤的英豪，六歲時好奇地探索這棟大房子，一進到這房間，吸引他目光的是一台非常漂亮的手風琴，但當時他不知道那是什麼？很想把玩，他開心地轉頭過去問阿嬤：「阿嬤、阿嬤，這是什麼？」

沒想到看到的是，阿嬤掩面轉過身去，低下了頭……。

對連宗先生的回憶、思念，是那麼含蓄地忍耐著。沒想到孫子的天真，觸動那封存深處的記憶，思念隨淚水汨汨流動。

時間彷彿凝結住了，卻充滿重量。是連宗先生熱愛的音樂，恍如在耳邊響起，是他拉手風琴的身影，恍如立在眼前。一屋子的黑膠唱片，還有留聲機，靜靜地躺在一隅。

英豪記得，有一次他無意間彈了《荒城之月》這首曲子，眼角撇見阿嬤在一旁哭泣，之後，他總避開不在阿嬤面前彈鋼琴。英豪年紀雖小，這一刻即便尚未知道阿公的任何事情，但也能懂得思念是什麼。

進初中前，英豪每年都會在學校聽到：「今天是我們偉大蔣總統的誕辰，要去禮堂拜壽」，有一天，每個學生都收到一顆小壽桃，他開心地把壽桃帶回家，拿給阿嬤看，告訴她：「這是蔣總統的壽桃喔！」阿嬤只是笑笑地說：「這樣啊，很好、很好。」

一天晚上吃完晚飯後，阿嬤很嚴肅、很緊張地關上房子所有的窗戶，再關上房間的門，把英豪叫到面前，告訴他：「英豪，來，坐著，我告訴你一件事情，但是你出去絕對不能告訴別人。你如果告訴別人，你可能會死，我也可能會死，我們全家都會有問題，所以你千萬、千萬不能跟別人說，知道嗎！」阿嬤接著叮嚀他：「我把你阿公的故事告訴你，你要記得，這一生都不能忘記。你們的阿公，是很偉大的人，他在二二八的時候被國民黨捉去，到現在都沒有回來，連屍體都沒有。」

小學四年級的英豪，非常非常震驚，瞪大了眼睛，一句話都說不出來。從那一刻起，阿嬤慢慢開始跟他講阿公的故事……。這是他跟阿嬤兩個人的秘密。

隨著他的成長，當每次阿嬤去關窗戶時，他就知道，阿嬤又有阿公的故事要告訴他了。

無盡的思念

一日，阿嬤準備好晚餐，滿桌的佳餚，有她平日最喜歡的魚料理及啤酒，怪的是阿嬤擺了兩個酒杯。大孫女美玲在旁邊看著，知道阿嬤已經恍神了，彷彿待會連宗先生就忙完了，就過來一起吃飯了，會同她乾杯閒聊。那夏日佐菜的啤酒，是連宗先生忙了一天後，兩人同在一起休閒放鬆的美好時光。

她不知道阿嬤還要受多久的折磨？不知連宗先生何處的苦，等待連宗先生的心，是這樣折磨著她。

身為長孫，陪美玲成長的是外婆夜裡的眼淚及無盡的恐懼，還有母親信貞不准她說中國話的記憶。長大後，她一心只想著出國，因她完全不信任這個政權。七〇年代一到美國，她就去買了好幾把手槍，美國的憲法是允許人民擁有槍枝的，她當然知道什麼也不能做，但是下意識裡，就是恐懼。

二孫女慧媛記得大房子裡，好多的果樹，但她從未進去過外公的辦公室，對她而言，那裡是神秘的。念大學時，一次她做錯事，阿嬤非常生氣，拿出外公寫的「有所不為」告誡她，要她記住外公的堅持，告訴她什麼是絕對不能做的事、不能犯的錯。

回憶滿在屋子裡，英豪記得小時候，看過阿嬤拿出一個類似餅乾盒的容器，裡面裝了許多的「感謝狀」，都是阿公的客戶寄來的，內容像是「感謝大律師林連宗先生，在〇年〇月〇日，替我某某人解決了案件，處理得完善、圓滿，非常感激」云云。

阿嬤曾拿著這個盒子裡的文件，邊讀邊流淚，對英豪說：「這就是你阿公，常常都不接受客戶的謝禮。」有時讀到比較有印象的案例，阿嬤會特別提出來說明，好比有一位陳先生，阿嬤說他出自務農人家，經濟狀況不是很好，卻遇上隔壁鄰居霸佔他的所有物，阿公便出面幫他打官司，最後並沒有向陳先生收費。這位陳先生因為不識字，便委託別人寫了這張感謝狀，最後再以畫圖畫的方式簽名，因為感謝狀的主文和簽名的字跡相差非常多，所以英豪一直記得有這樣一張感謝卡。

心靈的依託

「先生嬤，您怎麼每天都這麼憂鬱？要不要我們帶您去教會，聽牧師講道，看看心情會不會好一些？」女婿廖醫師的診所裡，有好幾位護士是基督徒，看到林陳鳳這樣的沉鬱，想帶她到教會。沒想到從不輕易跟人提起二二八的她，說出了先生在二二八受難的事。此後她走入教會，常去聆聽上帝話語的安慰。

英豪小時候未上學前，天尚未亮，阿嬤就叫醒他，英豪很乖，再怎麼想睡，都會睜開眼起床，還有姐姐幸雅，祖孫三人一條街又一條街地去發福音書，塞到大門下的縫隙或信箱中。走完這條，再換另一條。之後阿嬤會帶他們去吃早餐。

林陳鳳數十年如一日地，身著閩南式的改良長旗袍，晚年隨著教會的朋友到火車站幫忙發福音單。纖細的身影，立在街頭，透過手中的傳單，期待多一個人認識上帝、獲得救贖，一如她走過的心路歷程，在徹底地將痛苦交托後，而有平靜到來。

林陳鳳在一九七九年過世，林信貞在二〇一五年過世，至死仍有未完的遺願：連宗先生，究竟人在何方？請給我們真相，也請讓我們將他的遺骨好好安葬。

林陳鳳（右）晚年攝於林連宗律師事務所前（林信貞 提供）

林連宗先生年表

歲	西元	個人事蹟	出處
一	一九〇四年	明治三十七年四月十六日出生於臺中廳線東堡彰化街北門三八三番地	《彰化公學校檔案》
八	一九一二年	明治四十五年四月一日彰化公學校入學	《彰化公學校檔案》
十三	一九一七年	大正六年三月三十一日彰化公學校畢業	《彰化公學校檔案》
十四	一九一八年	大正七年四月十四日臺灣公立臺中中學校（今臺中一中）入學	《臺北南港二二八》
十八	一九二二年	大正十一年三月二十二日四年制臺中州立臺中高等普通學校畢業	畢業證書
十八	一九二二年	大正十一年十二月七日父林榮華過世	戶籍謄本
十九	一九二三年	大正十二年三月十五日五年制臺中州立臺中第一中學校畢業	畢業證書
十九	一九二三年	大正十二年任職「臺灣新聞社」編輯局兩年	《臺北南港二二八》
二十	一九二四年	十一月十五日文化協會彰化支部演講辯士	《臺灣民報》
二十一	一九二五年	大正十四年四月考上日本中央大學法學科預科	《臺北南港二二八》
二十二	一九二六年	大正十五年日本中央大學專門部法學科入學	林連宗成績單
二十二	一九二六年	六月六日參加「中央大學中臺同鄉會」文化講演團	葉榮鐘手稿
二十三	一九二七年	一月三日當選「東京臺灣青年會」文書組幹事	《臺灣民報》
二十四	一九二八年	昭和三年二月二十一日長男林瑞元出生	戶籍謄本
二十四	一九二八年	中央大學二年級，行政、司法兩科高等考試筆試合格	《臺灣新聞》剪報
二十五	一九二九年	昭和四年三月二十三日日本中央大學專門部法學科畢業	畢業證書
二十六	一九三〇年	昭和五年九月二日女兒林信貞出生	戶籍謄本
二十六	一九三〇年	昭和五年十月八日取得高等試驗行政科合格證書	證書

二十六	一九三〇年	昭和五年十一月十二日取得高等試驗司法科合格證書	證書
二十七	一九三一年	昭和六年二月四日起於「臺灣新聞社」擔任法律顧問，撰寫法律專欄，達四年餘。	林連宗剪報
二十七	一九三一年	三月三日登錄為臺中地方法院所屬辯護士	臺灣總督府《府報》
二十七	一九三一年	於臺中壽町一丁目開設律師事務所	《臺灣新聞》剪報
二十八	一九三二年	昭和七年十月十三日長子林瑞元過世	戶籍謄本
三十一	一九三五年	律師事務所搬遷至大正町六丁目一番地（臺中市自由路四號）	〈林信貞口述訪問稿〉
三十五	一九三九年	昭和十四年當選「臺中辯護士會」常議員（理事）	《臺灣總督府檔案》
三十七	一九四一年	昭和十六年當選「臺中辯護士會」副會長	《臺灣總督府檔案》
四十	一九四四年	林獻堂家族委託律師	《灌園先生日記》
四十一	一九四五年	九月當選「臺灣省律師公會」理事長	《臺北南港二二八》
四十二	一九四六年	四月十五日當選臺灣省參議員	《民報》1946.04.20
四十二	一九四六年	七月九日當選三民主義青年團臺中分團第二區區隊長	《民報》1946.07.13
四十二	一九四六年	九月當選臺灣省政治建設協會臺中分會監事	《民報》1946.10.01
四十二	一九四六年	十月三十一日當選制憲國大代表	《民報》1946.11.01
四十二	一九四六年	十一月初至十二月底於南京參與制憲國民大會，制定中華民國憲法、選舉中華民國第一屆總統。	《民報》1946.11.07
四十三	一九四七年	三月一日針對二二八事件召開人民團體聯席會議，代表臺中民意北上，要求省縣市長民選及任用本省人士。	《和平日報》1947.03.02
四十三	一九四七年	三月六日當選二二八處委會常務委員	《臺灣新生報》1947.03.07
四十三	一九四七年	三月八日召開全臺法律人大會	《民報》1947.03.09
四十三	一九四七年	三月十日在李瑞漢律師家遭憲兵軍官一人及便衣四人帶走，至今不知遺體何處。	《臺北南港二二八》

參考書目

《人民導報》，一九四六—一九四七。

《大明報》，一九四七。

《口述歷史期刊》，第三期（二二八事件專號之一），臺北市：中央研究院近代史研究所，一九九二。

《口述歷史期刊》，第四期（二二八事件專號之二），臺北市：中央研究院近代史研究所，一九九三。

《中外日報》，一九四七。

《中華日報》，一九四七。

《臺灣日日新報》，一九二五—一九三五。

《臺灣民報》，一九二四—一九二六。

《臺灣評論》，臺北市：傳文文化公司復刻版，一九九八。

《臺灣新生報》，一九四五—一九四七。

《臺灣總督府府報》，一九二五—一九三七。

《臺灣總督府檔案》，一九三一—一九四一。

《民報》，一九四五—一九四七。

《和平日報》，一九四七。

《前鋒》，臺北市：傳文文化公司復刻版，一九九四。

《政經報》，臺北市：傳文文化公司復刻版，一九九八。

《新知識》，臺北市：傳文文化公司復刻版，一九九八。

《新新》，臺北市：傳文文化公司復刻版，一九九四。

《彰化公學校檔案》，一八九八、一九一八。

《興台日報》，一九四七。

「日本中央大學年表」，日本中央大學官方網站，網址：https://www.chuo-u.ac.jp/aboutus/history/history_04/。

George H. Kerr 著，陳榮成譯，《被出賣的臺灣》，臺北市：前衛，二〇〇三。

中央研究院近代史研究所編，《二二八事件資料選輯（一）—（二）》，臺北市：中央研究院近代史研究所，一九九二。

中央研究院近代史研究所編，《二二八事件資料選輯（三）—（四）》，臺北市：中央研究院近代史研究所，一九九三。

中央研究院近代史研究所編，《二二八事件資料選輯（五）—（六）》，臺北市：中央研究院近代史研究所，一九九七。

王克雄、王克紹，《期待明天的人：二二八消失的檢察官王育霖》，新北市：遠足文化，二〇一七。

王育德，《王育德全集（十）：我生命中的心靈紀事》，臺北市：前衛，二〇〇二。

王詩琅，《臺灣社會運動史：文化運動》，臺北市：稻鄉，一九九五。

王振勳、趙國光，《臺中市志：人物志》，臺中市：中市府，二〇〇八。

任拓書，《中華民國律師考試制度》，臺北縣：正中書局，一九八四。

朱珮琪，〈臺灣日治時期菁英教育的搖籃：以臺中一中為例〉，國立清華大學歷史研究所碩士論文，二〇〇〇。

行政院研究二二八事件小組，賴澤涵總主筆，《二二八事件研究報告》，臺北市：時報文化，一九九四。

何義麟，〈臺灣省政治建設協會與二二八事件〉，收入張炎憲、陳美蓉、楊雅慧編，《二二八事件研究論文集》，臺北市：吳三連臺灣史料基金會，一九九八。
何義麟，〈「國語」轉換過程中臺灣人族群特質之政治化（中譯版）〉，收入若林正丈、吳密察主編，《臺灣重層近代化論文集》，臺北市：播種者文化，二〇〇〇。
何義麟，〈自治的理想與實踐：戰後初期臺灣自治運動之轉折（一九四五—一九五〇）〉收入國史館主編，《二十世紀臺灣民主發展：第七屆中華民國史專題論文集》，臺北縣：國史館，二〇〇四。
杜正宇，〈論二戰時期的臺灣大空襲（一九三八—一九四五）〉，《國史館館刊》，第五十一期，臺北市：國史館，二〇一七。
林信貞口述，張炎憲採訪，〈林信貞女士訪問紀錄〉（未刊稿），訪問時間：一九九九年三月十日。
林俊雄口述，黃惠君採訪，〈林俊雄先生訪問紀錄〉（未刊稿），訪問時間：二〇一七年八月二十二日。
林祥雲口述，黃惠君採訪，〈林祥雲先生訪問紀錄〉（未刊稿），訪問時間：二〇一八年十月八日。
林清欽口述，黃惠君採訪，〈林清欽先生訪問紀錄〉（未刊稿），訪問時間：二〇一八年五月二十四日。
吳新榮著，張良澤總編纂，《吳新榮日記全集》，臺南市：國家臺灣文學館，二〇〇七—二〇〇八。
吳濁流，《黎明前的臺灣》，臺北市：遠行，一九八〇。
吳濁流，《無花果：臺灣七十年的回憶》，臺北市：前衛，一九九三。
吳豐山，《吳三連回憶錄》，臺北市：吳三連臺灣史料基金會，一九九一。
吳鴻麒，〈吳鴻麒日記一九四五—一九四七〉，未刊本，台北二二八紀念館典藏。
呂東熹，《二二八記者劫》，臺北市：玉山社，二〇一六。
李筱峰，《臺灣戰後初期的民意代表》，臺北市：自立晚報，一九八六。
李筱峰，《二二八消失的臺灣菁英》，臺北市：自立晚報，一九九〇。
李筱峰，《林茂生、陳炘和他們的時代》，臺北市：玉山社，一九九六。
門田隆將，《湯德章：不該被遺忘的正義與勇氣》，臺北市：玉山社，二〇一六。
周青，〈「二二八」暴動的原始形態〉，《臺聲》，第三十一期，北京：臺聲雜誌編輯部，一九八七年二月。
周婉窈，《日據時代的臺灣議會設置請願運動》，臺北市：自立晚報，一九八九。
周婉窈，《臺灣歷史圖說》，臺北市：聯經，一九九八。
林元輝編註，《二二八事件臺灣本地新聞史料彙編》，臺北市：財團法人二二八事件紀念基金會，二〇〇九。
林忠勝，《陳逸松回憶錄（日據時代篇）》，臺北市：前衛，一九九四。
林忠勝，《朱昭陽回憶錄：風雨延平出清流》，臺北市：前衛，二〇〇九。
林淑慧，〈留日敘事的自我建構——臺灣日治時期回憶錄的跨界意識〉，《臺灣國際研究季刊》，第八卷第四期，臺北市：臺灣國際研究學會，二〇一二。
林獻堂著，許雪姬等註，《灌園先生日記（十六）一九四四年》，臺北市：中央研究院臺灣史研究所，二〇〇八。
林獻堂著，許雪姬等註，《灌園先生日記（十七）一九四五年》，臺北市：中央研究院臺灣史研究所，二〇一〇。
林獻堂著，許雪姬等註，《灌園先生日記（十八）一九四六年》，臺北市：中央研究院臺灣史研究所，二〇一〇。
林獻堂著，許雪姬等註，《灌園先生日記（十九）一九四七年》，臺北市：中央研究院臺灣史研究所，二〇一一。

柳書琴，《荊棘之道：旅日青年的文學活動與文化抗爭》，臺北市：聯經，二〇〇九。
涂叔君，《南瀛二二八誌》，臺南縣：臺南縣文化局，二〇〇六。
莊天賜，《二次大戰下的臺北大空襲》，臺北市：臺北市政府文化局，二〇〇七。
張炎憲主編，《王添灯紀念輯》，臺北市：吳三連臺灣史料基金會，二〇〇五。
張炎憲主編，《二二八事件辭典》，臺北縣、臺北市：國史館、財團法人二二八事件紀念基金會，二〇〇八。
張炎憲、胡慧玲、高淑媛採訪記錄，《悲情車站二二八》，臺北市：自立晚報，一九九三。
張炎憲、胡慧玲、黎中光採訪記錄，《臺北南港二二八》，臺北市：吳三連臺灣史料基金會，一九九五。
張炎憲、陳美蓉、楊雅慧編，《二二八事件研究論文集》，臺北市：吳三連臺灣史料基金會，一九九八。
張炎憲、王逸石、王昭文、高淑媛採訪記錄，《嘉義驛前二二八》，臺北市：吳三連臺灣史料基金會，二〇〇五。
張炎憲、胡慧玲、黎澄貴採訪記錄，《臺北都會二二八》，臺北市：吳三連臺灣史料基金會，二〇〇六。
張炎憲、胡慧玲、高淑媛採訪記錄，《基隆雨港二二八》，臺北市：自立晚報，二〇一一。
張麗俊，《水竹居主人日記（一）》，臺北市：中央研究院近代史研究所，二〇一五。
莊永明，《自覺的年代：臺灣民眾黨紀念特展專輯》，臺北市：臺北市政府文化局，二〇〇三。
許曹德，《許曹德回憶錄》，臺北市：前衛，一九九五。
許雪姬，〈臺灣光復初期的語言問題：以二二八事件前後為例〉，收入中華民國臺灣史蹟研究中心編，《史聯雜誌》，臺北市：中華民國臺灣史蹟研究中心，一九九一。
許雪姬，〈皇民奉公會的研究：以林獻堂的參與為例〉，《中央研究院近代史研究所集刊》，第三十一期，臺北市：中央研究院近代史研究所，一九九九。
黃旺成著，許雪姬主編，《黃旺成日記（一）—（十六）》，臺北市：中央研究院臺灣史研究所，二〇〇八—二〇一六。
許雪姬主編，《保密局臺灣站二二八史料彙編（一）》，臺北市：中央研究院臺灣史研究所，二〇一五。
許雪姬主編，《保密局臺灣站二二八史料彙編（二）》，臺北市：中央研究院臺灣史研究所，二〇一六。
許雪姬主編，《保密局臺灣站二二八史料彙編（三）》，臺北市：中央研究院臺灣史研究所，二〇一六。
陳柔縉，《榮町少年走天下：羅福全回憶錄》，臺北市：天下文化，二〇一三。
陳翠蓮，《派系政治與權謀鬥爭：二二八悲劇的另一面向》，臺北市：時報文化，一九九五。
陳翠蓮，〈去殖民與再殖民的對抗：以一九四六年「臺人奴化」論戰為焦點〉，《臺灣史研究》，第九卷第二期，臺北市：中央研究院臺灣史研究所籌備處，二〇〇二年十二月。
陳翠蓮，《百年追求（卷一）：自治的夢想》，新北市：衛城，二〇一三。
陳翠蓮，〈大正民主與臺灣留日學生〉，《師大臺灣史學報》，第六期，臺北市：國立臺灣師範大學臺史所，二〇一三。
曾文亮、王泰升合著，〈被併吞的滋味：戰後初期臺灣在地法律人才的處境與遭遇〉，收於薛月順編，《臺灣一九五〇—一九六〇年代的歷史省思》，臺北縣：國史館，二〇〇七。
曾健民，《一九四五光復新聲：臺灣光復詩文集》，臺北市：印刻，二〇〇五。
黃英哲等，《楊基振日記附書簡．詩文（上）》，臺北縣：國史館，二〇〇七。
黃富三，《二二八事件的鎮壓與救卹：二二八事件檔案專題選輯》，臺北市：國家發展委員會檔案管理局，二〇〇八。
黃惠君，《記憶底層的黑暗板塊：中部二二八事件檔案特展》，臺北市：臺北市政府文化局，二〇〇六。

黃惠君，《陳澄波與蒲添生紀念特展專刊》，臺北市：臺北市政府文化局，二〇一〇。

黃惠君編著，《公與義的堅持：二二八事件司法人員紀念特展》，臺北市：臺北市政府文化局，二〇一二。

黃惠君，《二二八事件外省人受難者史料調查研究報告書》，二〇一三，台北二二八紀念館委託研究案。

黃惠君編著，《沉冤．真相．責任展覽專輯》，臺北市：財團法人二二八事件紀念基金會，二〇一四。

黃惠君，《激越與死滅——二二八世代民主路》，新北市：遠足文化，二〇一七。

黃惠君，《二二八消失的政黨：臺灣省政治建設協會（一九四五—一九四七）》，臺北市：臺北市政府文化局，二〇二一。

黃惠君，《二二八反抗運動——臺灣爭取民主之路》，新北市：遠足文化，二〇二二。

楊金虎，《七十回憶》，臺北市：龍文，一九九〇。

楊基銓，《楊基銓回憶錄》，臺北市：前衛，一九九六。

楊肇嘉，《楊肇嘉回憶錄》，臺北市：三民，二〇〇四。

葉榮鐘，《臺灣人物群像》，臺北市：時報文化，一九九五。

葉榮鐘，《日據下臺灣政治社會運動史（上）（下）》，臺中市：晨星，二〇〇〇。

蔣朝根，《蔣渭水留真集——在最不可能的時刻》，臺北市：北市文獻會，二〇〇六。

蔣朝根，《自覺的年代：蔣渭水歷史影像紀實》，臺北市：國立國父紀念館，二〇〇九。

廖英豪口述，黃惠君採訪，〈廖英豪先生訪問紀錄〉（未刊稿），訪問時間：二〇一八年十一月十九日。

廖振富，〈與「二二八事件」相關之臺灣古典詩析論：以詩人作品集為討論範圍〉，收入國立臺灣文學館編，《臺灣文學研究學報》，第一期，臺南市：國立臺灣文學館，二〇〇五。

廖振富，〈日治時期臺灣「監獄文學」探析：以林幼春、蔡惠如、蔣渭水「治警事件」相關作品為例〉，《國史館館刊》，第五十一期，臺北市：國史館，二〇一七。

廖繼彰口述，黃惠君採訪，〈廖繼彰先生訪問紀錄〉（未刊稿），訪問時間：二〇一八年九月七日。

劉恆妏，〈日治與國治政權交替前後臺籍法律人之研究：以取得終戰前之日本法曹資格者為中心〉，收於林山田教授退休祝賀論文編輯委員會編，《戰鬥的法律人：林山田教授退休祝賀論文集》，臺北市：林山田教授退休祝賀論文編輯委員會，二〇〇四。

劉恆妏，〈戰後初期臺灣司法接收（一九四五—一九四九）：人事、語言與文化的轉換〉，《臺灣史研究》，第十七卷第四期，二〇一〇。

鄭梓，《戰後臺灣議會運動史之研究》，臺中市：鄭梓，一九九三。

鄭澤文，〈長官公署為何失敗？以一九四五—一九四七年的糧食政策為例〉，新竹：國立清華大學社會學研究所碩士論文，二〇〇六。

賴澤涵、馬若孟、魏萼著，羅珞珈譯，《悲劇性的開端：臺灣二二八事變》，臺北市：時報文化，一九九三。

鍾逸人，《辛酸六十年（上）》，臺北市：前衛，一九九三。

藍博洲，《日據時期臺灣學生運動》，臺北市：時報，一九九三。

簡笙簧主編，《二二八事件檔案彙編（一）（二）（四）（八）（九）（十二）》，臺北縣：國史館，二〇〇二。

簡笙簧主編，《二二八事件檔案彙編（十六）》，臺北縣：國史館，二〇〇四。

簡笙簧主編，《二二八事件檔案彙編（十七）》，臺北縣：國史館，二〇〇八。

國家圖書館出版品預行編目 (CIP) 資料

光與灰燼：林連宗和他的時代（二二八事件 77 週年增訂版）/ 黃惠君作 .-- 初版 .-- 新北市：黑體文化，左岸文化事業有限公司出版：遠足文化事業股份有限公司發行，2024.02
面； 公分 .--（黑盒子；21）
二二八事件 77 週年增訂版
ISBN 978-626-7263-67-9（平裝）
1.CST: 林連宗 2.CST: 傳記 3.CST: 二二八事件
783.3886 113000221

特別聲明：
有關本書中的言論內容，不代表本公司／出版集團的立場及意見，由作者自行承擔文責。

黑盒子 21

光與灰燼：林連宗和他的時代（二二八事件 77 週年增訂版）

作者・黃惠君｜責任編輯・龍傑娣｜美術設計・林宜賢｜出版・黑體文化／左岸文化事業有限公司｜總編輯・龍傑娣｜發行・遠足文化事業股份有限公司（讀書共和國出版集團）｜地址・23141 新北市新店區民權路 108 之 3 號 8 樓｜電話・02-2218-1417｜傳真・02-2218-8057｜郵撥帳號・19504465 遠足文化事業股份有限公司｜客服專線・0800-221-029｜客服信箱・service@bookrep.com.tw｜官方網站・http://www.bookrep.com.tw｜法律顧問・華洋法律事務所・蘇文生律師｜印刷・凱林彩印股份有限公司｜初版・2024 年 2 月｜定價・500 元｜ISBN・978-626-7263-67-9｜書號・2WBB0021

本書由臺北市政府文化局授權出版